21世纪会计学系列精品教材

省级精品课程配套教材

丛书主编：刘永泽

基础会计

（第二版）

FUNDAMENTAL ACCOUNTING

姚荣辉 ◎ 主编

清华大学出版社

北京

内 容 简 介

基础会计作为一门专业基础课,是学习中级财务会计、成本会计、管理会计、财务管理和审计课程的入门基础,同时也是其他经济类和管理类专业必修的学科基础课程,也是非经管类专业的公共选修课程。通过本课程学习会计的基本理论和基本方法,有助于完善学生的专业知识结构,增强学生了解企业财务状况和经营成果的能力,扩大学生的知识面。力图帮助学习者熟悉商业活动,掌握会计信息生成的过程,认识会计与决策的关系。

为本课程专门编写的《基础会计》教材,主要讲述会计的基本理论、基本方法和基本技能,进而能够熟练掌握和运用各种会计核算方法,包括设置会计科目与账户、复式记账、填制与审核会计凭证、登记会计账簿、财产清查和编制会计报表,正确处理相关企业具体实务等知识点。

本教材可作为高等院校会计学、财务管理专业本科生教材,也可作为经济类、工商管理类其他专业的教材,还可以作为在职经管人员、财会培训人员的培训教材及参考书。

本书封面贴有清华大学出版社防伪标签,无标签者不得销售。
版权所有,侵权必究。举报: 010-62782989, beiqinquan@tup.tsinghua.edu.cn。

图书在版编目(**CIP**)数据

基础会计/姚荣辉主编. —2 版. —北京: 清华大学出版社,2020.4 (2023.9重印)
21 世纪会计学系列精品教材
ISBN 978-7-302-55084-6

Ⅰ.①基⋯ Ⅱ.①姚⋯ Ⅲ.①会计学-高等学校-教材 Ⅳ.①F230

中国版本图书馆 CIP 数据核字(2020)第 046260 号

责任编辑: 杜　星
封面设计: 李伯骥
责任校对: 宋玉莲
责任印制: 丛怀宇

出版发行: 清华大学出版社		
网　　址: http://www.tup.com.cn, http://www.wqbook.com		
地　　址: 北京清华大学学研大厦 A 座	邮　编:	100084
社 总 机: 010-83470000	邮　购:	010-62786544
投稿与读者服务: 010-62776969, c-service@tup.tsinghua.edu.cn		
质 量 反 馈: 010-62772015, zhiliang@tup.tsinghua.edu.cn		
课 件 下 载: http://www.tup.com.cn, 010-83470158		
印 装 者: 三河市科茂嘉荣印务有限公司		
经　　销: 全国新华书店		
开　　本: 185mm×260mm	印 张: 16	字　数: 365 千字
版　　次: 2014 年 4 月第 1 版　2020 年 4 月第 2 版	印　次:	2023 年 9 月第 4 次印刷
定　　价: 49.80 元		

产品编号: 087434-01

第二版前言

经济全球化加速了会计创新的步伐,深刻地改变了传统经贸往来的习惯与方式。会计作为经济信息系统和国际通用的商业语言,在全球经贸往来核算中,扮演着越来越重要的角色,其所提供的信息是企业管理者据以决策所必不可少的,会计是从事经济和管理工作的人员所必须掌握的一门基础知识。同时,随着全球经贸往来的扩大化,会计核算也面临着越来越多的新问题亟待解决,会计职能需要逐步革新、扩展与完善。为了做好会计人才培养的规划,需要编写一套能够体现会计专业建设和人才培养模式的教材。基于此,《基础会计》作为会计理论教学与实践指导的入门教材,承担着会计基础理论知识教学和会计实务操作的重任。本书全面系统地阐述了基础会计的基本理论和基本方法,把会计的基本原理和基础知识呈现给学生,让学生了解会计信息的生成过程,为今后更深层次会计理论知识的教学奠定坚实的基础。

我们编写出版的《基础会计》教材第一版自出版以来,深受广大读者的欢迎,受到多位专家教授的高度评价,多家院校已将本书作为教科书和教学参考书选用,也有许多实务界的财会人员作为入门教学、后续教育、上岗培训考试的参考资料。为了使《基础会计》教材的内容全面及时地反映会计准则的最新要求,我们对本教材进行了修订,本次修订的主要特点是:一是前沿性。根据基础会计课程的教学要求,紧密结合新会计准则的具体内容和对会计实务的新变化,力求吸收当前我国会计学界相关的最新研究成果。二是应用性。在体系、内容和形式上突出创新性,突出应用性、适应性、实践性和国际性,注重教学实践过程和教学目标的实现,通过培养学生的会计兴趣,引导他们轻松、牢固地掌握会计的基本原理,提高运用会计信息的能力。三是系统性。考虑到初学者的需要,突出知识的系统性和全面性,各章都增加了思考题和练习题,也导入了相关的案例,把理论和实例相结合,将学生学习能力、学习进度与教学要求、教学目标紧密结合,达到理论性与实践性的相统一。

基础会计是会计学专业的一门学科基础课,通过本课程的学习,使学生系统地理解会计学科的基本理论和方法,掌握会计的基本技能。本书共11章,主要内容包括:会计的起源、会计的含义、会计基本假设和会计基础、会计信息质量要求、会计要素、核算方法、账户设置和复式记账、制造业的主要经济业务的核算、会计凭证的填制、会计账簿的登记及会计报表的编报等内容。本书可作为高校会计、财务管理和审计专业本科生使用教材，也可作为在职、财会培训人员的参考用书。

本书是21世纪会计学系列精品教材，《基础会计》教材的编写和修订，得到了全国会计专业教指委编委会各位专家的大力支持。云南财经大学会计学院会计系副主任姚荣辉教授为本书主编，参加编写修订的人员是：第一、二章佘晓燕教授编写；第三、四章姚荣辉教授编写；第五、六章赵如兰教授编写；第七、九章李旭教授编写；第八、十章佘根亚副教授编写；第十一章刘永春副教授编写。

本书在修改过程中，依据了《新企业会计准则》对全部内容进行了较为全面的梳理、补充和完善，比较注重实务性和创新性。由于编者水平、时间有限，书中不足和疏漏之处，在所难免，恳请读者批评指正。

编　者

2020年1月10日

第一章　总论 ··· 1
　第一节　会计概述 ··· 1
　　一、会计的产生与发展 ·· 1
　　二、会计的定义及其作用 ··· 3
　　三、会计的目标 ··· 4
　第二节　会计的对象和职能 ·· 5
　　一、会计的对象 ··· 5
　　二、会计的职能 ··· 7
　第三节　会计核算前提与会计信息质量要求 ·· 8
　　一、会计核算前提 ·· 8
　　二、会计信息质量要求 ·· 10
　第四节　会计核算基础与会计计量 ··· 12
　　一、会计核算基础 ·· 12
　　二、会计计量 ·· 14
　第五节　会计方法 ··· 15
　　一、会计方法的含义与内容 ·· 15
　　二、会计核算方法 ·· 15
　【本章小结】 ·· 16
　【延伸阅读】 ·· 17
　【自测题】 ··· 17
第二章　财务报表与经济业务 ·· 20
　第一节　会计要素与财务报表 ··· 20
　　一、会计要素的含义与内容 ·· 20
　　二、会计要素与财务报表的关系 ·· 25
　第二节　会计等式 ··· 29
　　一、会计等式的含义 ··· 29
　　二、会计等式的类型 ··· 29
　第三节　经济业务与会计等式 ··· 30
　　一、会计事项或交易的发生对会计等式的影响 ··· 30
　　二、经济业务分析 ·· 31

三、会计等式分析 34
　【本章小结】 35
　【自测题】 35
第三章　会计账户与复式记账 38
　第一节　会计科目与会计账户 39
　　一、会计科目 39
　　二、会计账户 42
　　三、账户和会计科目的联系与区别 43
　第二节　复式记账原理 44
　　一、记账方法 44
　　二、借贷记账法 45
　　三、账户的对应关系和会计分录 52
　【本章小结】 53
　【自测题】 54
第四章　制造企业主要经济业务的核算 59
　第一节　制造企业的主要经济业务的核算内容 60
　　一、资金筹集业务 60
　　二、生产准备业务 61
　　三、产品生产业务 61
　　四、产品销售业务 61
　　五、财务成果业务 61
　第二节　资金筹集业务的核算 62
　　一、投入资本的核算 62
　　二、银行借款的核算 64
　第三节　生产准备业务的核算 65
　　一、材料采购成本的计算 65
　　二、材料采购业务的核算 66
　第四节　产品生产业务的核算 69
　　一、产品生产业务的主要内容 69
　　二、生产成本计算的程序 70
　　三、设置的主要账户 70
　　四、产品生产业务举例 72
　第五节　产品销售业务的核算 76
　　一、销售业务的核算内容和账户设置 76
　　二、销售业务的核算 78
　第六节　财务成果业务的核算 80
　　一、财务成果确定的基本方法 80

        二、直接计入当期利润的利得和损失的核算 81
        三、所得税费用的核算 82
        四、利润形成和利润分配的核算 82
    【本章小结】 85
    【自测题】 85
第五章　会计凭证 93
    第一节　会计凭证概述 93
        一、填制和审核会计凭证的意义 93
        二、会计凭证的种类 94
    第二节　原始凭证 102
        一、原始凭证的基本内容 102
        二、原始凭证的填制 102
        三、原始凭证的审核 104
    第三节　记账凭证 105
        一、记账凭证的基本内容 105
        二、记账凭证的填制 105
        三、记账凭证的审核 108
    第四节　会计凭证的传递与保管 109
        一、会计凭证的传递 109
        二、会计凭证的保管 110
    【本章小结】 111
    【自测题】 111
第六章　会计账簿 114
    第一节　会计账簿概述 115
        一、登记会计账簿的意义 115
        二、会计账簿的种类 116
        三、账簿的基本内容 118
    第二节　会计账簿的设置与登记 119
        一、日记账的设置和登记 119
        二、总账的设置和登记 121
        三、明细账分类账的设置和登记 121
        四、总分类账户与明细分类账户的关系及其平行登记 123
    第三节　账簿登记和使用规则 126
        一、账簿启用的规则 126
        二、账簿登记的规则 126
        三、错账更正的规则 127
        四、账簿的更换与保管规则 129

【本章小结】 131
【自测题】 131

第七章 财产清查 134
第一节 财产清查概述 134
一、财产清查的意义 134
二、财产清查的分类 135
三、财产清查的组织准备工作 137
四、财产物资的盘存制度 137
第二节 财产清查的内容和方法 140
一、货币资金的清查 140
二、实物资产的清查 142
三、结算往来款项的清查 143
第三节 财产清查结果的处理 144
一、财产清查结果处理的步骤 144
二、财产清查结果的账务处理 144
【本章小结】 148
【自测题】 148

第八章 会计循环与会计记账程序 151
第一节 会计循环 151
一、会计循环概述 151
二、会计循环的基本步骤 152
第二节 期末账项调整 153
一、调整的必要性及依据 153
二、调整的项目及方法 154
第三节 结账 156
一、结账的必要性 156
二、结账的程序 157
第四节 账务处理程序 158
一、账务处理程序的概念 155
二、记账凭证账务处理程序 158
三、科目汇总表账务处理程序 159
四、汇总记账凭证账务处理程序 162
五、日记总账账务处理程序 165
【本章小结】 166
【自测题】 167

第九章 财务报告 172
第一节 财务报告概述 172

一、财务报告的含义 173
　　　二、财务报告的构成 173
　　　三、财务报告的种类 174
　　　四、编制财务报告的基本要求 175
　第二节　资产负债表 177
　　　一、资产负债表的作用 177
　　　二、资产负债表的内容与格式 177
　　　三、资产负债表的编制方法与实例 179
　第三节　利润表 186
　　　一、利润表的作用 186
　　　二、利润表的内容与格式 186
　　　三、利润表的编制方法与实例 188
　第四节　现金流量表 192
　　　一、现金流量表的作用 192
　　　二、现金流量表的编制基础 192
　　　三、现金流量表的内容与格式 193
　　　四、现金流量表的编制 196
　第五节　所有者权益变动表 196
　　　一、所有者权益变动表的概念和作用 196
　　　二、所有者权益变动表的内容和结构 197
　　　三、所有者权益变动表的编制 197
　第六节　会计报表附注 197
　　　一、附注的概念和作用 197
　　　二、附注的主要内容 197
　【本章小结】 198
　【自测题】 199

第十章　会计工作组织 204
　第一节　会计工作组织概述 204
　　　一、会计工作组织的内容及意义 204
　　　二、会计工作组织的原则 206
　第二节　会计机构 206
　　　一、会计机构的设置 206
　　　二、会计机构的组织形式 207
　第三节　会计人员 208
　　　一、会计人员和工作岗位 208
　　　二、会计人员从业的基本要求 209
　　　三、会计人员的主要权限 209

四、会计专业技术职务 ……………………………………………………… 210
第四节　会计档案管理 …………………………………………………………… 211
　　一、会计档案的意义 ……………………………………………………… 211
　　二、会计档案的保管 ……………………………………………………… 211
　　三、会计档案的移交 ……………………………………………………… 213
第五节　会计法规与会计职业道德 ……………………………………………… 214
　　一、我国的会计法规体系 ………………………………………………… 214
　　二、企业会计准则的制定与企业会计准则体系 ………………………… 215
　　三、会计职业道德 ………………………………………………………… 217
【本章小结】………………………………………………………………………… 219
【自测题】…………………………………………………………………………… 220

第十一章　会计信息化概述 ……………………………………………………… 223
第一节　会计信息化概述 ………………………………………………………… 224
　　一、会计信息化的概念 …………………………………………………… 224
　　二、会计信息化的基本内容 ……………………………………………… 225
　　三、会计信息化发展的历史沿革 ………………………………………… 225
　　四、我国会计信息化未来发展趋势 ……………………………………… 230
第二节　会计软件 ………………………………………………………………… 231
　　一、会计软件的概念和演进 ……………………………………………… 231
　　二、会计软件的分类 ……………………………………………………… 233
　　三、会计软件的功能模块 ………………………………………………… 234
　　四、会计信息化与手工会计核算的异同 ………………………………… 237
第三节　影响中国会计从业人员的十大技术 …………………………………… 239
　　一、财务云 ………………………………………………………………… 239
　　二、电子发票 ……………………………………………………………… 239
　　三、移动支付 ……………………………………………………………… 239
　　四、电子档案 ……………………………………………………………… 239
　　五、在线审计 ……………………………………………………………… 239
　　六、数据挖掘 ……………………………………………………………… 240
　　七、数字签名 ……………………………………………………………… 240
　　八、财务专家系统 ………………………………………………………… 240
　　九、移动互联网 …………………………………………………………… 240
　　十、身份认证 ……………………………………………………………… 240
【本章小结】………………………………………………………………………… 240
【自测题】…………………………………………………………………………… 241

第一章 总 论

学习目标

通过本章学习，应达到以下学习目标：
1. 了解会计核算方法；
2. 理解会计的含义、对象和职能；
3. 理解会计核算前提；
4. 熟悉企业会计准则对会计信息质量的具体要求；
5. 掌握会计核算基础与会计计量属性。

引导案例

小张是大学一年级的新生，刚入学就看到学校有会计博物馆，小张去参观，发现原来会计的起源可以追溯到结绳记事。参观完博物馆后，小张对馆里收藏的各种会计计量工具以及历史记载的一些会计核算方法很感兴趣，同时也有一些疑惑。于是，他找到了学校里研究会计史的老师请教相关的问题。老师告诉他，我国的"会计"起始于 170 万年以前的旧石器时代，最早是采用绘画、结绳、刻契等方式来记录平常的活动。到了唐宋时期，我国会计核算采用"四柱清算法"，明末清初建立了"龙门账"，整个会计发展经历了一个由单式簿记到复式记账的过程……

你是否与小张有同样的疑惑？会计经历了一个怎样的发展过程？现在及未来的会计又会怎样发展？

第一节 会 计 概 述

一、会计的产生与发展

会计是人类社会生产发展到一定阶段的产物，不仅适应了生产活动发展的需要，还随着人类社会生产活动的发展而发展。

（一）会计产生的基础

社会生产活动是人类最基本的活动，会计活动产生的基础即是人类社会生产活动。

物质资料的生产是社会生产活动的重要组成部分，在生产力水平极为低下的时期，人类要生存，社会要发展，就必须进行物质资料的生产，通过一定的劳动消耗取得一定的劳动成果，从而创造出物质财富。随着生产力水平的提高，生产出现剩余。一方面，人类开始关注劳动耗费与劳动成果之间的关系，开始思考如何以最少的劳动耗费获得尽可能多的劳动成果；另一方面，生产的剩余促使人类开始从事交换、分配和消费的活动。要满足这两方面的要求，人们就必须对劳动耗费、劳动成果以及交换、分配等活动进行计量记录，这就为会计的产生提供了可能。

（二）会计发展的动因

任何一个社会阶段的进步都离不开经济活动的发展。最初的会计只是由生产者来把生产活动中的收支、结余通过"结绳""刻板""刻石"等方式记录下来，当社会生产力发展到一定阶段之后，会计开始由专人负责，形成生产职能中的一个独立职能。商品经济的出现极大地推动了社会的进步，人们越来越关注经济收益的核算，简单的收支、结余计算已经不能满足经济活动发展的需要，迫切需要完善会计理论与会计方法，建立会计制度。因此，经济活动的发展成为会计发展的动因，并促进会计的发展。

（三）会计的产生与发展经历了三个阶段

会计是经济管理的重要组成部分，对企业和整个国家的宏观经济都有重要的作用。但是，会计不是历来就有的，其产生与发展经历了三个主要阶段，一般分为古代会计、近代会计和现代会计。

1. 古代会计

15世纪末以前产生的会计都称为古代会计，其显著特征是"会计"命名的出现、会计专职人员的出现以及会计机构的设置。

古代会计阶段是会计历史的起点，其产生经历了一个漫长的历史过程。古代会计并不是随着人类的诞生就产生的，它是社会经济发展到一定阶段的产物。古代会计采用的核算方法是单式簿记，在这个阶段，单式簿记经历了一个由简单到复杂、由低级到高级、由不完善到逐步形成单式簿记的方法体系的历史发展过程。

有观点认为，中国古代会计是奴隶社会到封建社会这一时期的会计。西周时期的奴隶制政权中，已经单独设置司会职官系统。根据《周礼》记载，司会是西周中央政权中负责财计管理工作的行政长官。西周时期会计的核算主要采用：三柱核算法（收－出＝余）、入出记账法与单式收付记账法。"会计"这一词也是产生于这个时期。

2. 近代会计

近代会计一般是指15世纪以后至20世纪30年代的会计，其显著标志是复式簿记的产生与传播。

近代会计的时间跨度标志一般认为应从1494年意大利数学家、会计学家卢卡·帕乔利所著《算术、几何、比及比例概要》一书公开出版开始，直至20世纪30年代末。卢卡·帕乔利在其著作中不仅介绍了复式簿记的技术方法，还提出会计中心理论、会计主体和会计分期、会计要素等观点，被后人誉为"近代会计之父"。复式簿记是对某一项交易或事项在两个或两个以上相互联系的账户加以记录，对交易或事项的内容反映得更加全面完整，比单式簿记更具优势。复式簿记的创建是会计发展过程中的一个历史性变革。随着《算术、几何、比及比例概要》一书的出版，复式簿记在欧洲乃至全世界得到了迅速、广泛的传播。

我国唐宋时期采用的"四柱清算法"以及明末清初创立的"龙门账"等，都充分体现了复式记账原理的应用。在宋代，我国会计核算中还出现了专用性质的经济凭证，对会计账簿的称呼已改为"账"，采用"中式三账"的账簿体系。宋代对会计文书的上报也有相应的规定，从报告反映的时期来看，分为月报、季报和年报。

3. 现代会计

现代会计一般是指 20 世纪 30 年代以后的会计，其显著特征是管理会计的诞生、计算机应用及会计理论体系的形成和完善。

随着人类生产和经营活动的进一步发展，市场竞争日益激烈，会计工作的内容也由最初的计量、记录、核算，逐步拓展到经济预测、参与决策、规划未来、控制与评价经济活动等方面。1952 年，国际会计师联合会正式通过"管理会计"这一专业术语，标志着会计正式划分为"财务会计"和"管理会计"两大领域。

财务会计是传统会计的继续和发展，已由简单的记录和计算逐渐发展成为一项具有专门的程序与方法并以货币为主要计量单位的经济管理活动。现如今，人们利用计算机、互联网等现代信息手段进行会计工作，对经济活动进行核算和监督。

管理会计则主要是为企业内部管理服务，利用会计提供的信息，分析经济效果，预测经济前景，确定经营投资方案和参与经济决策，分析差异原因、控制经营成本、对经济活动业绩进行考核和评价等。

二、会计的定义及其作用

（一）会计的定义

会计是指以货币为主要计量单位，以凭证为依据，借助于专门的技术方法对特定单位的经济活动进行完整、连续、系统、综合的反映，并进行核算和监督的一种经济管理活动。它既是经济管理的重要组成部分，又是经济管理的重要工具。会计具有如下几个特征。

（1）会计以货币作为主要计量单位，但货币并不是唯一的计量单位。

（2）会计拥有一系列专门方法。

（3）会计具有核算和监督的基本职能，即对发生的经济业务进行确认、记录和计量，并在此过程中对经济业务的合法性和合理性进行审查。

（4）会计的本质就是经营管理活动。

根据其报告对象的不同，会计主要分为财务会计和管理会计。

财务会计，主要是编制财务报表，为企业内部和外部使用者提供信息，重点在于报告企业的财务状况和运营状况，主要是给外部使用者提供参考。

管理会计，主要是为企业的管理层提供信息，作为企业内部各部门进行决策的依据。其没有标准的模式，不受会计准则的控制。

（二）会计的作用

会计是现代企业的一项重要的基础性工作，通过一系列会计程序和方法，提供决策有用的信息，并积极参与经营管理决策，提高经济效益，促进市场经济的健康有序发展。会计在经济管理中的作用主要体现在以下几个方面。

1. 会计有助于提供决策有用的信息

企业通过其反映职能，提供有关企业财务状况、经营成果和现金流量方面的信息。一方面，这些信息可以提高企业透明度，规范企业行为；另一方面，这些信息是包括投资者和债权人在内的各个方面进行决策的依据。对于作为企业所有者的投资者来说，他们为了做出投资决策，不仅需要了解企业毛利率、收益率等盈利能力指标和发展趋势方面的信息，还需要了解企业经营情况方面的信息及其所处行业的信息；对于债权人来说，他们为了做出贷款决策，不仅需要了解企业流动比率、速动比率等短期偿债能力指标和长期偿债能力指标，也需要了解企业所处行业的基本情况及其在同行业中所处的地位；对于政府部门来说，它们为了制定宏观经济政策、有效配置社会资源，需要从总体上来掌握企业的资产负债结构、损益状况和现金流量情况，整体把握经济运行的状况和发展信息。以上这些决策都需要会计来提供有助于他们决策的信息，通过提高会计信息透明度来规范企业会计行为。

2. 会计有助于企业加强经营管理、提高经济效益

企业管理人员也要利用企业的会计信息对企业的生产经营进行管理，其管理水平的高低直接影响着企业的经济效益、竞争能力和发展前景。企业管理人员通过分析和利用有关企业财务状况、经营成果和现金流量方面的信息，可以发现企业在生产经营中存在的问题，找出存在的差距及原因，并采取措施，改进经营；企业管理人员可以通过预算的分解和落实，建立内部经济责任制，做到目标明确、责任清晰。总之，会计通过真实地分析和反映企业的财务信息，能有效地满足企业内部经营管理对会计信息的需要，有助于处理企业与各利益相关者方面的关系，从而加强企业管理，提高经济效益。

3. 会计有助于考评企业管理层的经济责任和绩效

投资者及债权人向企业提供经营所需的经济资源，委托企业经营者保管和经营，从而投资者和经营者之间就形成一种委托代理关系。企业经营者有责任按照预定的发展目标和要求，合理、有效地配置企业资源，加强经营管理，提高经济效益，接受考核和评价。投资者及债权人也应该随时了解、掌握企业的经营情况，判断投资方向的正确性。这就要求会计提供这方面的信息，反映企业经营者利用经济资源的情况，以便考核、评价企业管理层的经济责任和绩效。

三、会计的目标

会计目标一般是指财务会计的目标。财务会计的目标是指在一定的历史条件下，人们通过财务会计所意欲实现的目的或达到的最终结果。

我国《企业会计准则——基本准则》（2006年公布，2014年修改）规定："企业应当编制财务会计报告（又称财务报告，下同）。财务会计报告的目标是向财务会计报告使用者提供与企业财务状况、经营成果和现金流量等有关的会计信息，反映企业管理层受托责任履行情况，有助于财务会计报告使用者作出经济决策。"

现代企业制度强调企业所有权和经营权的分离，企业管理层和投资者与债权人之间形成一种委托—代理关系。投资者与债权人是委托人，向企业投入资本形成企业的经济资源，委托企业管理层合理、有效运用这些经济资源；管理层是受托人，负责经营管理企业及其各项资产，负有受托责任。财务会计报告应当反映企业管理层受托责任的履行情况，以帮助外部投资者和债权人等评价企业的经营管理责任和资源使用的有效性。

财务会计报告的使用者主要包括投资者、债权人、政府及其有关部门和社会公众等。满足投资者的信息需要是企业编制财务报告的首要出发点，如果企业在财务报告中提供的会计信息与投资者的决策无关，那么财务报告就失去了其编制的意义。根据投资者决策有用目标，财务会计报告所提供的信息应当如实反映企业所拥有或者控制的经济资源、对经济资源的要求权以及其要求权的变化情况。除了投资者以外，企业财务会计报告的使用者还有债权人、政府部门、社会公众等。企业债权人通常十分关心企业的偿债能力和财务风险，他们需要信息来评估企业能否如期支付贷款本金和利息。政府部门作为经济管理和监督部门，通常关心经济资源分配的公平、合理，市场经济秩序的公正、有序，宏观决策所依据信息的真实、可靠等，它们需要信息来监管企业的生产经营活动、制定各项经济政策。因此，在财务会计报告中提供有关企业发展状况、经济效益等方面的信息，可以满足社会公众的需要。通常情况下，这些使用者的很多信息需求是共同的，如果财务会计报告能够满足这一群体的会计信息需求，也就可以满足其他使用者的大部分信息需求。

知识链接

凡是与企业有某种经济利益关系的社会团体和个人都可称为会计信息使用者。如财务会计报告的使用者主要包括投资者、债权人、政府及其有关部门和社会公众。

第二节　会计的对象和职能

一、会计的对象

（一）会计对象的含义

会计对象是指会计所核算和监督的基本内容，一般认为，即社会再生产过程中能以货币表现的经济活动，即资金运动或价值运动。凡是特定主体能够以货币表现的资金运动，都是会计核算和会计监督的内容，也就是会计对象。但是，并非所有的经济活动都是会计对象，只有以货币表现的经济活动才是会计对象。

资金运动，从其表现形式来看，一般表现为相对静止和显著变动两种状态。相对静止状态是从某一时刻来看资金的表现形态。如企业经营活动的进行都需要一定的财产物资，包括房屋、机械设备、材料、现金、银行存款等，这些都是资金的具体表现形式，从某一具体时刻来看，它们的状态是静止不动，过了这个时刻，其价值和形态会发生相应的变化，所以说资金运动是相对静止的。显著变动状态是从某一时期来看资金的运动，一般表现为资金的循环和周转。随着企业生产经营活动的开展，资金形态会不断地发生变化，如用筹集来的资金购买材料、投入生产、产品销售收回货款等，都会使资金形态发生显著的变化。

企业在进行生产经营活动时，会消耗资金，如企业用银行存款购买原材料、机械设备等来生产产品，会引起企业资金的减少；企业生产的产品对外销售收回现金，会引起资金的增加。事实上，只要企业一直经营下去，资金就在不断地运动和变化。在会计上，资金运动一般是指交易或事项发生以后所引起的资金的增减变动。

（二）会计对象在企业中的具体表现

对企业而言，会计对象具体表现为其经营资金的运动。从资金运动的程序来看，可将其分为资金筹集、资金运用和资金退出三个不同阶段。这三个不同的阶段与企业联系起来就表现为企业的具体业务活动。不同的企业因其经营活动内容不同，资金运动的具体表现形式也不完全相同。产品制造企业是以产品生产和销售为主的营利性组织，其资金运动的特点最具代表性，因此，以下内容是以产品制造企业的资金运动为例来说明会计对象在企业中的具体表现。

1. 资金筹集

资金筹集是指企业通过吸收投资、银行借入、发行股票或债券来筹集经营所需资金。产品制造企业要开展生产经营活动，必须投入一定的资金以形成一定的生产能力或经营能力，为生产产品创造条件。资金筹集引起产品制造企业的资金增加，这部分资金最初是以货币资金形态进入企业的，具体表现为现金、银行存款等。

2. 资金运用

资金运用是指资金在企业中的周转。资金以货币形态为出发点，依次转换，最终又回到货币形态的这一过程，称为资金循环。只要企业持续生产经营，资金的循环过程就将周而复始地进行下去。这种不断重复的资金循环就称为资金周转。

为尽可能多地赚取利润，产品制造企业要不断地运用资金，开展生产经营活动。按照业务内容，产品制造企业的经营活动可分为供应、生产和销售三个过程。在供应过程，产品制造企业用货币资金购买材料，形成储备资金；工人利用自己的生产技术，借助于机器设备对材料进行加工，发生的耗费形成生产资金；产品完工后形成成品资金；将产品销售，收回货款，得到新的货币资金。企业获得的收入，还应按国家税法的有关规定计算缴纳各种税费。企业的收入扣除相关成本费用后，形成企业的利润，利润一部分按规定进行分配，另一部分重新投入生产经营过程，即资金的分配和再投入。整个周转过程表现为：货币资金→储备资金→生产资金→成品资金→新的货币资金。

3. 资金退出

资金退出是指企业偿还各项债务、上缴各项税金和分派利润或股利。退出企业资金周转的这一部分，同时减少了企业的资产、负债和所有者权益。

综上所述，资金筹集、资金运用和资金退出，构成了企业资金运动的主要内容。产品制造企业的资金运动和生产经营过程如图1-1所示。

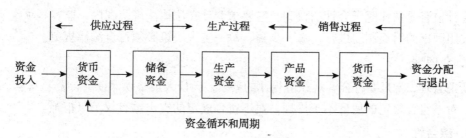

图1-1 产品制造企业的资金运动和生产经营过程

二、会计的职能

会计的职能是指会计在经济管理过程中所具有的功能。会计的基本职能包括会计核算和会计监督两个方面。

（一）会计的核算职能

会计的核算职能，是指会计以货币为主要计量单位，通过确认、计量、记录和报告等环节，反映特定主体的经济活动，向有关各方提供会计信息。会计的核算职能又称为会计的反映职能，是会计的首要职能。

会计的核算职能具有以下基本特征。

1. 以货币作为主要计量单位，同时辅之以实物量度和劳动量度

会计核算中之所以选择货币作为主要计量单位，是因为货币是商品的一般等价物，是衡量一般商品价值的共同尺度。其他计量单位如重量、长度、容积、时间等，只能从一个角度反映企业的生产经营情况，无法从量上进行汇总和比较。用货币来计量，有助于会计将各种性质不同的经济内容统一起来，对财务成果进行综合的反映。

2. 具有连续性、系统性、全面性、综合性

连续性是指会计核算在时间、程序和步骤上保持前后一贯；系统性是指会计对企业发生的经济活动既要相互联系地记录，又要进行科学的分类记录；全面性是指会计核算的内容要充分完整，防止片面；综合性是指会计要总括地反映经济活动的价值指标。

3. 以真实、合法的会计凭证为依据，并严格遵循会计规范

《中华人民共和国会计法》（以下简称《会计法》）第二章第九条规定："各单位必须根据实际发生的经济业务事项进行会计核算，填制会计凭证，登记会计账簿，编制财务会计报告。"任何单位不得以虚假的经济业务事项或者资料进行会计核算。

（二）会计的监督职能

会计的监督职能是指对特定主体经济活动和相关会计核算的合法性、合理性进行审查。

会计监督是经济监督的一个组成部分，既有经济监督的共性，又有自己的特性。

会计监督具有以下几个方面的特点。

1. 合法性

会计监督是法律赋予会计的权利。它要求会计在法律法规范围内，监督各项经济活动严格按照国家的财经制度进行，每一步骤、每一重大决策必须符合法律规范。

2. 合理性

所谓合理，就是要符合客观经济规律的要求。会计人员必须保证会计资料真实、准确、完整，对不符合规定的凭证不予受理，对不符合规定的支出也有权予以拒绝。

3. 综合性

会计监督始终贯穿于经济活动的全过程，从经济活动的计划到实施，从资金的使用到经营成果的分配，即事前、事中和事后都需要实施会计监督。

4. 及时性

会计人员直接参与经济活动，进行核算、控制、预测和决策。实行有效的会计监督，能及时地发现并解决问题。

5. 双重性

会计工作是经济管理的重要组成部分，会计人员以参与者的身份直接进入经济活动之中，进行核算、反映、控制和监督，这是其他经济监督所办不到的。因此，会计人员具有双重身份，既是参与者，又是监督者。

（三）会计职能之间的关系

会计的核算和监督职能是相辅相成的辩证统一关系。会计核算职能是会计监督职能的基础和前提，离开了核算职能，监督职能就失去了基石。同时，会计监督是会计核算的保证，没有会计监督，会计核算就失去了存在的意义。

第三节　会计核算前提与会计信息质量要求

一、会计核算前提

会计核算前提也称为会计基本假设，是对会计核算所处时间、空间环境等所做的合理假设，是指一般在会计实践中长期奉行，不需证明便为人们所接受的前提条件。财务会计要在一定的假设条件下才能确认、计量、记录和报告会计信息，我国基本准则明确了四个基本假设，即会计主体、持续经营、会计分期和货币计量。

（一）会计主体

会计主体，是指会计所服务的特定单位。会计主体假设是指会计所反映的是一个特定企业或行政事业单位的经济活动，而不包括投资者本人的经济业务和其他经营单位的经营活动。它明确了会计工作的空间范围。

会计主体这一基本前提包含三个方面的内容。

（1）会计只能为一个特定单位（企业）服务，而不能为两个或两个以上的企业服务。这是因为会计计量资产、负债和所有者权益是以这个特定企业的权利和义务为界限的，收入和费用也是以该特定企业为界限，按实现和配比原则来确认的。

（2）会计核算的对象在经济上是独立的。在进行会计核算时，不仅要把各不同企业之间的经济关系划分清楚，而且应把企业的经营活动与企业所有者及企业职工个人的经济活动区分开来。当企业的经营者与所有者为同一个人时，由于会计服务的对象是作为经济实体的企业，这就需要把所有者的个人的消费与企业的开支分开。

（3）作为会计主体的企业与作为法人的企业是有区别的。会计主体是会计信息反映的特定单位或者组织。法律主体是法律上承认的可以独立承担义务和享受权利的个体，也可以称为法人。法律主体往往是会计主体，任何一个法人都要按规定开展会计核算。会计主体不一定是法律主体。例如，在企业集团的情况下，一个母公司拥有若干子公司，母子公司虽然是不同的法律主体，但是母公司对子公司拥有控制权，为了全面反映企业集团的财务状况、经营成果和现金流量，就有必要将企业集团作为一个会计主体，编制合并财务报表，在这种情况下，尽管企业集团不属于法律主体，但它却是会计主体。

（二）持续经营

持续经营假设是指会计核算应以持续、正常的生产经营活动为前提，而不考虑企业是否将破产清算。它明确了会计工作的时间范围。

持续经营作为会计核算前提的作用表现在以下两个方面。

（1）由于假定企业是持续不断地经营下去，企业的资产价值将以历史成本计价，而不是采取现行市价或其他计价标准。例如，当会计人员为一个持续经营的企业编制会计报表时，其厂房、建筑物以及生产设备等固定资产都是按历史成本入账的，而不是按假设企业解散的清算价值入账。

（2）持续经营这一基本前提为采用权责发生制奠定了基础。正是由于企业作为一个独立的经营实体，以持续经营为前提，企业才能以是否取得收款的权利或支付款项的责任作为收入或费用的标志，而不是以是否收到或支付货币资金为依据。

（三）会计分期

会计分期假设是指把企业持续不断的经营活动过程，划分为较短的会计期间，以便分期结算账目，按期编制报表。它是对会计工作时间范围的具体划分。

根据《企业会计准则——基本准则》规定，会计期间分为年度和中期。这里的会计年度采用的是公历年度，即从每年的1月1日至12月31日为一个会计年度。中期是短于一个完整会计年度的报告期间，又可以分为月度、季度、半年度。

会计分期前提的作用主要表现在如下几个方面。

（1）会计分期是正确计算期间损益的基础。收入的实现是针对特定会计期间而言的，费用的确认也是与特定期间的收入相配合的。

（2）会计分期前提强化了会计信息的预计性质。由于将企业的经营活动划分为各个相等的期间，需要对某些收入与费用在本期和将来各期之间进行分配，如固定资产折旧、无形资产摊销等，都需要会计人员运用以往的经验采用判断的方法进行处理，这就强化了会计信息的预计性质。

（3）会计分期前提还在很大程度上制约着会计信息的质量要求。例如，可比与一致是会计信息的重要特征，不仅不同企业的会计信息能够比较，而且不同期间的会计处理方法、程序或会计政策、原则应建立在一致或可比的基础上，以保证各期财务状况和经营成果数据的有用性。

我国的会计年度是怎样划分的？中期指的是哪几个期间？

（四）货币计量

货币计量假设是指企业的生产经营活动及经营成果，都通过价值稳定的货币予以综合反映，其他计量单位虽要使用，但不占主要地位。这个前提一般都含有币值不变假设，它明确了会计核算的计量尺度。

货币计量假设包括两层含义。

一是会计核算要以货币作为主要的计量尺度，会计法规定会计核算以人民币为记账本位币，业务收支以人民币以外的货币为主的单位，可以选定其中一种作为记账本位币，但是编报的财务会计报表应当折算为人民币。在以货币作为主要计量单位的同时，有必要时也应当以实物量度和劳动量度作为补充。

二是假定币值稳定，因为只有在币值稳定或相对稳定的情况下，不同时点上的资产的价值才有可比性，不同期间的收入和费用才能进行比较，并计算确定其经营成果，会计核算提供的会计信息才能真实反映会计主体的经济活动情况。

二、会计信息质量要求

会计信息质量要求是对企业财务报告中所提供会计信息质量的基本要求，是使财务报告中所提供会计信息对会计信息使用者有用所应具备的基本特征，它主要包括可靠性、相关性、可理解性、可比性、实质重于形式、重要性、谨慎性和及时性等。

（一）可靠性

《企业会计准则——基本准则》第十二条规定："企业应当以实际发生的交易或者事项为依据进行会计确认、计量和报告，如实反映符合确认和计量要求的各项会计要素及其他相关信息，保证会计信息真实可靠、内容完整。"

在实务中，企业以实际发生的交易或者事项为依据进行确认、计量，将符合会计要素定义及其确认条件的资产、负债、所有者权益、收入、费用和利润等如实反映在财务报表中，不得根据虚构的、没有发生的或尚未发生的交易或者事项进行确认、计量和报告。

在符合重要性和成本效益原则的前提下，保证会计信息的完整性，其中包括应当编报的报表及其附注内容等应当保持完整，不能随意遗漏或者减少应予披露的信息，与使用者决策相关的有用信息都应当充分披露。

【例 1-1】 某公司于20××年末发现公司销售萎缩，无法实现年初确定的销售收入目标，但考虑到在下一年春节前后，公司销售可能会出现较大幅度的增长，公司为此提前预计库存商品销售，在20××年末制作了若干存货出库凭证，并确认实现销售收入。公司这种处理不是以其实际发生的交易事项为依据的，而是虚构的交易事项，违背了会计信息质量要求的可靠性，也违背了我国会计法的规定。

（二）相关性

《企业会计准则——基本准则》第十三条规定："企业提供的会计信息应当与财务会计报告使用者的经济决策需要相关，有助于财务会计报告使用者对企业过去、现在或者未来的情况作出评价或者预测。"

会计信息质量的相关性要求，需要企业在确认、计量和报告会计信息的过程中，充分考虑使用者的决策模式和信息需要。相关性是以可靠性为基础的，但是，两者之间并不矛盾，不应将两者对立起来。也就是说，会计信息应在保证可靠性的前提下，尽量做到相关性，以满足财务报告使用者的决策需要。

（三）可理解性

《企业会计准则——基本准则》第十四条规定："企业提供的会计信息应当清晰明了，便于财务会计报告使用者理解和使用。"

企业编制财务报告、提供会计信息的目的在于使用，为了使使用者有效使用会计信息，应当能让其了解会计信息的内涵，明白会计信息的内容，这就要求财务报告所提供的会计信息应当清晰明了，易于理解。

（四）可比性

《企业会计准则——基本准则》第十五条规定："企业提供的会计信息应当具有可比性。"这主要包括两层含义。

（1）同一企业不同时期发生的相同或者相似的交易或者事项，应当采用一致的会计政策，不得随意变更。确需变更的，应当在附注中说明。

（2）不同企业发生的相同或者相似的交易或者事项，应当采用规定的会计政策，确保会计信息口径一致、相互可比。

（五）实质重于形式

《企业会计准则——基本准则》第十六条规定："企业应当按照交易或者事项的经济实质进行会计确认、计量和报告，不应仅以交易或者事项的法律形式为依据。"

在多数情况下，企业发生的交易或事项的经济实质和法律形式是一致的。但在有些情况下，会出现不一致。例如，企业以融资租赁方式租入的资产虽然从法律形式来讲企业并不拥有其所有权，但是由于租赁合同中规定的租赁期相当长，接近于该资产的使用寿命；

租赁期结束时承租企业有优先购买该资产的选择权；在租赁期内承租企业有权支配资产并从中受益等。因此，从其经济实质来看，企业能够控制融资租入资产所创造的未来经济利益，在会计确认、计量和报告上就应当将以融资租赁方式租入的资产视为企业的资产，列入企业的资产负债表。

（六）重要性

《企业会计准则——基本准则》第十七条规定："企业提供的会计信息应当反映与企业财务状况、经营成果和现金流量等有关的所有重要交易或者事项。"

在实务中，如果会计信息的缺失或者错报会影响财务报告使用者据此作出决策的，该会计信息就具有重要性。企业应当依赖会计职业判断来应用重要性，应当根据其所处环境和具体实际情况，从项目的性质及金额大小两方面来判断会计信息是否具有重要性。

（七）谨慎性

《企业会计准则——基本准则》第十八条规定："企业对交易或者事项进行会计确认、计量和报告应当保持应有的谨慎，不应高估资产或者收益、低估负债或者费用。"

会计信息质量的谨慎性要求，需要企业在面临不确定性因素的情况下作出职业判断时，应当保持应有的谨慎，充分估计到各种风险和损失，既不高估资产或者收益，也不低估负债或者费用。例如，要求企业对可能发生的资产减值损失计提资产减值准备、对售出商品可能发生的保修义务等确认预计负债等，就体现了会计信息质量的谨慎性要求。

（八）及时性

《企业会计准则——基本准则》第十九条规定："企业对于已经发生的交易或者事项，应当及时进行会计确认、计量和报告，不得提前或者延后。"

会计信息的价值在于帮助会计信息使用者作出经济决策，具有时效性。在会计确认、计量和报告过程中贯彻及时性，要求及时收集、处理和传递会计信息。

知识链接

可靠性要求"保证会计信息真实可靠、内容完整"。这是对会计信息质量提出的最基本的要求。

第四节 会计核算基础与会计计量

一、会计核算基础

会计核算基础有两种：一种叫作收付实现制或实收实付制，或叫作现金收付基础。另一种叫作权责发生制或叫作应收应付制，或叫作应计制。

（一）收付实现制

收付实现制是以本期款项的实际收付作为确定本期收入、费用的基础。不论款项是否属于本期，只要在本期实际发生，即作为本期的收入和费用。所以又叫作实收实付制。下面举例来说明，在收付实现制下会计处理的特点。

【例 1-2】 某企业于 5 月 2 日销售一批产品，5 月 27 日收到货款，存入银行。

由于这笔销售收入是在 5 月收到的货款，按照收付实现制的要求，应作为 5 月的收入入账。

【例 1-3】 某企业于 5 月 2 日销售一批商品，7 月 9 日收到货款，存入银行。

虽然这笔销售收入是在 5 月实现的，但是，由于是在 7 月收到的货款，按照收付实现制的要求，则应该将这笔收入作为 7 月的销售收入入账。

【例 1-4】 某企业于 5 月 2 日收到购货单位的一笔货款，存入银行，按合同规定于 8 月交付商品。

虽然这笔货款属于 8 月实现的销售收入，但是，由于是在 5 月收到了货款，按照收付实现制的要求，则应将这笔收入作为 5 月的销售收入入账。

【例 1-5】 某企业于 6 月 30 日预付下半年水电费。

虽然这笔款项属于本年下半年各月应负担的费用，但是，由于在本年 6 月已经支付了款项，按照收付实现制的要求，应将其作为本年 6 月的费用入账。

【例 1-6】 某企业于 11 月 5 日购入一批办公用品，款项于来年的 2 月支付。

虽然这笔费用属于本年 11 月负担的费用，但是，由于款项是在来年的 2 月支付，按照收付实现制的要求，应将其作为来年 2 月的费用入账。

【例 1-7】 某企业于 11 月 5 日用银行存款支付本月水电费。

由于这笔费用是在本年 11 月付款，按照收付实现制的要求，应将其作为 11 月的费用入账。

（二）权责发生制

权责发生制是指凡是当期已经实现的收入和已经发生或应当负担的费用，不论款项是否收付，都应当作为当期的收入和费用；凡是不属于当期的收入和费用，即使款项已在当期收付，也不应当作为当期的收入和费用。

《企业会计准则——基本准则》第九条规定："企业应当以权责发生制为基础进行会计确认、计量和报告。"

下面以前面的例子来说明，在权责发生制下会计处理的特点。

在【例 1-2】和【例 1-7】的情况下，款项的实际收付和收入与费用的归属期都属于相同的会计期间，收入和费用的确认与收付实现制相同。

【例 1-3】的情况应作为 5 月的收入，因为在 5 月就已经实现了收入的权利。

【例 1-4】的情况应作为 8 月的收入，因为在 5 月只是收到销售货款，收入的权利并没有实现。

【例 1-5】的情况应作为本年下半年的费用，因为支出的义务应在本年下半年。

【例 1-6】的情况应作为本年 11 月的费用，因为发生支出的义务应在本年 11 月。

现金收付基础和应计基础是对收入与费用而言的，都是会计核算中确定本期收入和费用的会计处理方法。但是现金收付基础强调款项的收付，应计基础强调应计的收入和为取得收入而发生的费用相配合。采用现金收付基础处理经济业务对反映财务成果欠缺真实性、准确性;采用应计基础比较科学、合理,被大多数企业普遍采用,当然成为成本计算的会计处理基础。

课堂讨论

行政事业单位的会计核算基础是什么?在会计处理上有何不同?

二、会计计量

会计计量是在一定的计量尺度下,运用特定的计量单位,选择合理的计量属性,确定应予记录的经济事项金额的会计记录过程。企业将符合确认条件的会计要素登记入账并列报于会计报表及其附注(财务报表)时,应当按照规定的会计计量属性进行计量,确定其金额。

根据《企业会计准则——基本准则》第四十二条的规定,会计计量属性主要包括历史成本、重置成本、可变现净值、现值和公允价值。

(一)历史成本

在历史成本计量下,资产按照购置时支付的现金或现金等价物的金额,或者按照购置资产时所付出的对价的公允价值计量。负债按因承担现时义务而实际收到的款项或资产的金额,或承担现时义务的合同金额或按日常活动中为偿还负债预期需要支付的现金或现金等价物的金额计量。

(二)重置成本

在重置成本计量下,资产按照现在购买相同或者相似资产所需支付的现金或者现金等价物的金额计量。负债按现在清偿该债务所需要支付的现金或现金等价物的金额计量。

(三)可变现净值

在可变现净值计量下,资产按照其正常对外销售所能收到现金或者现金等价物的金额扣减该资产至完工时估计将要发生的成本、估计的费用以及相关税费后的金额计量。

(四)现值

在现值计量下,资产按照预计从其持续使用和最终处置中所产生的未来净现金流入量的折现金额计量。负债按预期偿还的未来净现金流出量的折现金额计量。

(五)公允价值

在公允价值计量下,资产和负债按照在公平交易中,熟悉情况的交易双方自愿进行资产交换或者债务清偿的金额计量。

企业在对会计要素进行计量时,一般应当采用历史成本,采用重置成本、可变现净值、现值、公允价值计量的,应当保证所确定的会计要素金额能够取得并可靠计量。例如,存货的成本与可变现净值孰低，购入具有融资性质的固定资产，应采用现值。

我国引入公允价值是适度、谨慎和有条件的。原因是考虑到我国尚属新兴的市场经济国家，如果不加限制地引入公允价值，有可能出现公允价值计量不可靠，甚至借机人为操纵利润的现象。

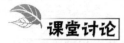

为什么会计要素的计量一般要采用历史成本？采用历史成本之外的计量属性应符合什么条件？

第五节　会 计 方 法

一、会计方法的含义与内容

会计方法，指从事会计工作所使用的各种技术方法。会计工作的进行由具体的会计方法构成，并由会计人员的行为推动，因此，会计方法是会计职能由潜在的有用性转化为现实作用的关键。

会计方法一般包括会计核算方法、会计分析方法和会计检查方法。其中会计核算方法是会计方法中最基本的方法，这里主要介绍会计核算方法。

二、会计核算方法

会计核算的主要方法如下：

（一）设置账户

设置账户是对会计核算的具体内容进行分类核算和监督的一种专门方法。由于会计对象的具体内容是复杂多样的，要对其进行系统的核算和经常性监督，就必须对经济业务进行科学的分类，以便分门别类地、连续地记录，据以取得多种不同性质、符合经营管理需要的信息和指标。

（二）复式记账

复式记账是指对所发生的每项经济业务，以相等的金额，同时在两个或两个以上相互联系的账户中进行登记的一种记账方法。采用复式记账方法，可以全面反映每一笔经济业务的来龙去脉，而且可以防止差错和便于检查账簿记录的正确性与完整性，是一种比较科学的记账方法。

（三）填制和审核凭证

会计凭证是记录经济业务，明确经济责任，作为记账依据的书面证明。正确填制和审核会计凭证，是核算和监督经济活动财务收支的基础，是做好会计工作的前提。

（四）登记会计账簿

登记会计账簿简称记账，是以审核无误的会计凭证为依据在账簿中分类，连续地、完整地记录各项经济业务，以便为经济管理提供完整、系统的会计核算资料。账簿记录是重要的会计资料，是进行会计分析、会计检查的重要依据。

（五）成本计算

成本计算是按照一定对象归集和分配生产经营过程中发生的各种费用，以便确定各个对象的总成本和单位成本的一种专门方法。产品成本是综合反映企业生产经营活动的一项重要指标。正确地进行成本计算，可以考核生产经营过程的费用支出水平，同时又是确定企业盈亏和制定产品价格的基础，并为企业经营决策提供重要数据。

（六）财产清查

财产清查是指通过盘点实物，核对账目，以查明各项财产物资实有数额的一种专门方法。通过财产清查，可以提高会计记录的正确性，保证账实相符。同时，还可以查明各项财产物资的保管和使用情况以及各种结算款项的执行情况，以便对积压或损毁的物资和逾期未收到的款项，及时采取措施，进行清理和加强对财产物资的管理。

（七）编制会计报表

编制会计报表是以特定表格的形式，定期并总括地反映企业、行政事业单位的经济活动情况和结果的一种专门方法。会计报表主要以账簿中的记录为依据，经过一定形式的加工整理而产生一套完整的核算指标，用来考核、分析财务计划和预算执行情况以及为编制下期财务计划和预算提供重要依据。

以上各种专门方法虽各有特定的含义和作用，但并不是独立的，它们是一个完整的体系，是相互联系、紧密结合的。现代会计只有综合运用这七种方法，一环紧扣一环，才能保证核算工作的顺利进行。在实际会计业务处理过程中，按规定的手续填制和审核凭证，并应用复式记账法在有关账簿中进行登记；一定期末还要对生产经营过程中发生的费用进行成本计算和财产清查，在账证、账账、账实相符的基础上，根据账簿记录编制会计报表。

知识链接

会计方法体系中会计核算方法是最基本的一种方法，包括七种具体方法，它们之间是相互联系、紧密结合的。

【本章小结】

会计是指以货币为主要计量单位，以凭证为依据，借助于专门的技术方法对特定单位的经济活动进行完整、连续、系统、综合的反映，并进行核算和监督的一种经济管理活动。

会计的对象是指会计所核算和监督的内容，即特定主体能够以货币表现的经济活动。

凡是特定主体能够以货币表现的资金运动，都是会计核算和会计监督的内容，也就是会计的对象。

会计的核算职能就是为经济管理收集、处理、存储和输送各种会计信息。会计的监督职能是指对特定主体经济活动和相关会计核算的合法性、合理性进行审查。管理职能也是会计的一项基本职能。

会计核算的基本前提，也称会计假设，是指人们对那些未经确切认识或无法正面论证的经济事物和会计现象，根据客观的正常情况或趋势所作出的合乎事理的推断。会计核算的基本前提包括四个方面的内容：会计主体、持续经营、会计分期和货币计量。

会计信息质量要求是对企业财务报告中所提供会计信息质量的基本要求，是使财务报告中所提供会计信息对投资者等使用者决策有用应具备的基本特征，它主要包括可靠性、相关性、可理解性、可比性、实质重于形式、重要性、谨慎性和及时性等。

会计核算基础有两种：一种叫作收付实现制或实收实付制，或叫作现金收付基础。另一种叫作权责发生制或叫作应收应付制，或叫作应计制。

常用的会计计量属性有五种：历史成本、重置成本、可变现净值、现值和公允价值。一般情况下，对会计要素采用历史成本计量。在特定情况下，允许采用非历史成本计量属性，但是这些属性必须是能够取得并可靠计量的。

会计核算的主要方法有设置账户、复式记账、填制和审核凭证、登记会计账簿、成本计算、财产清查和编制会计报表。

【延伸阅读】

1. 《企业会计准则——基本准则》（2006年公布，2014年修改）
2. 《中华人民共和国会计法》（2017年修订）
3. 刘月霞，成珂. 中国特色会计环境下会计的发展方向[J]. 中国证券期货，2013（3）
4. 李维清. 会计的历史演进与发展[M]. 北京：中国社会科学出版社，2011
5. 葛家澍，徐跃. 会计计量属性的探讨——市场价格、历史成本、现行成本与公允价值[J]. 会计研究，2006（9）

【自测题】

一、客观题

二、主观题

（一）思考题

1. 简述会计的含义，并说明其是怎样产生和发展的。
2. 会计的目标是什么？
3. 怎样描述会计的对象？
4. 会计的基本职能是什么？会计核算职能有哪些特征？
5. 会计核算有哪些前提？它们的具体内容分别是什么？
6. 什么是会计信息质量要求？具体有哪些内容？
7. 何为可靠性？可靠性是否意味着真实？
8. 简述两种会计核算基础的区别。
9. 会计计量属性有哪些？运用这些计量属性的一般原则是什么？
10. 会计核算方法有哪些？在会计实务操作中，应怎样运用这些方法？

（二）案例题

案例1：某上市公司的会计行为如下：

（1）将应于4月30日之前披露的年度财务报告推迟至5月5日。

（2）因企业本年盈利状况不佳，将应当于本年开始计提折旧的某项资产推迟至下年度计提。

（3）为改变企业业绩，将原来采用的存货发出计价方法由加权平均法改为先进先出法。

（4）为简化核算，将企业的包装物在领用时一次性计入当期费用。

（5）为确保会计信息的准确性，对于延期付款方式购买的资产按未来应付款额入账。

（6）为体现会计专业人员的技术能力与水平，采用外人并不熟悉的核算方法（这种方法不是必须使用的）。

（7）企业的一台车辆肇事，本单位负全责，但与受害人就赔偿金额尚未达成一致意见，企业认为金额尚未确定，不需要进行会计核算。

（8）将一项账面价值为700万元的资产以800万元售出，同时与购方签订协议3个月后以850万元的价格购回。企业将此笔业务按销售与采购分别进行了核算。

问题：

该上市公司的上述行为符合或违反了哪些会计核算的信息质量要求？

案例2：某商场按权责发生制原则确认收入与费用。20××年7月发生以下经济业务：

（1）7月2日，支付上月份电费4 000元；

（2）7月3日，收回上月的应收账款8 000元；

（3）7月10日，收到本月的营业收入款6 000元；

（4）7月15日，支付本月应负担的办公费1 500元；

（5）7月20日，支付下季度保险费2 600元；

（6）7月22日，应收营业收入60 000元，款项尚未收到；

（7）7月28日，预收客户货款9 000元；
（8）7月30日，负担上季度已经预付的保险费700元。

问题：

（1）试按权责发生制原则确定某商场7月的收入和费用；
（2）试按收付实现制原则确定某商场7月的收入和费用；
（3）试比较权责发生制与收付实现制的异同；
（4）通过计算说明两种方法对收入、费用和盈亏的影响。

第二章 财务报表与经济业务

通过本章学习，应达到以下学习目标：
1. 了解财务报表的内容、分类和编制要求；
2. 理解经济业务的发生对会计等式的影响；
3. 熟悉资产负债表、利润表、现金流量表的结构、内容；
4. 掌握会计要素的内容及其确认条件；
5. 掌握会计的三个恒等式。

大三学生李明在学习"大学生就业指导"课程后，决定从现在开始创业，于是在学校校园里租了一间门面做打印室，主要经营电脑打印、复印、传真等业务。办妥营业手续后李明购置了两台电脑、两台打印机、一台复印机和传真机，租用的门面面积为25平方米，因资金不够，李明跟同学借了 3 500 元来交门面的租金。

通过本章的学习，请分析该打印室开业时拥有的资产、负债和所有者权益的基本情况。

第一节 会计要素与财务报表

一、会计要素的含义与内容

（一）会计要素的含义及作用

会计要素是根据交易或事项的经济特征确定的财务会计对象的基本分类。会计要素可分为两类，即反映经营成果的会计要素和反映财务状况的会计要素。

通过会计要素能使经济业务与会计凭证、账簿、报表具体联系起来，能使会计信息更好地反映会计主体经营活动的特点。同时，会计要素是设定会计报表结构和内容的依据，也是进行确认和计量的依据。

（二）会计要素的具体内容及各要素的定义和分类

会计要素具体包括：资产、负债、所有者权益、收入、费用和利润。其中前三个要素反映会计主体在一定时点资金运动的静态表现，是资产负债表的基本组成单位，称为资产负债表要素；后三个要素反映会计主体在一定期间资金运动的动态表现，是利润表的基本构成单位，称为利润表要素。

1. 资产的定义及相关内容

1）资产的定义

《企业会计准则——基本准则》对会计要素分别进行了定义，其中，资产是指企业过去的交易或者事项形成的、由企业拥有或者控制的、预期会给企业带来经济利益的资源。

2）资产的确认条件

将一项资源确认为资产，需符合资产的定义，并同时满足以下列条件：与该资源有关的经济利益很可能流入企业；该资源的成本或者价值能够可靠地计量。符合资产定义和资产确认条件的项目，应当列入资产负债表；符合资产定义，但不符合资产确认条件的项目，不应当列入资产负债表。

3）资产的分类

资产按其流动性的不同可分为流动资产和非流动资产。流动资产是指可以在一年（含一年）或超过一年的一个营业周期内变现、出售或耗用的资产，主要包括库存现金、银行存款、交易性金融资产、应收及预付款项、应收票据、存货等。非流动资产是指不能在一年或超过一年的一个营业周期内变现、出售或耗用的资产，主要包括固定资产、长期股权投资、无形资产、长期应收款、可供出售金融资产、持有至到期投资等。

4）资产的特征

根据资产的定义，资产具有以下几方面的特征：①资产是由过去的交易或事项形成的资源，也就是现实的资产，不能是预期的资产。过去的交易或事项包括购买、生产、建造行为或其他交易或事项。由于资产是过去交易或事项所产生的结果，因此资产是现时存在的，而不是预期的。②资产应该是企业拥有或者控制的资源。一项资源要作为企业资产予以确认，应当由企业拥有或控制。拥有是指企业对资产享有所有权，企业可以按照自己的意愿使用和处置。控制是指企业虽然没拥有资产的所有权，但是控制了这些资产，按照实质重于形式的原则，应当作为企业的资产来确认，如融资租入的固定资产。③资产预期能为企业带来经济利益。一项资源作为资产必须具有交换价值和使用价值，通过对它的合理使用能够为企业带来未来的经济利益。

【例2-1】A企业20××年3月向B企业购买一台生产用的设备，销售合同已在2月签订，但实际购买是在3月发生，A企业在2月能否将其确认为其资产？

A公司2月不能将其确认为资产，因为2月A企业还未拥有该设备。

2. 负债的定义及相关内容

1）负债的定义

负债是指企业过去的交易或事项形成的，预期会导致经济利益流出企业的现时义务。现时义务是指企业在现行条件下已承担的义务。

2）负债的确认条件

将一项现时义务确认为负债，必须满足负债的定义和同时满足以下两个条件：与该义务有关的经济利益很可能流出企业；未来流出的经济利益的金额能够可靠地计量。符合负债定义和负债确认条件的项目，应当列入资产负债表；符合负债定义，但不符合负债确认条件的项目，不应当列入资产负债表。

3）负债的分类

负债按其流动性，可分为流动负债和非流动负债。流动负债是指在一年（含一年）或超过一年的一个营业周期内偿还的债务，包括短期借款、应付账款、应付票据、应付职工薪酬、应付股利、应付利息、其他应付款、预收账款、应交税费等。非流动负债是指偿还期超过一年或一个营业周期的负债，包括长期借款、长期应付款、应付债券等。

4）负债的特征

①负债是由企业过去的交易或事项形成的。只有过去的交易或事项才形成负债，企业在未来发生的承诺、签订合同等交易或事项，不形成负债。②负债预期会导致经济利益流出企业。无论何种原因产生的负债，企业都必须在未来某一特定时间偿还，这种义务的履行意味着企业经济利益的流出。③负债是企业承担的现时义务。现时义务是指企业在现行条件下已承担的义务，无论何种形式存在的负债，都是一种现时的义务。

3. 所有者权益的定义及相关内容

1）所有者权益的定义

所有者权益是指企业资产扣除负债后由所有者享有的剩余权益。公司的所有者权益又称为股东权益。

2）所有者权益的确认条件

所有者权益的确认主要依赖其他会计要素，尤其是资产和负债的确认，所以所有者权益金额的确定也主要取决于资产和负债的计量。

3）所有者权益的构成

所有者权益的来源包括所有者投入的资本、直接计入所有者权益的利得和损失、留存收益等。直接计入所有者权益的利得和损失，是指不应计入当期损益、会导致所有者权益发生增减变动的、与所有者投入资本或者向所有者分配利润无关的利得或者损失。所有者权益的内容通常包括股本（或实收资本）、资本公积、盈余公积和未分配利润。股本（或实收资本）是指所有者实际投入企业的资本，它是企业承担责任的财力保证；资本公积是指资本在运营过程中发生的增值；盈余公积是指企业从税后利润中提取的公积金，包括法定盈余公积和任意盈余公积；未分配利润是指企业待分配的利润。

4）所有者权益的特征

除非发生清算、分派现金股利、减资，企业不需要偿还所有者权益；所有者根据其所拥有的权益参与企业的利润分派；企业发生清算时，只有清偿所有负债后，所有者才能享受其权益。

4. 收入的定义及相关内容

1）收入的定义

收入是指企业在日常活动中形成的、会导致所有者权益增加、与所有者投入资本无关的经济利益的总流入。

2）收入的确认条件

按收入准则规定，收入满足下列条件的，才能予以确认。

①合同各方已批准该合同并承诺将履行各自义务。

②该合同明确了合同各方与所转让商品或提供劳务（简称"转让商品"）相关的权利和义务。

③该合同有明确的与所转让商品相关的支付条款。

④该合同具有商业实质，即履行该合同将改变企业未来现金流量的风险、时间分布或金额。

⑤企业因向客户转让商品而有权取得的对价很可能收回。

客户，是指与企业订立合同以向该企业购买其日常活动产出的商品或服务（简称"商品"）并支付对价的一方。

收入按交易价格进行计量。企业应当按照分摊至各单项履约义务的交易价格计量收入。

交易价格，是指企业因向客户转让商品而预期有权收取的对价金额。企业代第三方收取的款项以及企业预期将退还给客户的款项，应当作为负债进行会计处理，不计入交易价格。

符合收入定义和收入确认条件的项目，应当列入利润表。

3）收入的构成

①按照收入的形成来源，收入可分为商品销售收入、提供劳务收入、让渡资产使用权的利息和使用费收入。

②按照企业经营业务的主次，收入可分为主营业务收入和其他业务收入。

注：工业企业的主营业务收入包括销售商品、自制半成品、提供工业性作业等取得的收入；商品流通企业的主营业务收入主要是销售商品取得的收入；房地产开发企业的主营业务收入是销售自行开发的房地产取得的收入；交通运输企业的主营业务收入是提供运输劳务取得的收入；咨询公司的主营业务收入是提供咨询服务取得的收入；旅游企业的主营业务收入包括餐饮收入、客房收入等。其他业务收入是指企业在其非基本的、兼营的业务活动中所获得的收入。

4）收入的特征

①收入是企业在日常经营活动中形成的。日常活动是指企业所从事的生产经营活动及与之相关的活动，不包括偶然发生的活动。②收入是与所有者投入资本无关的经济利益的总流入；收入表现为资产的增加，或负债的减少，或两者兼而有之。③收入会导致所有者权益的增加。

与日常活动相对应的是非日常活动，它不是企业从事的经常性活动，与企业从事的经常性活动也不相关，而是企业偶然发生的交易或事项。这些交易或事项也能产生经济利益的流入，但由此而产生的经济利益的总流入不构成收入，而应当确认为利得。

【例2-2】B企业年中盘点时，盘出闲置的固定资产，经企业领导讨论决定出售该资产，出售资产获得的收入是否能确定为企业的收入？

不能确定为 B 企业的收入，因为出售固定资产不是企业的日常活动，这种偶然性的行为不能确认为企业的收入。

5. 费用的定义及相关内容

1）费用的定义

费用是指企业在日常活动中发生的、会导致所有者权益减少的、与向所有者分配利润无关的经济利益的总流出。

2）费用的确认条件

费用的确认应当符合以下条件：与费用相关的经济利益很可能流出企业；经济利益的流出会导致资产的减少或负债的增加；且经济利益的流出能够可靠计量。符合费用定义和费用确认条件的项目，应当列入利润表。

3）费用的构成

具体核算时，费用包括生产成本和期间费用。生产成本是生产单位为生产产品或提供劳务而发生的各项生产费用，包括直接人工、直接材料和制造费用。期间费用是指费用中不能对象化的部分，包括管理费用、销售费用和财务费用。

4）费用的特征

①费用是企业日常活动发生的经济利益的总流出。例如，工业企业制造和销售产品、商品流通企业销售商品等，均属于企业的日常活动，企业从事这些活动所发生的经济利益的流出，都应当确认为费用。有些交易或事项虽然也会发生经济利益的流出，但由于这些交易或事项不属于企业的日常活动，而是偶然发生的，因此，其经济利益的流出不构成费用，而应当确认为损失。

损失是指由企业非日常活动所发生的、会导致所有者权益减少的、与向所有者分配利润无关的经济利益的流出。例如，对外捐赠、发生自然灾害等交易或事项导致的经济利益的流出。

②费用必然导致所有者权益减少。与收入相反，费用通常表现为资产的减少，如支付广告费，在发生费用的同时，银行存款将减少；有时也表现为负债的增加。如企业耗用的电力。电力费用一般是定期于次月初支付的，企业本月耗用了电力，表明费用已经发生，但由于尚未支付，便形成企业对供电部门的一项负债。费用无论是表现为资产的减少还是负债的增加，最终都必然导致所有者权益的减少。

③费用是与向所有者分配利润无关的经济利益的总流出。费用的发生应当会导致经济利益的流出，从而导致资产的减少或者负债的增加(最终也会导致资产的减少)。其表现形式包括现金或者现金等价物的流出，存货、固定资产和无形资产等的流出或者消耗等。鉴于企业向所有者分配利润也会导致经济利益的流出，而该经济利益的流出显然属于所有者权益的抵减项目，不应确认为费用，应当将其排除在费用的定义之外。

企业为生产产品、提供劳务等发生的可归属于产品成本、劳务成本等的费用，应当在确认产品销售收入、劳务收入等时，将已销售产品、已提供劳务的成本等计入当期损益。企业发生的支出不产生经济利益的，或者即使能够产生经济利益，也不符合或者不再符合资产确认条件的，应当在发生时确认为费用，计入当期损益。企业发生的交易或者事项导致其承担了一项负债而又不确认为一项资产的,应当在发生时确认为费用,计入当期损益。

企业经济活动分为日常活动和非日常活动,为此相应地出现收入和利得,费用和损失。

6. 利润的定义及相关内容

1）利润的定义

利润是指企业在一定会计期间的经营成果,利润包括收入减去费用后的净额、直接计入当期利润的利得和损失等。

2）利润的确认条件

利润的确认主要依赖于收入、费用、利得和损失的确认,其金额的确定也主要取决于收入、费用、直接计入当期利润的利得和损失金额的计量。

3）利润的构成

利润包括收入减去费用后的净额、直接计入当期利润的利得和损失等。直接计入当期利润的利得和损失,是指应当计入当期损益、会导致所有者权益发生增减变动的、与所有者投入资本或者向所有者分配利润无关的利得或者损失。企业当期确认的投资收益或损失、处置固定资产或发生债务重组等获得的利得和损失,均属于直接计入当期利润的利得和损失,具体包括营业利润、利润总额、净利润。营业利润是营业收入减营业成本、税金及附加、销售费用、管理费用、财务费用、资产减值损失加上公允价值变动净收益、投资净收益后的金额。利润总额是营业利润加营业外收入减营业外支出后的金额。净利润是利润总额减所得税费用后的金额。

会计要素的划分在会计核算中具有重要的作用,它是对会计对象的科学分类,也是设置账户的基本依据。

按照收入要素和费用要素的定义,它们各自包括的范围有哪些？

二、会计要素与财务报表的关系

（一）财务报表的含义、作用及构成

财务报表是对企业财务状况、经营成果和现金流量的结构性表述,是会计主体对外提供的反映会计主体财务状况和经营成果的会计报表。财务报表至少应当包括下列组成部分:资产负债表、利润表、所有者权益变动表、现金流量表、附注。

财务报表的作用主要表现在以下几方面。

（1）全面系统地揭示企业一定时期的财务状况、经营成果和现金流量,有利于经营管

理人员了解本单位各项任务指标的完成情况，评价管理人员的经营业绩，以便及时发现问题，调整经营方向，制订措施改善经营管理水平，提高经济效益，为经济预测和决策提供依据。

（2）有利于国家经济管理部门了解国民经济的运行状况。通过对各单位提供的财务报表资料进行汇总和分析，了解和掌握各行业、各地区经济的发展情况，以便宏观调控经济运行，优化资源配置，保证国民经济稳定持续发展。

（3）有利于投资者、债权人和其他有关各方掌握企业的财务状况、经营成果和现金流量情况，进而分析企业的盈利能力、偿债能力、投资收益、发展前景等，为他们投资、贷款和贸易提供决策依据。

（4）有利于财政、税务、市场监督管理、审计等部门监督企业的经营管理。通过财务报表可以检查、监督各企业是否遵守国家的各项法律、法规和制度，有无偷税漏税的行为。

（二）会计要素和财务报表的关系

会计要素是对会计对象即会计核算的具体内容进行的基本分类，会计的基本目标是为使用者提供会计信息。资产、负债及所有者权益构成资产负债表的基本框架；利润、收入及费用构成利润表的基本结构。因此，这六项会计要素又称为财务报表要素。企业向使用者提供会计信息的工具或会计信息的载体主要是财务报表，财务报表是综合反映企业财务状况和经营成果的书面文件。一套完整的财务报表包括资产负债表、利润表、现金流量表、所有者权益变动表（或股东权益变动表）和财务报表附注。

企业编制财务报表的依据是日常会计核算资料，这就要求财务报表所反映的内容及其基本分类，应与日常会计核算保持一致；而日常会计核算对经济活动内容的分类，也应满足编制财务报表的要求。因此，会计要素既是会计核算内容的基本分类，也是财务报表的基本构成要素。

1. 资产负债表

1）资产负债表的定义

资产负债表亦称财务状况表，是反映企业在某一特定日期（通常为各会计期末）的财务状况的报表，是静态报表。

2）资产负债表的作用

资产负债表反映企业资产的构成及其状况，分析企业在某一日期所拥有的经济资源及其分布情况；可以反映企业某一日期的负债总额及其结构，分析企业目前与未来需要支付的债务数额；可以反映企业所有者权益的情况，了解企业现有投资者在企业投资总额中所占的份额。

此外，资产负债表还可以提供进行财务分析的基本资料，如将流动资产与流动负债进行分析，计算出流动比率；将速动资产与流动负债进行比较，计算出速动比率等。

资产负债表的结构有账户式和报告式两种，在我国，按照财务报表列报准则的规定，企业应当采用账户式资产负债表。账户式资产负债表分为左右两边，左边列示资产项目，右边列示负债和所有者权益项目。其格式具体如表2-1所示。

表 2-1　　　　　　　　　　　　账户式资产负债表（简表）
编制单位：甲公司　　　　　　　　20××年1月31日　　　　　　　　　　　　单位：元

资产	期末余额	年初余额	负债及所有者权益	期末余额	年初余额
一、流动资产	×××	×××	负债		
			一、流动负债	×××	×××
			二、非流动负债	×××	×××
			合计	×××	×××
			所有者权益		
			一、实收资本	×××	×××
二、非流动资产	×××	×××	二、资本公积	×××	×××
			三、盈余公积	×××	×××
			四、未分配利润	×××	×××
			合计	×××	×××
资产合计	×××	×××	负债及所有者权益合计	×××	

2. 利润表

1）利润表的定义

利润表是指反映企业在一定会计期间的经营成果的报表，即利得和损失的情况，它表明企业运用所拥有的资产的获利能力，是动态报表。

2）利润表的作用

利润表可以反映企业生产经营活动的成果，即净利润的实现情况，据以判断资本保值和增值情况；通过利润表可以分析利润增减变化的原因，便于会计报表使用者判断企业未来的发展趋势，为编制下期的利润预算、改进经营管理提供科学的依据。

利润表的格式有单步式和多步式两种。单步式利润表是将当期所有的收入列在一起，然后将所有的费用列在一起，两者相减得出当期净损益。多步式利润表是通过对当期的收入、费用、支出项目按性质加以归类，按利润形成的主要环节列示一些中间性利润指标，分步计算当期净损益。在我国，按照财务报表列报准则的规定，企业应当采用多步式利润表。将不同性质的收入和费用分类别进行对比，从而得出一些中间性的利润数据，便于使用者理解企业经营成果的不同来源，具体如表 2-2 所示。

利润表中的有关数据与资产负债表中的有关数据相对照，利润表中最后的未分配利润额与资产负债表中的未分配利润额相一致；本年提取的公积金数额与资产负债表中的公积金增加数额相一致。

3. 现金流量表

1）现金流量表的定义

现金流量表，是指反映企业在一定会计期间现金和现金等价物流入与流出的报表，也属于动态报表。

表 2-2　　　　　　　　　　多步式利润表（简表）

编制单位：甲公司　　　　　　　20××年　　　　　　　　　　单位：元

项目	本年金额	上年金额
一、营业收入		
减：营业成本		
税金及附加		
销售费用		
管理费用		
财务费用		
资产减值损失		
加：公允价值变动收益（损失以"-"号填列）		
投资收益（损失以"-"号填列）		
其中：对联营企业和合营企业的投资收益		
二、营业利润（损失以"-"号填列）		
加：营业外收入		
减：营业外支出		
其中：非流动资产处置损失		
三、利润总额（损失总额以"-"号填列）		
减：所得税费用		
四、净利润（损失以"-"号填列）		
五、每股收益：		
（一）基本每股收益		
（二）稀释每股收益		

2）现金流量表的作用

现金流量表能够说明企业一定期间现金流入和流出的原因；能够说明企业的偿债能力和支付股利的能力；可以用来分析企业未来获取现金的能力；可以用来分析企业投资和理财活动对经营成果与财务状况的影响；能够提供不涉及现金的投资和筹资活动的信息。

现金流量表的编制方法有直接法和间接法两种，直接法是指通过现金收入和现金支出的主要类别列示经营活动的现金流量。间接法是以本期净利润为计算起点，调整不涉及现金的收入、费用、营业外收支等有关项目的增减变动，据此计算出经营活动的现金流量。我国的现金流量表采用直接法编制。

资产负债表、利润表、现金流量表是企业对外报送的三大会计报表，这三张会计报表存在着密切的钩稽关系，从不同角度反映了企业的经营成果、现金流量和财务状况。

4. 所有者权益变动表

1）所有者权益变动表的定义

所有者权益变动表是指公司本期（年度或中期）内至期末构成所有者权益的各组成部分当期增减变动情况的报表。

2）所有者权益变动表的作用

所有者权益变动表可以为报表使用者提供所有者权益总量增减变动的信息；可以为报表使用者提供所有者权益增减变动的结构性信息；能够让报表使用者理解所有者权益增减变动的根源。

资产负债表是反映某一时点企业所拥有的资产、需偿还的债务及股东对企业资产拥有的情况的报表，而所有者权益变动表、利润表、现金流量表则是反映某一时段的财务状况的报表。附注是对在资产负债表、利润表、所有者权益变动表和现金流量表等报表中列示项目的文字描述或明细资料，以及对未能在这些报表中列示的项目的说明等。

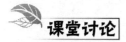

分析资产负债表、利润表、所有者权益变动表的编制，这三张报表之间有什么样的关系？

第二节 会计等式

一、会计等式的含义

会计等式，也称会计平衡公式，或会计方程式，它是对各会计要素的内在经济关系利用数学公式加以概括表达，用来揭示会计要素之间增减变化及结果，并保持相互平衡关系的数学表达式，即反映各会计要素数量关系的等式。会计等式是进行会计核算的基础，是提供会计信息的出发点，它提示各会计要素之间的联系，是复式记账、试算平衡和编制会计报表的理论依据。

二、会计等式的类型

会计等式包括静态会计等式、动态会计等式和扩展会计等式三种。

（一）静态会计等式

企业在生产经营过程中必须拥有能满足其经营活动的资源，即资产。资源在生产经营过程中的形态是不断变化的，其变化的形态是各项资产的增减。与此相对应，企业的每项资产都有其形成的渠道和取得的来源。从静态上看，其在某一时点表现为一定数量不同形式的资产，而这些资产又有负债和所有者权益两个方面的来源，企业的资产总额等于企业的负债和所有者权益的总和，企业的经济活动发生变化时也不影响这一相等关系。即

$$资产 = 负债 + 所有者权益$$

该等式反映企业在某一时点的财务状况，体现了资金运动中有关会计要素间的数量平衡关系，同时也体现了资金在运动过程中存在分布的形态和资金形成渠道两方面之间的相互依存及相互制约的关系。

（二）动态会计等式

企业运用各种经济资源生产商品、提供劳务，创造社会财富，使得现金不断流入企业，形成企业的收入，同时，企业为生产商品或提供劳务也在不断地消耗各种资源，使资金流出企业，从而形成费用。生产经营过程中获得的收入、发生的费用、形成的利润之间的关系，可用如下公式表示：

$$收入 - 费用 = 利润$$

动态会计等式是反映一定期间经营成果的平衡公式，表现了收入、费用和利润三大会计要素之间的关系，是从某个会计期间考察企业的最终财务成果而形成的关系。它是编制利润表的理论依据。

知识链接

卢卡·帕乔利最先提出的会计等式是"一个人的所有资产=其人所有权的总值"。经过不断发展，到20世纪30年代，会计等式基本定型为"资产=负债+资本"。由于西方国家实行私有制，企业是由私人投资的，私营业主的投资被称为"业主权益"，所以，西方国家也有将会计等式表述为："资产=负债+业主权益"。而我国，实行的是以公有制为主体、多种所有制经济共同发展的经济制度，因此，我国将会计基本等式表述为"资产=负债+所有者权益"。

（三）扩展会计等式

企业经营之初，会把筹集起来的资金用来购买材料、支付企业日常活动的各种支出，因为与其他单位开展经营活动会使得资产的结构以及债权、债务的结构发生变化，从而使得资产、负债发生增减变化。企业销售商品取得的收入，在减去成本后会使得企业的所有者权益及其结构发生变化。因此，企业的经营活动会对会计等式产生综合的影响。会计等式可扩展为

$$资产 = 负债 + 所有者权益 + （收入 - 费用）$$

或

$$资产 + 费用 = 负债 + 所有者权益 + 收入$$

当收入大于费用时产生净收益，净收益会引起所有者权益的增加；当费用大于收入时产生净损失，净损失引起所有者权益的减少。

第三节 经济业务与会计等式

一、会计事项或交易的发生对会计等式的影响

企业生产经营过程中，会发生各种会计事项或交易，这些会计事项的发生会对有关的会计要素产生影响，但是不会破坏会计等式，具体业务类型表现为以下9种情况，9种情

况又分别归属以下两类。

（1）会计事项或交易的发生，仅使等式一边发生数量增减变化，但变化数额相等，所以总额不变，具体有：

①会计事项或交易的发生，导致资产项目的此增彼减，增减金额相等，会计等式保持平衡。

②会计事项或交易的发生，导致负债项目此增彼减，增减金额相等，会计等式保持平衡。

③会计事项或交易的发生，导致所有者权益项目此增彼减，增减金额相等，会计等式保持平衡。

④会计事项的发生，导致负债项目增加，但所有者权益项目减少，增减金额相等，会计等式保持平衡。

⑤会计事项或交易的发生，导致负债项目减少，但所有者权益项目增加，增减金额相等，会计等式保持平衡。

（2）会计事项或交易的发生，引起等式两边同时发生增加或减少，增加或减少的金额相等，会计等式保持平衡，具体有：

①会计事项或交易的发生，导致等式左边的资产项目增加，同时，右边的负债项目亦增加相同的金额，会计等式保持平衡。

②会计事项或交易的发生，导致等式左边的资产项目增加，同时，右边的所有者权益项目亦增加相同的金额，会计等式保持平衡。

③会计事项或交易的发生，导致等式左边的资产项目减少，同时，右边的负债项目亦减少相同的金额，会计等式保持平衡。

④会计事项或交易的发生，导致等式左边的资产项目减少，同时，右边的所有者权益项目亦减少相同的金额，会计等式保持平衡。

二、经济业务分析

经济业务是指企业在进行生产经营活动过程中发生的、能够引起会计要素发生增减变化的事项，也称会计事项或交易事项。经济业务活动可以用事项和交易来描述。事项主要指发生在一个会计主体内部各部门之间的资源的转移，如企业的生产车间到仓库领用原材料、自然灾害导致财产受损等。交易是指发生在两个不同会计主体之间的价值转移，如一家公司购买另一家公司的产品。事项和交易的发生都会影响会计等式，下面用会计等式来分析交易和事项的发生，注意：每笔事项和交易都使会计等式保持平衡。

【例2-3】假定A企业银行存款的期初余额为50 000元，应付账款的期初余额为40 000元，所有者权益期初余额为10 000元，即资产（50 000）＝负债（40 000）＋所有者权益（10 000）。A企业在20××年1月发生下列经济业务：

（1）用银行存款4 000元购买一台设备。这笔业务的发生导致资产中的银行存款减少4 000元，而固定资产增加4 000元。银行存款和固定资产都是资产要素项目，两者此增彼减，增减金额相等，资产总额不变，会计等式仍然平衡。

资产（50 000）＝负债（40 000）＋所有者权益（10 000）

固定资产（+4 000）

银行存款（–4 000）

变动后的数额：50 000 = 40 000 + 10 000

（2）向银行借入短期借款 30 000 元，以偿还所欠的货款。这笔业务的发生，使企业的应付账款减少 30 000 元，同时企业的短期借款增加 30 000 元。应付账款和短期借款都是企业的负债要素项目，两者此增彼减，增减金额相等，负债总额不变，会计等式仍然平衡。

资产（50 000）＝负债（40 000）＋所有者权益（10 000）

　　　　　　　短期借款（+30 000）

　　　　　　　应付账款（–30 000）

变动后的数额：50 000 = 40 000 + 10 000

（3）将盈余公积 35 000 元转增资本。这笔业务的发生，使企业的盈余公积减少 35 000 元，同时企业的实收资本增加 35 000 元。盈余公积和实收资本都是企业的所有者权益要素项目，两者此增彼减，增减金额相等，所有者权益总额不变，会计等式仍然平衡。

资产（50 000）＝负债（40 000）＋所有者权益（10 000）

　　　　　　　　　　　　　　　　实收资本（+35 000）

　　　　　　　　　　　　　　　　盈余公积（–35 000）

变动后的数额：50 000 = 40 000 + 10 000

（4）企业宣布发放股利 3 000 元。这笔业务的发生，一方面使企业的应付股利增加 3 000 元；另一方面使企业的未分配利润减少 3 000 元。应付股利是负债要素项目，未分配利润是所有者权益要素项目，两者此增彼减，增减金额相等，资产要素项目总额不变，会计等式仍然平衡。

资产（50 000）＝负债（40 000）　　　＋　　　所有者权益（10 000）

　　　　　　　应付股利（+3 000）　　　　　未分配利润（–3 000）

　变动后的数额：50 000 = 43 000 + 7 000

（5）企业将重组债务 5 000 元转为企业的资本。这笔业务的发生，一方面使企业的实收资本增加 5 000 元；另一方面使企业的应付账款减少 5 000 元。实收资本是所有者权益要素项目，应付账款是负债要素项目，两者此增彼减，增减金额相等，资产要素项目总额不变，会计等式仍然平衡。

资产（50 000）＝负债（43 000）　　　＋　　　所有者权益（7 000）

　　　　　　　应付账款（–5 000）　　　　　实收资本（+5 000）

变动后的数额：50 000 = 38 000 + 12 000

（6）向 B 公司的购买一台设备 22 000 元，暂未付款。这笔业务的发生，一方面使企业的固定资产增加了 22 000 元；另一方面使企业的应付账款增加了 22 000 元。固定资产是资产要素项目，应付账款是负债要素项目，从而会计等式两边同时增加 22 000 元，会计等式仍然平衡。

资产（50 000）= 负债（38 000）+ 所有者权益（12 000）

固定资产（+22 000） 应付账款（+22 000）

变动后的数额：72 000 = 60 000 + 12 000

（7）收到乙公司投资的货币资金20 000元，款项存入银行。这笔业务的发生，一方面使企业的银行存款增加20 000元；另一方面使企业的实收资本增加20 000元。银行存款是资产要素项目，实收资本是所有者权益要素项目，从而会计等式两边同时增加20 000元，会计等式仍然平衡。

资产（72 000）= 负债（60 000）+ 所有者权益（12 000）

银行存款（+20 000）   实收资本（+20 000）

变动后的数额：92 000 = 60 000 + 32 000

（8）以银行存款22 000元偿还到期的短期借款。这笔业务的发生，一方面使企业的银行存款减少22 000元；另一方面使企业的短期借款减少22 000元。银行存款是资产要素项目，短期借款是负债要素项目，从而会计等式两边同时减少22 000元，会计等式仍然平衡。

资产（92 000）= 负债（60 000）+ 所有者权益（32 000）

银行存款（−22 000）   短期借款（−22 000）

变动后的数额：70 000 = 38 000 + 32 000

（9）以银行存款14 000元返还投资人李民。这笔业务的发生，一方面使企业的银行存款减少14 000元；另一方面使企业的实收资本减少14 000元。银行存款是资产要素项目，实收资本是所有者权益要素项目，从而会计等式两边同时减少14 000元，会计等式仍然平衡。

资产（70 000）= 负债（38 000）+ 所有者权益（32 000）

银行存款（−14 000）   实收资本（−14 000）

变动后的数额：56 000 = 38 000 + 18 000

通过上述经济业务，可以总结出以下结论：

第一，经济业务的发生，只引起等式左边要素内各项目之间发生增减变化，即资产类要素内部项目此增彼减的变化，增减金额相等，会计等式仍然平衡。

第二，经济业务的发生，只引起等式右边要素内各项目之间发生增减变化，即负债类要素内部项目之间、所有者权益类要素内部项目之间或负债类要素和所有者权益类要素之间此增彼减的变化，增减金额相等，会计等式仍然平衡。

第三，经济业务的发生，引起等式两边要素项目同时等额增加，即资产类要素项目增加，负债类要素或所有者权益类要素同时等额增加，会计等式仍然平衡。

第四，经济业务的发生，引起等式两边要素项目同时等额减少，即资产类要素项目减少，负债类要素或所有者权益类要素同时等额减少，会计等式仍然平衡。

业务小结：

从A企业的这9笔业务，可以看出：①每笔业务发生之后，会计等式两边仍然保持平衡；②每笔业务的发生至少影响会计等式的一个组成部分。

课堂讨论

如何使用会计等式把 A 企业 20××年发生的这些业务编制成一张表 2-3 形式的业务汇总表？

表 2-3　　　　　　　　　　　　　　业务汇总表

经营业务	资产	=	负债	+	所有者权益
业务 1					
业务 2					
业务 3					
业务 4					
业务 5					
业务 6					
业务 7					
业务 8					
业务 9					
合计					

三、会计等式分析

【例 2-4】将【例 2-3】中 9 笔业务记入账户并计算余额以后，A 企业总分类账如表 2-4 所示。

表 2-4　　　　　　　　　A 企业总分类账　　　　　　　　　单位：元

资产		=	负债		+	所有者权益	
期初余额 50 000			期初余额 40 000			期初余额 10 000	
（1）4 000	（1）4 000		（2）30 000	（2）30 000		（3）35 000	（3）35 000
（6）22 000	（8）22 000		（5）5 000	（4）3 000		（4）3 000	（5）5 000
（7）20 000	（9）14 000		（8）22 000	（6）22 000		（9）14 000	（7）20 000
余额 56 000				余额 38 000			余额 18 000

表 2-4 根据会计等式将所有的账户分成资产、负债和所有者权益三大类，分列成三栏。需要注意的是：①资产及费用类科目左边登记增加额，右边登记减少额；负债、所有者权益及收入类科目左边登记减少额，右边登记增加额；②资产总额（56 000 元）= 负债总额（38 000 元）+ 所有者权益总额（18 000 元）。

【本章小结】

会计要素是对会计对象进行的基本分类,是会计核算对象的具体化,它是反映会计主体的经营成果和财务状况的基本单位。

会计要素具体包括:资产、负债、所有者权益、收入、费用和利润。

财务报表亦称对外会计报表,是会计主体对外提供的反映会计主体财务状况和经营成果的会计报表,包括资产负债表、利润表、现金流量表或财务状况变动表和附注等。

财务报表是综合反映企业财务状况和经营成果的书面文件。通过财务报表可以检查、监督各企业是否遵守国家的各项法律、法规和制度,有无偷税漏税的行为。

会计等式是进行会计核算的基础,是提供会计信息的出发点,它提示各会计要素之间的联系,是复式记账、试算平衡和编制会计报表的理论依据。

企业生产经营过程中,会发生各种会计事项或交易,这些会计事项或交易的发生会对有关的会计要素产生影响,但是不会破坏会计等式。

【自 测 题】

一、客观题

二、主观题

(一)思考题

1. 会计要素的具体内容包括哪些?
2. 什么是资产?资产有哪些确认条件?
3. 什么是负债?负债有哪些确认条件?
4. 什么是所有者权益?所有者权益如何计量?
5. 什么是收入?收入的确认条件是什么?
6. 什么是费用?费用的确认条件是什么?
7. 什么是利润?利润的确认条件是什么?

8. 会计要素与财务报表有什么关系?

9. 会计恒等式有哪些表达形式? 怎样理解?

10. 经济业务可划分为哪几种基本类型?

(二) 业务处理题

资料:A 公司 20××年 12 月发生下列经济业务:

(1) 收到投资者的投资 50 000 元,款项存入银行。

(2) 购买原材料一批,金额为 5 400 元,款项未付。

(3) 用银行存款支付职工薪酬 4 500 元。

(4) 从银行提取 2 000 元现金。

(5) 销售材料一批,金额为 4 000 元,款项收到存入银行。

(6) 归还上期借款 2 300 元。

(7) 购买 1 200 元的办公用品。

(8) 向 C 公司销售产品一批,金额为 6 300 元,款项尚未收到。

(9) 取得银行 5 年期的长期借款 40 000 元。

(10) 所有者抽回资本 10 000 元,用银行存款支付。

要求:根据上述经济业务,在会计等式两边填入增减符号和相应的金额。

(三) 案例题

案例 1:李明经营一家生产日用品的工厂,他想了解自己工厂在年末的经营状况和经营业绩如何,请你帮助分析关于工厂经营状况和经营业绩的情况,相关数据以 12 月 31 日为当期数据,或业务发生日的数据,具体信息如表 2-5 所示。

表 2-5　　　　　　　　　　　工厂有关会计事项　　　　　　　　　　单位:元

有关会计事项	金额
员工工资	374 400
销售费用	704 400
销售收入	1 108 200
银行存款	210 000
管理费用	105 000
年末欠供应商的货款	24 000
应收账款	60 000

问题:

(1) 评价该工厂该年份的经营业绩。

(2) 告诉李明工厂年末的财务状况。

(3) 计算该工厂一年的净收益是多少。

案例2：20××年初，公民李民准备将一笔闲置的资金投资于A公司，投资前他了解到A公司的信息资料如表2-6所示。

表2-6　　　　　　　　　　A公司的信息资料　　　　　　　　单位：万元

项目	金额
库存商品	300
厂房	4 000
机器设备	1 800
库存现金及银行存款	320
应收账款	400
销售收入	750
支付员工工资	120
销售费用	20
管理费用	130
欠供应商货款	140
长期借款	100

问题：

（1）公司资产、负债及所有者权益各是多少？

（2）请你对李民是否投资该公司提出一些建议。

第三章 会计账户与复式记账

 学习目标

通过本章学习，应达到以下学习目标：
1. 了解会计科目的含义和设置；
2. 理解复式记账法的原理；
3. 熟悉会计科目和账户含义与类别；
4. 掌握借贷记账法的内容及其应用。

 引导案例

你能用800元成功地创办一个企业吗

不管你相信与否，这的确能够做到。张威是云南艺术学院的学生，和其他大学生一样，他也常常为了补贴日常花销而不得不去挣一些零用钱。最初，他为了购买一台具有特别设计功能的计算机而烦恼。尽管他目前手头仅有800元。可决心还是促使他决定于2016年12月开始创办一个美术培训班。他支出了220元在一家餐厅请朋友吃饭，帮他出主意，又根据他曾经在一家美术培训班服务兼讲课的经验，他首先向他的一个师哥借款6 000元，以备租房等使用。他购置了一些讲课所必备的书籍、静物，并支出一部分钱用于装修画室，他为他的美术培训班取名为"艺苑"。张威支出200元印制了500份广告传单，用200元购置了信封、邮票等。8天后他已经有了17位学员，规定每人每月学费1 800元，并且找到了一位较具能力的同学做合伙人。他与合伙人分别为"艺苑"的发展担当着不同的角色（合伙人兼作"艺苑"的会计和讲课教师），并获取一定的报酬。至2017年1月末，他们已经招收了501个学员，除了归还师哥的借款本金和利息7 000元、抵销各项必需的费用外，各获得讲课、服务等净收入40 000元和25 000元。他们用这笔钱又继续租房，扩大了画室面积，为了扩大招收学员的数量，他们甚至聘请了非常有经验的教授、留学归国者做了两次免费讲座，为"艺苑"下一步的发展奠定了非常好的基础。

4个月下来，他们的"艺苑"平均每月招收学员39位，获得收入计34 000元，他们还以每小时的讲课报酬雇用了4位同学做兼职教师。至此，他们核算了一下，除去房租等各项费用，共获利87 800元。这笔钱足够他们各自购买一台非常可心的计算机并且还有一笔不小的结余。更重要的是，他们通过4个月的锻炼，掌握了许多营销的技巧，也懂得了应该怎样与人合作，学到了不少财务知识，获得了比财富更为宝贵的工作经验。

案例思考：会计在这里扮演了什么样的角色？

第一节　会计科目与会计账户

一、会计科目

（一）会计科目的概念

会计科目是指对会计对象的具体内容即会计要素进行分类核算的项目。

在企业经营过程中，经常会发生各种各样的经济业务，经济业务的发生必然引起各项会计要素的增减变化。在会计上，正是通过记录经济业务所引起的各项会计要素具体内容的增减变化，来反映和监督经济活动。但是，不同的会计要素具有不同的性质和内容，即使是同一项会计要素，其具体内容的性质、流动性以及形成的原因也不完全相同，它们在经济活动中所起的作用也不一样。

例如，货币资金（库存现金和银行存款）和固定资产都属于资产，但它们的流动性和在经济活动中所起的作用并不相同。货币资金是以货币形态存在的资产，可以直接作为支付手段，用于购买商品或清偿债务。而固定资产是物质资料生产过程中用来改变或影响劳动对象的劳动资料，如房屋及建筑物、机器设备等。它能连续在若干生产周期内发挥作用而不改变其原有的实物形态，其价值按其磨损程度逐渐地、部分地转移到所生产的商品产品中去，构成产品价值的一部分，随着产品价值的实现而转化为货币资金。因此，为了全面、系统、分类地反映和监督经济活动，提高会计核算资料的使用价值，为经济管理和决策提供有用的会计信息，还必须根据经济管理的要求，将各项会计要素按其经济内容或用途做进一步分类，这种分类的项目在会计上称为会计科目。

设置会计科目是正确组织会计核算的一个重要条件，也是会计核算的一种专门方法。例如，为了核算和监督各项资产的增减变动，需要设置"库存现金""原材料""固定资产"等账户；为了核算及监督各项负债和所有者权益的增减变动，需要设置"短期借款""应付账款""实收资本""资本公积""盈余公积"等账户；为了核算和监督收入、费用和利润的增减变动，需要设置"主营业务收入""生产成本""管理费用""本年利润""利润分配"等账户，为了开设这些账户，就必须设置相应的会计科目。

（二）会计科目的分类

（1）会计科目按其所提供信息的详细程度不同分类，可分为总分类科目和明细分类科目。

总分类科目是对会计对象的具体内容进行总括分类、提供总括信息的会计科目；明细分类科目是对总分类科目做进一步分类、提供更详细更具体会计信息的科目。对于明细分类科目较多的总账科目，可在总分类科目与明细分类科目之间设置二级或多级科目。

例如，制造企业中的"原材料"科目是属于总分类科目，在该科目下可以设置"原料及主要材料""辅助材料""燃料"等子目，在子目下再根据原材料的品种分设细目。会计科目按其提供信息详细程度的分类，如表3-1所示。

表 3-1　　　　　　　　　会计科目按提供信息详细程度分类

总分类科目	明细分类科目	
（一级科目）	子目（二级科目）	明细科目（细目、三级科目）
原材料	原料及主要材料	圆钢
		生铁
	辅助材料	润滑油
		防锈剂
	燃料	汽油
		柴油

课堂讨论

企业设置的总分类科目与明细分类科目的名称，都应该按照国家统一规定设置。请问，这种说法对吗？为什么？

（2）会计科目按其所反映的会计要素不同分类，可分为资产类科目、负债类科目、所有者权益类科目、成本类科目、损益类科目五大类。企业在不违反会计准则中确认、计量和报告规定的前提下，可以根据本单位的实际情况自行增设、分拆、合并会计科目。企业不存在的交易或事项，可不设置相关会计科目。企业设置的主要会计科目名称和编码如表3-2所示。

表 3-2　　　　　　　　企业设置的主要会计科目名称和编码

序号	编码	会计科目名称	序号	编码	会计科目名称
		一、资产类	15	1405	库存商品
1	1001	库存现金	16	1406	发出商品
2	1002	银行存款	17	1501	持有至到期投资
3	1101	交易性金融资产	18	1511	长期股权投资
4	1121	应收票据	19	1601	固定资产
5	1122	应收账款	20	1602	累计折旧
6	1123	预付账款	21	1604	在建工程
7	1131	应收股利	22	1606	固定资产清理
8	1132	应收利息	23	1701	无形资产
9	1221	其他应收款	24	1801	长期待摊费用
10	1231	坏账准备	25	1901	待处理财产损溢
11	1401	材料采购			二、负债类
12	1402	在途物资	26	2001	短期借款
13	1403	原材料	27	2201	应付票据
14	1404	材料成本差异	28	2202	应付账款

续表

序号	编码	会计科目名称	序号	编码	会计科目名称
29	2203	预收账款	44	5101	制造费用
30	2211	应付职工薪酬	45	5201	劳务成本
31	2221	应交税费			五、损益类
32	2231	应付利息	46	6001	主营业务收入
33	2232	应付股利	47	6051	其他业务收入
34	2241	其他应付款	48	6111	投资收益
35	2501	长期借款	49	6301	营业外收入
36	2502	应付债券	50	6401	主营业务成本
37	2701	长期应付款	51	6402	其他业务成本
		三、所有者权益类	52	6403	税金及附加
38	4001	实收资本	53	6601	销售费用
39	4002	资本公积	54	6602	管理费用
40	4101	盈余公积	55	6603	财务费用
41	4103	本年利润	56	6711	营业外支出
42	4104	利润分配	57	6801	所得税费用
		四、成本类	58	6901	以前年度损益调整
43	5001	生产成本			

（三）会计科目的设置原则

设置会计科目应遵循下列基本原则。

1. 合法性原则

合法性原则指会计科目的设置和使用必须符合国家统一的会计制度的规定。

2. 相关性原则

相关性原则指所设置的会计科目应能为投资者、债权人等有关各方提供其所需要的会计信息，满足对外报告与对内管理的要求。

3. 实用性原则

实用性原则指所设置的会计科目应符合单位自身特点，满足单位实际需要。每一会计科目所涵盖的范围和内容要有明确的界定，其名称要名副其实并具有高度的概括性。此外，为了满足会计电算化的需要，应当对会计科目按其经济内容进行适当分类和编号。

知识链接

我国企业设置的会计科目是在《企业会计准则》中予以规范的，企业在不违反会计准则中确认、计量和报告规定的前提下，可以根据本单位的实际情况自行增设、分拆、合并会计科目；会计科目编号供企业填制会计凭证、登记会计账簿、查阅会计账目、采用会计软件系统时参考。

二、会计账户

（一）会计账户的概念

设置会计科目只是规定了对会计对象具体内容进行分类核算的项目。为了序时、连续、系统地记录由于经济业务的发生而引起的会计要素的增减变动，提供各种会计信息，还必须根据设置的会计科目在账簿中开设账户。

所谓会计账户，简称账户，就是指根据会计科目设置的，具有一定格式和结构，用于分类反映会计要素增减变动情况及其结果的载体。设置账户是会计核算的重要方法之一。正确运用账户，分门别类地核算和监督由经济业务引起的各会计要素的变化，对于加强经济管理具有重要意义。

（二）会计账户的分类

与会计科目的分类相对应，账户也分为总分类账户和明细分类账户。总分类账户是指根据总分类科目设置的、用于对会计要素具体内容进行总括分类核算的账户，简称总账账户。根据账户所反映的经济内容，可将其分为资产类账户、负债类账户、所有者权益类账户、成本类账户、损益类账户五类。明细分类账户是根据明细分类科目设置的、用来对会计要素具体内容进行明细分类核算的账户，简称明细账户。

（三）会计账户的基本结构

账户的基本结构是指账户是由哪几个部分构成，以及每部分反映什么内容。

随着企业会计事项的不断发生，会计对象的具体内容就必然随之发生变化，而且这种变化不管多么错综复杂，从数量上看不外乎增加和减少两种情况。因此，账户分为左方、右方两个方向，一方登记增加，另一方登记减少。至于哪一方登记增加、哪一方登记减少，取决于所记录经济业务内容和账户的性质。

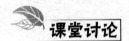

怎样理解会计科目没有结构，而账户会有结构？为什么账户的结构只有两个部分？

对于一个完整的账户而言，其基本结构应当设置以下栏目。

（1）账户名称，即会计科目。
（2）记录经济业务的日期。
（3）凭证编号，即表明账户记录的依据。
（4）摘要，即经济业务的简要说明。
（5）增加金额、减少金额及余额。

账户的一般结构如表 3-3 所示。

表 3-3　　　　　　　　　　　账户名称（会计科目）

年		凭证编号	摘要	左方（借方）	右方（贷方）	借或贷	余额
月	日						

为了便于说明问题，教学上可将上述账户结构简化为 T 型账户。如表 3-4 所示。

表 3-4　　　　　　　　　　　T 型 账 户

左方（借方）　　　账户名称（会计科目）　　　右方（贷方）

每个账户记录的数额通常可以提供四个金额要素，分别是：期初余额、本期增加发生额、本期减少发生额和期末余额。

本期增加发生额是指一定会计期间（月份、季度或年度）内账户所记录的增加金额的合计。本期减少发生额是指一定会计期间（月份、季度或年度）内账户所记录的减少金额的合计。

期末余额是指本期增加发生额和本期减少发生额相抵后的差额与本期期初余额之和。账户期末余额＝账户期初余额＋本期增加发生额－本期减少发生额。本期的期末余额转入下期，即为下期的期初余额。期初余额一般与期末余额的方位一致，两者在正常情况下应该位于账户中登记发生额增加的方位。

那么是不是所有的账户在一定期间的结束时都有余额呢？根据"资产＝负债＋所有者权益"等式，反映了一个企业在特定时点上的资产、负债和所有者权益的结存情况。既然反映的是结存的数量和金额，它们都存在着余额。而"收入－费用＝利润"的等式，揭示的是企业在一定会计期间内的经营成果。在期末要求计算利润时，就必须将收入、费用等账户予以结平。因此，一般来讲，在期末要求计算利润时，收入、费用等账户没有余额。

三、账户和会计科目的联系与区别

会计科目与账户都是对会计对象具体内容的科学分类，两者口径一致，性质相同。会计科目是账户的名称，也是设置账户的依据；账户是会计科目的具体运用。没有会计科目，账户便失去了设置的依据；没有账户，就无法发挥会计科目的作用。两者的区别是：会计科目仅仅是账户的名称，不存在结构；而账户则具一定的格式、结构和内容。在实际工作中，对会计科目和账户不加严格区分，而是相互通用。

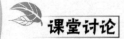

会计科目与会计账户名称一致，它们之间有区别吗？

第二节 复式记账原理

为了真实、全面地反映企业经济活动的过程和结果，除了科学地设置账户外，还必须借助于一定的记账方法。所谓记账方法，就是将经济业务记入账户所使用的手段、采用的方式、规则和程序的总称。记账方法随着会计的产生和发展，经历了由单式记账到复式记账的漫长变迁过程。

我国《会计法》规定："各单位必须依法设置会计账簿，并保证其真实、完整。""各单位必须根据实际发生的经济业务事项进行会计核算，填制会计凭证、登记会计账簿，编制会计财务会计报告。""任何单位不得以虚假的经济业务事项或资料进行会计核算。"

一、记账方法

（一）单式记账法

单式记账法是指对发生的每一项经济业务，只在一个账户中进行登记的记账方法。例如以现金支付购买办公用品开支 200 元。记账时，只登记"库存现金"账户的减少，而"管理费用"的增加，可以不在账户中记录。单式记账法是一种比较简单、不完整的记账方法。

单式记账法的记账手续简单，但没有一套完整的账户体系，账户之间的记录没有直接联系和相互平衡关系，不能全面、系统地反映各项会计要素的增减变动情况和经济业务的来龙去脉，也不便于检查账户记录的正确性和完整性。

（二）复式记账法

复式记账法是单式记账法的对称，是会计核算方法的重要组成部分。它是以资产与权益平衡关系作为记账基础，对于每一笔经济业务，都要在两个或两个以上相互联系的账户中进行登记，系统地反映资金运动变化结果的一种记账方法。

复式记账法要求对每项经济业务至少在两个账户中进行记录。例如以现金支付购买办公用品开支 200 元。记账时，不仅要登记"库存现金"的减少，还要反映"管理费用"的增加；购进材料一批，价款 5 000 元，以银行存款支付。记账时，不仅要登记"原材料"的增加，还要反映"银行存款"的减少等。

采用复式记账法对每项经济业务登记的结果，就能够把所有经济业务相互联系地、全面地记入有关账户中，从而使账户能够完整地、系统地反映各项经济活动和财务收支的发生过程和结果，还可以通过账户间的相互联系了解经济业务的内容及其来龙去脉，可以检查经济业务是否合理合法。另外，由于对每项经济业务都以相等的金额在有关账户中进行记录，使账户所记录的金额之间保持相应平衡关系，便于根据这种相等的关系来检查账户记录是否正确。因此，复式记账法是一种科学的记账方法。

二、借贷记账法

复式记账法由于记账符号、记账规则和试算平衡等方面的不同，又可分为借贷记账法、增减记账法和收付记账法等。我国《企业会计准则——基本准则》规定，企业应当采用借贷记账法。

（一）借贷记账法的概念

借贷记账法是按照复式记账法的原理，以会计恒等式为理论基础，以"借""贷"二字作为记账符号，以"有借必有贷，借贷必相等"为记账规则的一种复式记账方法。

借贷记账法产生于13世纪的意大利，开始只是从借贷资本家的角度来记录其经营货币资金的借入和贷出业务，大约到15世纪形成了比较完善的复式记账法，目前在世界各国通用。

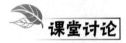

复式记账法是怎样产生的？为什么最早出现在意大利？

（二）借贷记账法的基本内容

1. 借贷记账法的记账符号

借贷记账法中的"借""贷"二字的含义，最初是借贷资本家用来表示"借进来""贷出去"的债权债务的变动，随商品经济的发展，借贷记账法的使用范围越来越广，不仅应用于金融行业，而且应用于工业、商业及行政事业单位，不仅记录货币资金业务、债权债务业务，而且逐渐发展到用于记录财产物资、经营损益等业务。"借""贷"二字也就逐渐地失去了原来的含义，而成为专门的记账符号。

借贷记账法以"借""贷"为记账符号，分别作为账户的左方和右方。至于"借"表示增加还是"贷"表示增加，则取决于账户的性质或账户反映的经济内容。

2. 借贷记账法下的账户结构

借贷记账法账户的基本结构是，每个账户都分为左右两方，左方为"借方"，右方为"贷方"。如果在账户的借方记录经济业务，可以称为"借记某账户"；在账户的贷方记录经济业务，则可以称为"贷记某账户"。

采用借贷记账法时，规定账户的借贷两方必须做相反方向的记录，即对于每一个账户来说，如果规定借方用来登记增加额，则贷方就用来登记减少额；如果规定借方用来登记减少额，则贷方就用来登记增加额。究竟哪个账户的哪一方用来登记增加额，哪一方用来登记减少额，要看该账户反映的经济内容和账户的性质。

根据"资产=负债+所有者权益"以及"收入－费用=利润"这两个会计等式的平衡原理，资产类账户与负债类账户、所有者权益类账户之间存在对应关系，收入类账户与费用类账户之间也存在对应关系。按照约定俗成的惯例，人们规定，资产类账户与费用类账户的结构基本一致（差别在于费用类账户可能没有余额）。而负债类账户、所有者权益类账户和收入类账户的结构基本相同。在此基础上，有余额的账户一般与账户中登记增加额的方位一致，资产类账户的余额一般在借方，负债类账户、所有者权益类账户的余额一般在贷方。

根据每一类的具体内容、特点和管理要求，分别设置若干个账户，每个账户都记录某一特定的经济内容，具有一定的结构和格式。

1）资产类账户

资产类账户，是用来反映及监督各种资产增减变动和结果的账户（表 3-5）。如"库存现金""银行存款""应收账款""固定资产""长期股权投资"等均为典型的资产类账户。

表 3-5　　　　　　　　　　　　资产类账户

期初余额	×××		
（1）本期增加额	×××	（1）本期减少额	×××
（2）本期增加额	×××	（2）本期减少额	×××
本期发生额	×××	本期发生额	×××
期末余额	×××		

2）负债类账户

负债类账户，是用来反映及监督各种负债增减变动和结果的账户（表 3-6）。如"短期借款""应付账款""应付职工薪酬""应交税费"等账户为典型的负债类账户。

表 3-6　　　　　　　　　　　负债及所有者权益类账户

		期初余额	×××
（1）本期减少额	×××	（1）本期增加额	×××
（2）本期减少额	×××	（2）本期增加额	×××
本期发生额	×××	本期发生额	×××
		期末余额	×××

3）所有者权益类账户

所有者权益类账户，是用来反映及监督所有者权益增减变动和结果的账户。如"实收资本（或股本）""资本公积""盈余公积"等账户为典型的所有者权益账户。

4）收入类账户

收入类账户，是用来反映及监督企业生产经营过程中取得的各种营业收入的账户（表 3-7）。如"主营业务收入""其他业务收入""投资收益"等账户为典型的收入类账户。

表 3-7　　　　　　　　　　　　　　收入类账户

（1）本期减少额	×××	（1）本期增加额	×××
（2）本期减少额或转销额	×××	（2）本期增加额	×××
本期发生额	×××	本期发生额	×××

5）费用类账户

费用类账户，是用来反映及监督企业生产经营过程中所发生的各种耗费的账户（表 3-8）。如"主营业务成本""税金及附加""管理费用""财务费用""销售费用""资产减值损失"等账户为典型的费用类账户。

表 3-8　　　　　　　　　　　　　　费用类账户

（1）本期增加额	×××	（1）本期减少额	×××
（2）本期增加额	×××	（2）本期减少额或转销额	×××
本期发生额	×××	本期发生额	×××

各类账户的记账规则和正常余额如表 3-9 所示。

表 3-9　　　　　　　　　各类账户的记账规则和正常余额

账户类别	借方	贷方	余额方向
资产负债表账户：			
资产类	增加	减少	余额在借方
负债类	减少	增加	余额在贷方
所有者权益类	减少	增加	余额在贷方
利润表账户：			
收入类	减少	增加	一般无余额
费用类	增加	减少	一般无余额

3. 借贷记账法的记账规则

借贷记账法的记账规则为：有借必有贷，借贷必相等，即对于每一笔经济业务都要在两个或两个以上相互联系的账户中以借方和贷方相等的金额进行登记。

借贷记账法的记账规则是由以下两个方面所决定的：一是根据复式记账的原理，对任何一项经济业务都必须以相等的金额，在两个或两个以上的相互联系的账户中进行登记；二是根据借贷记账法账户结构的原理，对每一项经济业务都应当做借贷相反的记录。因此，借贷记账法要求对每一项经济业务都要按借贷相反的方向，以相等的金额，在两个或两个以上的相互联系的账户中进行登记。具体地说，如果在一个账户中记借方，必须同时在另一个或几个账户中记贷方；或者在一个账户中记贷方，必须同时在另一个或几个账户中记借方；记入借方的总额与记入贷方的总额相等。全部可能发生的四种业务类型都不会违背这一规则。

现以某企业发生的经济业务为例说明。

【例 3-1】　企业收到投资者投入的货币资金，金额 20 000 元。

这笔经济业务涉及资产和所有者权益两个会计要素，使两者同时增加。一方面使资产方的银行存款增加了 20 000 元，应记入"银行存款"账户的借方；另一方面使所有者权益方的实收资本增加了 20 000 元，应记入"实收资本"账户的贷方。记入账户后的情况如下所示。

【例 3-2】 企业以银行存款 1 500 元，偿还前欠购买原材料的货款 1 200 元，归还其他应付款 300 元。

这笔经济业务，涉及资产和负债两个会计要素，使两者同时减少。一方面使资产方的银行存款减少了 1 500 元，应记入"银行存款"账户的贷方；另一方面使负债方的应付账款减少了 1 200 元，其他应付款减少了 300 元，应记入"应付账款"和"其他应付款"账户的借方。记入账户后的情况如下所示。

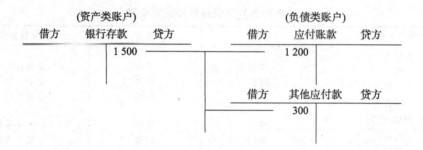

【例 3-3】 企业购入原材料一批，价值 3 000 元，款项未付。

这笔经济业务涉及资产和负债两个会计要素，一方面使资产方的原材料增加了 3 000 元，应记入"原材料"账户的借方；另一方面使负债方的应付账款增加了 3 000 元，应记入"应付账款"账户的贷方。记入账户后的情况如下所示。

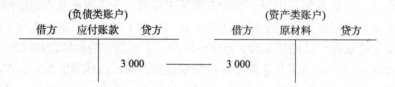

【例 3-4】 企业从银行提取现金 1 000 元，用于零星开支。

这笔经济业务只涉及资产要素，是资产内部一个项目增加，另一个项目减少。一方面使资产方的库存现金增加了 1 000 元，应记入"库存现金"账户的借方；另一方面使资产方的银行存款减少了 1 000 元，应记入"银行存款"账户的贷方。记入账户后的情况如下所示。

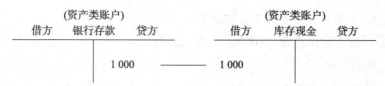

【例3-5】 企业购买设备一台5 000元，款项用银行存款已支付。

这这笔经济业务只涉及资产要素，是资产内部一个项目增加，另一个项目减少。一方面使资产方的固定资产增加了5 000元，应记入"固定资产"账户的借方；另一方面使资产方的银行存款减少了5 000元，应记入"银行存款"账户的贷方。记入账户后的情况如下所示。

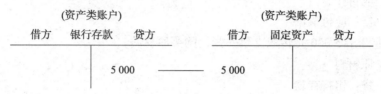

4. 借贷记账法的试算平衡

试算平衡是指根据资产与权益的恒等关系以及借贷记账法的记账规则，检查所有账户记录是否正确的过程。其包括发生额试算平衡法和余额试算平衡法两种方法。

（1）发生额试算平衡法。它是根据本期所有账户借方发生额合计与贷方发生额合计的恒等关系，检验本期发生额记录是否正确的方法。其平衡公式为

所有账户本期借方发生额合计＝所有账户本期贷方发生额合计

（2）余额试算平衡法。它是根据本期所有账户借方余额合计与贷方余额合计的恒等关系，检验本期账户记录是否正确的方法。当我们要检验所有账户记录的内容经过一个时期的增减变动之后，在某一时点上（期末）其结果是否正确时，可采用这种方法。其平衡公式为

所有账户借方余额合计＝所有账户贷方余额合计

根据余额时间不同，余额试算平衡法又分为期初余额平衡与期末余额平衡两类。其公式为

所有账户的借方期初余额合计＝所有账户的贷方期初余额合计

所有账户的借方期末余额合计＝所有账户的贷方期末余额合计

现举例说明编制会计分录及编制试算平衡表。

【例3-6】 某企业20××年5月31日总账各账户余额如表3-10所示。

表3-10　　　　　　企业20××年5月31日总账各账户余额表　　　　　　单位：元

资产类科目		负债和所有者权益类科目	
库存现金	500	短期借款	33 000
银行存款	20 000	应付账款	10 000
应收账款	1 500	实收资本	120 000
原材料	71 000		
固定资产	70 000		
总计	163 000	总计	163 000

该企业20××年6月发生以下经济业务。

（1）甲公司投入货币资金20 000元，存入银行。

  借：银行存款   20 000

    贷：实收资本   20 000

（2）企业以银行存款10 000元，偿还银行短期借款。

  借：短期借款   10 000

    贷：银行存款   10 000

（3）企业以应付票据1 000元，偿还应付账款。

  借：应付账款   1 000

    贷：应付票据   1 000

（4）企业开出5 000元转账支票一张，购买原材料。

  借：原材料   5 000

    贷：银行存款   5 000

根据该企业各账户的期初余额和编制的会计分录填列的账户本期发生额及余额试算平衡表。如表3-11所示。

表3-11   账户本期发生额及余额试算平衡表

           20××年6月30日   单位：元

会计科目	期初余额		本期发生额		期末余额	
	借方	贷方	借方	贷方	借方	贷方
库存现金	500				500	
银行存款	20 000		20 000	15 000	25 000	
应收账款	1 500				1 500	
原材料	71 000		5 000		76 000	
固定资产	70 000				70 000	
短期借款		33 000	10 000			23 000
应付票据				1 000		1 000
应付账款		10 000	1 000			9 000
实收资本		120 000		20 000		140 000
合计	163 000	163 000	36 000	36 000	173 000	173 000

对各项经济业务编制会计分录后，应根据会计分录计入有关账户，这个记账步骤通常称为"过账"。一般要在月终进行结账，即结出各账户的本期发生额合计和期末余额。具体结果如下：

库 存 现 金

期初余额	500		
本期增加额	0	本期减少额	0
本期发生额	0	本期发生额	0
期末余额	500		

银 行 存 款

期初余额	20 000	（1）本期减少额	10 000
（1）本期增加额	20 000	（4）本期减少额	5 000
本期发生额	20 000	本期发生额	15 000
期末余额	25 000		

应 收 账 款

期初余额	1 500		
本期增加额	0	本期减少额	0
本期发生额	0	本期发生额	0
期末余额	1 500		

原 材 料

期初余额	71 000		
（4）本期增加额	5 000	本期减少额	0
本期发生额	5 000	本期发生额	0
期末余额	76 000		

固 定 资 产

期初余额	70 000		
本期增加额	0	本期减少额	0
本期发生额	0	本期发生额	0
期末余额	70 000		

0

短 期 借 款

（2）本期减少额	10 000	期初余额	33 000
		本期增加额	0
本期发生额	10 000	本期发生额	0
		期末余额	23 000

应 付 票 据

		期初余额	0
本期减少额	0	（3）本期增加额	1 000
本期发生额	0	本期发生额	1 000
		期末余额	1 000

应 付 账 款

（3）本期减少额	1 000	期初余额	10 000
		本期增加额	0
本期发生额	1 000	本期发生额	0
		期末余额	9 000

实 收 资 本

本期减少额	0	期初余额	120 000
		（1）本期增加额	20 000
本期发生额	0	本期发生额	20 000
		期末余额	140 000

应当指出，试算平衡只是通过借贷金额是否相等来检查账户记录的正确性。如果借贷不相等，可以肯定账户记录或计算有错误，应采用一定的方法进一步查明原因，予以更正。但如果试算平衡，并不能肯定账户记录没有错误，凡是形式上没有违背"有借有贷，借贷相等"规则的错误，例如：①有的经济业务全部漏记；②有的经济业务记账方向颠倒；③有的会计科目用错；④有的经济业务全部重复登记。以上错误难以通过账户的试算平衡关系检查出来，因为错记的结果并不影响账户的平衡关系。为了纠正账户记录的这些错误，还必须辅以其他会计检查方法。

某企业收到购货方开来的一张商业汇票 10 000 元，用以抵付购货方前欠货款。会计人员在"银行存款"的借方登记了 10 000 元，同时在"应收账款"账户的贷方登记了 10 000 元。请问，会计人员这样处理有何差错？通过编制试算平衡表能否发现该项记账差错？为什么？

三、账户的对应关系和会计分录

（一）账户的对应关系

在借贷记账法下，要求对每一项经济业务都在两个或两个以上的相互联系的账户的借方和贷方进行登记，登记以后，账户之间就形成了应借、应贷的相互关系，这种建立在经济业务基础上的账户之间的相互关系，称为账户的对应关系。存在对应关系的账户，称为对应账户。

值得注意的是，账户之间的对应关系是相对于具体的经济业务而言的，离开具体经济业务，谈账户之间的对应关系就失去了意义。

为了连续系统地记录资产、负债和所有者权益的变化，清晰地反映各个账户之间的对应关系，保证账户记录的正确性，对每一项经济业务，在记入有关账户之前，会计人员首先要分析这项经济业务的性质、内容，并确定应记入的账户、应记金额、应借应贷的方向，然后再据以登记到有关账簿中。为此需根据经济业务的有关凭据（实际工作中称原始凭证），通过编制会计分录来完成（实际工作中在记账凭证中进行）。

经济业务发生后，为什么不能直接将其结果记录在账户中，而是需要先编制会计分录，再根据会计分录登记在账户中？

（二）会计分录

会计分录是指对某项经济业务事项标明其应借应贷账户及其金额的记录，简称分录。运用借贷记账法编制会计分录，可按下列步骤进行。

（1）分析经济业务事项涉及的是资产（费用、成本），还是权益（收入）。
（2）确定影响到哪些要素项目，是增加，还是减少。
（3）确定记入哪个（或哪些）账户的借方，哪个（或哪些）账户的贷方。
（4）确定应借应贷账户是否正确，借贷方金额是否相等。

按照上述步骤，以本节【例 3-1】至【例 3-5】项经济业务为例，可编制会计分录如下。

【例 3-1】：借：银行存款　　　　　　　　　　　　　　　　20 000
　　　　　　贷：实收资本　　　　　　　　　　　　　　　　　　20 000
【例 3-2】：借：应付账款　　　　　　　　　　　　　　　　 1 200
　　　　　　　　其他应付款　　　　　　　　　　　　　　　　　300
　　　　　　贷：银行存款　　　　　　　　　　　　　　　　　 1 500
【例 3-3】：借：原材料　　　　　　　　　　　　　　　　　 3 000
　　　　　　贷：应付账款　　　　　　　　　　　　　　　　　 3 000
【例 3-4】：借：库存现金　　　　　　　　　　　　　　　　 1 000
　　　　　　贷：银行存款　　　　　　　　　　　　　　　　　 1 000
【例 3-5】：借：固定资产　　　　　　　　　　　　　　　　 5 000
　　　　　　贷：银行存款　　　　　　　　　　　　　　　　　 5 000

按照所涉及账户的多少，会计分录分为简单会计分录和复合会计分录。简单会计分录指只涉及一个账户借方和另一个账户贷方的会计分录，即一借一贷的会计分录，如上述【例 3-1】、【例 3-3】、【例 3-4】、【例 3-5】会计分录。复合会计分录指由两个以上（不含两个）对应账户所组成的会计分录，即一借多贷、一贷多借或多借多贷的会计分录。如上述【例 3-2】项会计分录。复合会计分录也可以写成几个简单会计分录。

为清楚地指明账户的对应关系，一般应编制一借一贷、一借多贷或一贷多借的会计分录。应当指出，为了清晰地反映账户的对应关系，不能将不同内容的经济业务合并，编制多借多贷的会计分录。

【本章小结】

会计科目是对会计要素进行分类核算的项目。按其提供信息详细程度的不同又可分为总分类科目和明细分类科目。会计账户是根据会计科目设置的，会计账户与会计科目之间既有联系又有区别。

复式记账法是单式记账法的对称，是指对于每一笔经济业务，都要在两个或两个以上相互联系的账户中进行登记，系统地反映资金运动变化结果的一种记账方法。

借贷记账法下各类账户结构取决于所记录经济业务内容和账户的性质。借贷记账法的理论依据是会计恒等式，记账规则是"有借必有贷，借贷必相等"。会计分录是指对某项经济业务事项标明其应借应贷账户及其金额的记录。会计分录包括简单会计分录和复合会计分录。

试算平衡是指根据资产与权益的平衡关系以及借贷记账法的记账规则，检查所有账户记录是否正确的过程，包括发生额试算平衡法和余额试算平衡法两种方法。

【自测题】

一、客观题

二、主观题

（一）思考题

1. 什么是复式记账法？其理论依据是什么？
2. 什么是会计科目？会计科目与账户之间有何联系和区别？
3. 设置会计科目应遵循哪些基本原则？
4. 如何理解借贷记账法下各类账户的结构？
5. 什么是会计分录？有几种类型？
6. 如何理解借贷记账法下"借"和"贷"两个字的含义？
7. 账户的左右两方，哪一方记增加，哪一方记减少？取决于什么？
8. 会计科目是如何分类的？

（二）计算题

1. 根据表 3-12 中有关数据计算字母代表的未知数。

表 3-12　　　　　账户本期发生额及期末余额　　　　　　　　单位：元

账户名称	期初余额	本期借方发生额	本期贷方发生额	期末余额
银行存款	430 000	1 985 000	2 040 000	A
固定资产	2 400 000	B	496 000	1 920 000
短期借款	C	60 000	160 000	300 000
应付账款	230 000	200 000	D	55 000
实收资本	800 000	E	120 000	0

A =　　　　　　　　B =　　　　　　　　C =
D =　　　　　　　　E =

2. 资料：振华工厂20××年7月31日资金项目如下

（1）厂房及建筑物　380 000元。

（2）机器设备　150 000元。

（3）库存生产用钢材　80 000元。

（4）库存生产用外购零件　10 000元。

（5）接受国家以固定资产进行的投资　550 000元。

（6）运货汽车　20 000元。

（7）库存完工待售产品　85 000元。

（8）出纳保管的现金　200元。

（9）存在银行的款项　120 000元。

（10）应收未收回的货款　30 000元。

（11）暂付职工差旅费　800元。

（12）应付外单位购料款　25 000元。

（13）接受某企业以流动资产进行的投资　260 000元。

（14）欠交的税金　1 000元。

（15）从银行借入的短期借款　40 000元。

要求：

（1）分析上列各项，说明哪些属于该厂的资产，哪些属于该厂的负债和所有者权益。

（2）计算出该厂20××年7月31日所拥有的经营资金总额，即资产总额；同时计算负债总额、所有者权益总额。

（三）业务处理题

1. 目的：练习借贷记账法的运用。

资料：某企业某月发生下列经济业务：

（1）从银行提取现金1 000元，以备零星支出。

（2）以现金350元购入厂部用办公用品。

（3）从银行借入期限为3个月的借款200 000元，存入银行。

（4）王某到外地出差归来，报销差旅费2 500元，财会科补给其现金500元。王某出差时向财会科预借现金为2 000元。

（5）接受某公司投入新机床一台，计价20 000元。

（6）以银行存款1 000元偿还某供应单位货款。

（7）收到应收账款1 500元，存入银行。

（8）接到银行通知，收到国家投入流动资金450 000元。

（9）生产车间生产产品领用材料，原材料成本10 000元。

（10）购入材料一批，计价2 800元，材料已入库，货款未付。

（11）企业开出商业承兑汇票3 000元，抵付应付账款。

（12）以银行存款80 000元归还到期的短期借款。

（13）以银行存款1 500元支付产品广告费。

（14）以现金支付厂长出差预借差旅费 1 000 元。

（15）厂长出差归来，报销差旅费 1 200 元，不足部分以现金支付。

要求：根据以上经济业务用借贷记账法编制会计分录。

2. 目的：运用借贷记账法编制会计分录，并试算平衡。

资料一：某企业 20×× 年 1 月有关账户的期初余额如下：

库存现金	1 400 元
银行存款	24 000 元
应收账款	5 000 元
原材料	12 000 元
固定资产	48 600 元
应付账款	10 000 元
短期借款	14 000 元
实收资本	60 000 元
盈余公积	7 000 元

资料二：20×× 年 1 月发生下列经济业务：

（1）从银行提取现金 500 元，以备零用。

（2）用银行存款购买材料一批，货款 5 500 元。

（3）用银行存款归还前欠货款 3 000 元。

（4）国家投入新机器一台，价值 25 000 元。

（5）收到购货单位归还货款 4 400 元，存入银行。

（6）按规定将多余现金 600 元，存入银行。

（7）生产车间生产产品领用材料，价值 14 500 元。

（8）向银行借入 3 个月期限的款项 70 000 元，存入银行。

（9）购买一批原材料，价值 4 000 元，款项未付。

（10）用银行存款 6 000 元偿还应付前欠购货款 5 000 元，归还其他应付款 1 000 元。

（11）按规定将盈余公积 3 000 元转增资本金。

要求：

（1）根据资料一，开设账户，并登记期初余额。

（2）根据资料二，编制会计分录。

（3）结算各账户的本期发生额和期末余额。

（4）根据期初余额、本期发生额和期末余额编制试算平衡表，并进行试算平衡。

3. 目的：进一步练习掌握账户对应关系，并通过账户对应关系了解经济业务。

资料：某企业 20×× 年 7 月有关账户的记录如下：

库存现金		银行存款	
期初余额 2 000	（5）1 000	期初余额 50 000	（1）1 000
（1）1 000		（6）8 000	（3）10 000
			（7）1 000
			（8）20 000

原材料		固定资产	
期初余额 10 000		期初余额 30 000	
（2） 5 000		（3） 10 000	
（7） 1 000			

应收账款		短期借款	
期初余额 8 000	（6） 8 000	（8） 20 000	期初余额 20 000
			（4） 10 000

其他应收款		应付账款	
期初余额 1 000		（4） 10 000	期初余额 5 000
（5）1 000			（2） 5 000

要求：根据账户的对应关系，用文字叙述以上账户中登记（1~8）项经济业务的内容，并写出会计分录。

（四）案例题

案例 1：小王从某市财经大学会计专业毕业，应聘成为宏达公司的会计员。刚上班的第一天，正赶上月末结账，财务部的同事们忙得不可开交。"我能做些什么呢？"看到大家那么忙，小王觉得过意不去，主动向财务主管请求任务。财务主管也想检验一下她的工作能力，便让她做一张本月的试算平衡表。小王很自然地答应下来。主管给了她相关资料，就忙其他事去了。小王静下心来，认真仔细工作，用了一上午的时间，一张"总分类账户发生额及余额试算平衡表"就完整地编制出来了。看到表格上那三组相互平衡的数据，她认为完全正确了。就在这时，会计员小李拿着一张会计凭证过来说："这笔账我又仔细核对了一下，应记入'应交税费'账户和'银行存款'账户的金额是 13 500 元，而不是 15 300 元，这笔账记错了，得重新更正。"

"试算不是平衡了吗？怎么还有错误呢？"小王认真思考着。

要求：请你帮小王想一下，到底为什么会出现这种情况。

案例 2：华昆公司为一小型企业，主要提供会计服务。于 20××年 1 月初开业，当月发生的部分经济业务如下。

（1）1 月 2 日，公司购入汽车一辆，价值 168 000 元，款项已用银行存款付清。

（2）1 月 6 日，公司购入办公用电脑两台，单价 6 000 元，款项 12 000 元已用银行存款付清。

（3）1 月 14 日，为 D 公司提供验资服务，收取服务费 60 000 元，款项已经存入银行。

（4）1 月 16 日，以现金支付公司人员差旅费 3 000 元。

（5）1 月 27 日，以银行存款支付公司本月房屋租金 40 000 元。

（6）1 月 29 日，从银行提取现金 9 000 元备用。

该企业聘用的记账员小蔡将上述经济业务记入账户的结果如下：

固定资产		原材料	
（1） 168 000		（2） 120 000	

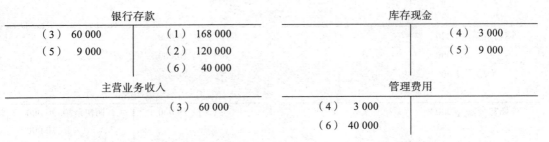

要求：根据账户与借贷记账法原理分析上述账户记录中存在哪些错误。

案例3：取一张纸，以文中描述的最后一笔交易（1月4日）发生后的时点为准，先用铅笔草编星海公司的资产负债表，注意在各项目之间留下足够的空间。然后，分析下列事项对资产负债表是否有影响，若有，把它们记录下来，你可以修改表上现存的数据（划去重写但不要擦去原数据）。若有必要，也可以增加新项目。其中至少有一项事件对资产负债表不产生影响。请注意基本方程式，资产＝负债＋所有者权益，必须始终保持平衡。你可以把每笔交易的影响单独列示出来。用（＋或－）标出其变动的数量与方向，这样可尽量减少错误的发生。

资料：星海公司1月发生的全部经济业务如下：

（1）星海公司购买并收到商品存货5 000元，答应在30天内付款。

（2）成本为1 500元的商品存货售出，得到现金收入2 300元。

（3）成本为1 700元的商品存货售出，销售价格为2 620元，客户同意在30天内支付货款2 620元。

（4）星海公司购买了一份3年期火灾保险合同，支付现金1 224元。

（5）星海公司购置了两块同样大小的土地，共计24 000元，其中现金支付6 000元，其余18 000元为10年期抵押付款。

（6）星海公司把其中一块土地卖出去，售价12 000元；收到现金3 000元，另外，买方承担9 000元抵押付款；换言之，星海公司对这一半不再承担责任。

（7）因诚实经营，星海公司收到了别人提供的33 000元；虽然其权益当时只有26 970元，他还是拒绝了这番好意。显而易见，星海公司已经取得了6 030元的商誉。

（8）老板从星海公司的银行存款账户上取走了1 000元现金，以供个人消费之用。

（9）老板从星海公司的存货中取走了成本为750元的商品，以供个人消费。

（10）老板得知买了那块土地（第6笔交易）的人又把它以14 000元的价格卖出去了。星海公司所有的这块土地在价值上与那块土地相同。

（11）星海公司还清6 000元的短期借款（不计利息）。

（12）老板将他拥有的星海公司1/3的股票转让出去得到现金11 000元

（13）现金销售成本为850元的商品存货，售价为1 310元。

登记完这些事项后，请你用正确的格式为星海公司编制一张资产负债表。

问题：

（1）会计事项发生后会计等式还继续相等吗？

（2）分析以上发生的会计事项对会计等式或资产负债表的影响。

第四章 制造企业主要经济业务的核算

 学习目标

通过本章学习,应达到以下学习目标:
1. 了解制造企业主要生产经营活动各个环节之间的相互关系;
2. 理解制造企业生产经营过程中主要账户的设置;
3. 熟悉企业的筹资业务、材料采购业务、产品生产业务、产品销售业务与企业利润形成和分配等业务的账务处理方法;
4. 掌握材料采购成本、产品生产成本和销售成本的计算。

 引导案例

就读于某财经大学会计专业的 F 是一个狂热的足球迷,对欧洲五大联赛各豪门球队的情况非常熟悉。有一天,F 听到同班有两位女同学在谈论贝克汉姆:

A:维多利亚实在是太幸福了,有这样一位帅气、时尚,又能赚钱的老公。

B:也没有那么好啊,小贝其实不过是皇马的一项"资产"而已,连穿什么样的衣服、买什么日用品都是由皇马"控制"的,维多利亚至多只能算是与皇马共为这一"资产"的权益人罢了!

A:你别这样说好不好,小贝被你说成一件商品似的。

B:事实就是这样啊,小贝的确是被皇马的会计师作为"固定资产"入账的,这个"资产"的账面原值就是曼联把他卖给皇马的价格 3 500 万欧元。

F 早就对一些女同学(如 A)"迷人"不"迷球"的"伪球迷"有看法,他决定参与讨论。

F:在某种意义上而言,现代球员的交易市场类似于美国内战前庄园主对农奴的买卖,都是明码标价的"卖身契"。皇马通过"人口买卖""控制"了小贝这个资源(通过 5 年期不可更改的复杂合约),并且预期小贝可以带来巨大的经济价值,所以小贝这个生物意义的人,在会计意义上就不是"人"了,而是"资产"。

A 有点伤感,她突然想到了专业见习时在某动物园会计账上赫然在列的"固定资产——黑熊 1 号"。

B:还是曼联温情一点,在卖掉小贝之前的 14 年间,曼联的资产清单上从来没有出现过小贝的名字。

F:那是因为,小贝在很小的时候就进入了曼联的训练营,虽然 14 年间曼联为他投入了大把的银子：训练费、营养费、宣传费、理发费（考虑到他的复杂发型），但出于谨慎考虑，曼联的会计师把这些费用并没有资本化。如果曼联当初把花在小贝身上的钱都进行资本化，这样小贝就可以出现在曼联的报表上作为资产了，但谁敢在14年前就担保小贝一定能被培养成巨星呢？足球俱乐部每年都会招很多小孩子进来培训，最后能成才的有几个？变成全世界女人偶像的概率到底有多大？

A：这样想来，在皇马俱乐部，小贝好歹还被当成一个机器入账了。而在曼联的会计师那里，小贝居然一文不名！

大家接着又探讨了皇马在这笔交易中的收益问题、小贝的"折旧"问题、他那昂贵右腿的保险费应该如何进行会计处理的问题等。大家都产生一个感慨：会计问题真是无所不在，并且不乏趣味啊！

第一节 制造企业的主要经济业务的核算内容

产品制造企业，是各行业企业中生产经营过程相对较为复杂、完整的一种企业类型。本章将以制造企业为背景，结合其主要经济业务的会计处理及核算中较为常见和基本的核算项目，进一步说明账户和借贷记账法的具体应用，以加深对账户和借贷记账法的理解。

产品制造企业的主要经济业务包括资金筹集业务、生产准备业务、产品生产业务、产品销售业务和财务成果业务。

一、资金筹集业务

筹集所需资金是产品制造企业的一项重要业务活动。为了进行正常的生产经营活动，每一个企业都必须拥有一定数量的资金，作为从事生产经营活动的物质基础。所需要的资金可以从不同的来源渠道取得，企业资金的筹集主要有以下三个渠道。

（一）吸收投资者的投资

《公司法》规定，现代企业应建立资本金制度。企业成立时，投资者必须首先按照其占企业注册资本的份额向企业投入财产物资，形成企业的资本，同时也作为企业未来向投资者分配利润的依据。如股份制企业发行股票筹集的资金、有限责任公司的实收资本等。投资者投入企业的资本包括代表国家投资的政府部门或机构投入企业形成的国家资本、其他法人单位以其法定财产投入企业形成的法人资本、社会个人以其合法财产投入企业形成的个人资本、外国投资者投入企业形成的外商资本四个部分。吸收投资者的资金，一方面增加了企业的各项财产物资；另一方面增加了企业所有者权益。依据《公司法》的要求，除非依法办理减资手续，否则，企业不得任意返还投资者投资。

（二）向金融机构借款

企业在生产经营期间资金不足时，可以向银行等金融机构借款。银行借款是指企业为了临时性、季节性或长期性需要向银行或非银行机构取得的各种借款。按照借款期限的长短，将银行借款分为短期借款和长期借款。企业应对各种借款资金加强管理，正确计算借款利息，保证及时偿还。

（三）发行企业债券

企业在生产经营期间，经有关部门批准可以向社会公众通过发行企业债券的形式筹集资金，企业通过发行债券取得的资金，称为应付债券。应付债券是指企业为了筹集资金依照法定程序发行、约定在一定期限还本付息的有价证券。企业通过发行债券取得资金是以将来履行归还购买债券者的本金和利息的义务作为保证的，从而构成了企业的一项非流动负债。

二、生产准备业务

企业筹集资金的目的是运用资金实现其经营目标。将筹集的资金投入企业，是企业的一项重要业务活动，包括建造房屋、建筑物，购买机器设备等劳动资料和购买原材料、燃料、辅助材料、包装物等劳动对象。前者为生产经营活动创造必要的条件，后者为产品生产做准备。企业购买固定资产、材料物资，支付买价和采购费用，发生同供货单位和其他单位的货款结算等业务形成了企业的生产准备业务。

三、产品生产业务

产品生产是制造企业生产经营过程的主要业务。产品的生产过程，既是产品的制造过程，又是生产资料和活劳动的耗费过程。生产过程中，企业为了生产产品，要消耗各种材料物资，发生固定资产磨损，支付职工工资，支付水电费等其他费用。产品生产过程中所发生的各种费用，叫作生产费用。企业的生产费用，不论发生在何处，都要归集和分配到一定种类的产品上，形成各种产品的成本，即产品的生产成本或制造成本。处在生产过程的某个阶段尚未最后完工的产品，称为在产品或在制品。随着产品完工入库，企业的在产品存货便转化为产成品存货。因此，在企业产品生产过程中费用的发生、归集和分配，产品成本的形成，企业同其他单位、职工个人以及企业内部有关部门之间的结算等业务形成了产品生产业务。

四、产品销售业务

企业生产的产品，只有销售出去，并按价格向购买单位收取货款，才能实现企业的经营目标。产成品从验收入库到销售给购买单位为止的过程称为销售过程。这一过程是产品价值和使用价值的实现过程。在这一过程中，企业要发出各种商品产品，要发生各种销售费用，如包装费、广告费、推销费等，还要同银行、购货单位发生结算关系。此外，企业还要按照国家规定的税率计算和缴纳销售税金。因此，销售产品、办理结算、收回货款、支付各种销售费用、计算和缴纳销售税金等业务形成了产品销售业务。

五、财务成果业务

企业在产品销售以后，还要把销售收入减去销售税金后同销售成本、销售费用等费用进行比较，计算营业利润或亏损，即销售成果。企业的财务成果除了销售成果外，还有营业外收入、营业外支出、投资收益等，这些都是财务成果的组成部分。企业实现的财务成果，如果是盈利，还要按照国家税法规定的所得税税率计算缴纳所得税，并将税后利润按照规定提取盈余公积，按企业章程或决议向投资者分配利润。因此，利润的形成、所得税的计算及缴纳、盈余公积金的提取、向投资者分配利润等业务形成了企业的财务成果业务。

会计应反映企业能够用货币表现的一切方面。产品制造企业必须根据企业各项经济业务的具体内容，运用复式记账原理，设置和运用不同的账户，对企业的筹资及生产经营全过程进行全面、系统的核算。

第二节 资金筹集业务的核算

产品制造企业为了进行生产经营活动需要有一定数量的资金。企业筹集资金的渠道可以分为两大类：一是所有者投入，二是债权人提供。从企业所有者处筹集的资金通常称为投入资本，是构成企业所有者权益的一项重要内容。从企业债权人处筹集的资金则属于企业的负债。下面将说明企业主要筹资业务的核算，即所有者投资、短期借款和长期借款的核算。

一、投入资本的核算

投入资本是指投资者作为资本实际投入企业的资金数额。投资者投入企业的资本，一般情况下与企业实际收到的资本数额是完全相同的。在一些特殊情况下，如溢价发行股票，投资者投入的资本数额就会大于注册资本。投资者投入的大于注册资本的部分，就不能作为实收资本，而应作为资本公积单独核算。

（一）实收资本的核算

实收资本是指企业实际收到投资者投入的资本。投资者可以采用不同的形式，既可以用货币性资产投资，也可以用实物资产或无形资产作价投资。投入资本包括国家投资、其他单位投资、个人投资和外商投资。企业投资者以现金等形式向企业投资，将导致企业资产增加，同时，企业投资者对企业的投入资本也相应增加。

为了反映企业实收资本的增减变动情况及其结果，企业应设置"实收资本"（股份制企业为"股本"）账户。该账户属于所有者权益类账户，借方登记所有者投资的减少额，贷方登记所有者投资的增加额，期末余额在贷方，表示期末所有者投入资本的实有数额。该账户应按投资者设置明细分类账户，进行明细分类核算。

现举例说明一般企业实收资本的核算方法。

【例 4-1】 宏达公司收到国家投入的货币资金 600 000 元，存入开户银行。其会计分录为：

借：银行存款　　　　　　　　　　　　　　　　　　　　　　　　600 000
　　贷：实收资本——国家　　　　　　　　　　　　　　　　　　　　600 000

【例4-2】 收到A公司投入的全新汽车一辆,价值80 000元。其会计分录为:
借:固定资产　　　　　　　　　　　　　　　　　　　　　　80 000
　　贷:实收资本——A公司　　　　　　　　　　　　　　　　　　80 000
【例4-3】 收到某外商作为资本投入的专利权一项,双方协议价值200 000元。其会计分录为:
借:无形资产　　　　　　　　　　　　　　　　　　　　　　200 000
　　贷:实收资本——某外商　　　　　　　　　　　　　　　　　　200 000

 知识链接

实际经济活动中,资本投入业务复杂多样,作价方式也存在一定的差别。例如,云锡公司股票发行上市,新加入的股东为取得与原始股东等值的所有权份额,必须要支付更高的金额,即股票溢价。

(二)资本公积的核算

资本公积,是指由于资本(或股本)溢价以及计入所有者权益的利得和损失等原因形成的公积金,可以按法定程序转化为资本。

为了反映企业资本公积的增减变动情况及其结果,企业应设置"资本公积"账户。该账户属于所有者权益类账户,贷方登记各种来源渠道形成的资本公积,借方登记经批准转增资本的资本公积,期末余额在贷方,表示期末资本公积的结余数额。该账户应设"资本溢价"和"其他资本公积"两个二级明细科目,进行明细分类核算。

1. 资本(或股本)溢价

资本溢价是指投资者投入的资本高于其在注册资本中所占份额的部分,这部分投入资本计入资本公积(资本溢价)。

企业初建时投资者投入的资本全部构成注册资本,各投资者投入的资本和其在注册资本(实收资本)中享有的份额是相等的。在公司经营一段时期后,需要扩大规模增加资本时,如有新的投资者加入,则新加入的投资者的出资额一般要高于其在注册资本中享有的份额。这是由以下两方面的原因:首先,公司在创立阶段,需要经过筹建、试制、开辟市场等过程,具有较大的风险,资本利润率较低。公司进入正常生产经营后,一般情况下,将提高资本利润率,而公司创办者为提高资本利润率冒了较大的风险,付出较大的代价。因此,同样数额的投资对公司的影响在创办阶段大于正常经营阶段。其次,公司在创建时,所有者权益等于投资者投入的资本。而公司经营一段时期后,增加了企业积累(留存收益),使公司的所有者权益大于投资者投入的资本。

【例4-4】 宏达公司原来由甲、乙两位股东组建而成。设立时,每一位投资者各出资500 000元,共计实收资本1 000 000元。经过3年的经营,该公司已有留存收益100 000元,这时又有丙投资者有意加入该公司,表示愿意出资550 000元仅占该公司股份的1/3。在这种情况下,只能将500 000元作为实收资本入账,超过部分作为资本溢价,记入"资本公积"账户。

借：银行存款　　　　　　　　　　　　　　　　　　　　　　　550 000
　　贷：实收资本　　　　　　　　　　　　　　　　　　　　　500 000
　　　　资本公积——资本溢价　　　　　　　　　　　　　　　 50 000

股票溢价产生的原因与资本溢价一样。企业发行股票取得的收入超出股票面值的部分，即股票溢价，应作为资本公积入账。

2. 直接计入所有者权益的利得和损失

直接计入所有者权益的利得和损失，是指不应计入当期损益、会导致所有者权益发生增减变动的、与所有者投入资本或者向所有者分配利润无关的利得或损失。企业接受的捐赠和债务豁免，按照会计准则规定符合确认条件的，通常应当确认为当期收益。但是，企业接受控股股东或非控股股东直接或间接代为偿债、债务豁免或捐赠，经济实质表明属于控股股东或非控股股东对企业的资本性投入，应当将相关利得计入所有者权益（资本公积）。

二、银行借款的核算

企业在生产经营过程中，由于周转资金不足，可以向银行或其他金融机构借款，以补充资金的不足。企业向银行或其他金融机构借入的款项，按其借款期限划分为短期借款和长期借款。短期借款是指企业向银行或其他金融机构借入的期限在一年以下（含一年）的各种借款；长期借款是企业向银行或其他金融机构借入的期限在一年以上的各种借款。

企业应分别设置"短期借款"和"长期借款"两个负债类账户进行核算，其贷方登记借入的各种借款的金额，借方登记归还的各种借款金额，其贷方余额表示企业尚未归还借款的数额。

企业从银行借入的款项，必须按银行借款规定办理手续，支付利息，到期归还。企业应设置"财务费用"和"应付利息"账户核算利息支出。

"财务费用"属于损益类账户，用来核算和监督企业为筹集生产经营所需资金而发生的费用，包括利息支出、汇兑损失以及相关的手续费等。该账户借方登记企业发生的各项财务费用，贷方登记存款利息收入和期末转入"本年利润"账户的数额，期末结转后本账户无余额。

"应付利息"属于负债类账户，用于核算企业按照合同约定应付未付的利息，借方登记企业实际支付的利息，贷方登记应付未付的利息，期末余额在贷方，反映企业期末应付未付的利息。该科目按债权人设置明细科目，进行明细核算。

短期借款利息一般按季结算并于季末一次支付。因此，按照权责发生制的要求，应当按期预提。预提时，按预计当月应负担的借款利息，借记"财务费用"账户，贷记"应付利息"账户；实际支付的月份，按照已经预提的利息金额，借记"应付利息"账户，按照实际支付的利息金额与预提数的差额（尚未提取的部分）借记"财务费用"账户，按照实际支付的利息金额，贷记"银行存款"账户。

下面举例说明银行借款的核算。

【例4-5】宏达公司由于季节性储备材料需要，向银行借入20 000元，存入开户银行。

借款期限 6 个月。其会计分录为：

  借：银行存款   20 000
    贷：短期借款   20 000

【例 4-6】 宏达公司因建造一条生产线，向银行借入 700 000 元，借款期限为两年，款项已存入银行。其会计分录为：

  借：银行存款   700 000
    贷：长期借款   700 000

【例 4-7】 宏达公司于某年 1 月 1 日向银行借入期限为 6 个月，年利率为 8% 的短期借款 150 000 元。该借款到期后一次还本，利息分月计提，按季支付。其会计分录为：

（1）1 月 1 日借入时：

  借：银行存款   150 000
    贷：短期借款   150 000

（2）1 月末计提当月利息费用 1 000 元（150 000×8%÷12）时：

  借：财务费用   1 000
    贷：应付利息   1 000

2 月末计提当月利息的账务处理与 1 月末相同。

（3）3 月末支付本季度利息时：

  借：应付利息   2 000
    财务费用   1 000
    贷：银行存款   3 000

4 月、5 月计提利息费用的账务处理与 1 月、2 月相同。

（4）6 月末偿还短期借款本金和支付未付利息时：

  借：短期借款   150 000
    应付利息   2 000
    财务费用   1 000
    贷：银行存款   153 000

【例 4-8】 12 月 21 日收到银行通知，第四季度企业银行存款利息为 4 300 元：

  借：银行存款   4 300
    贷：财务费用   4 300

第三节　生产准备业务的核算

  企业为了实现其经营目标，必须将筹集的资金投放于劳动资料和劳动对象上面，一方面为生产经营创造必要的条件；另一方面为生产做准备。本节主要介绍物资采购业务。

一、材料采购成本的计算

  物资采购过程即供应过程，是制造企业生产经营过程的第一阶段。供应过程最主要的业务是采购生产所需的原材料,为生产过程做准备。采购过程的主要经济业务包括:①从购买单位取得所需要的各种材料并验收入库;②与材料供应商发生款项结算业务;③支付各种采购费用,包括运输费、装卸费、包装费、保险费和入库前的挑选整理费等;④计算并结转材料的采购成本。

企业外购材料的采购成本(收入材料的计价)应根据以下各项内容计算确定。

(1)买价。其指购货发票上所列的价款。

(2)外购运杂费。其包括运输费、装卸费、包装费及途中保险费等。

(3)运输途中合理的损耗。其指不可避免的定额内损耗。

(4)入库前的挑选整理费。其包括挑选整理过程中发生的工资、费用以及数量损耗的价值。

(5)购入材料应负担的税金。其主要指小规模纳税人支付的增值税。

应当指出,一般纳税人购入材料支付的增值税进项税额,只要取得了增值税专用发票等法定抵扣凭证,则不计入所购材料成本,而是作为进项税额单列入账(本章各例题均假定会计主体为增值税一般纳税人)。

二、材料采购业务的核算

(一)材料采购核算应设置的主要账户

为了加强对企业材料物资采购的管理,反映库存材料物资增减变动及结存情况,监督材料物资的保管与使用,应设置"在途物资""原材料"等账户。同时为了反映企业与供货单位的货款结算情况,应设置"应付账款""应付票据""预付账款"和"应交税费"等结算账户。

(1)"在途物资"账户。该账户是资产类账户,用来核算和监督企业外购材料物资的买价和采购费用,并据以计算材料采购成本。它的借方登记外购材料物资的买价和采购费用,贷方登记已验收入库材料物资的实际采购成本;期末余额在借方,表示期末尚未到达或尚未验收入库的在途材料实际采购成本。"在途物资"账户应按购入材料物资的类别或品种开设明细分类账户。

(2)"原材料"账户。该账户是资产类账户,用来核算和监督材料收入、发出和结存情况。它的借方登记入库材料的实际成本,贷方登记领用材料的实际成本,期末余额在借方,表示结存材料的实际成本。"原材料"账户应按材料的类别或品种开设明细分类账户,进行明细分类核算。

(3)"应付账款"账户。该账户是负债类账户,用来反映企业应付账款的发生、偿还和结欠情况。应付账款的入账时间应以所购买货物的所有权转移或劳务已发生为标志。一般情况下,应付账款按应付金额入账。该账户借方登记归还供应单位款项,贷方登记应付供应单位的款项,期末贷方余额表示尚未偿还的款项。该账户应按供应单位设置明细分类账户,进行明细分类核算。

(4)"应付票据"账户。该账户是负债类账户,用来核算和监督企业对外发生债务时所开出、承兑的商业汇票。它的借方登记收到银行付款通知后实际支付的款项，贷方登记企业开出、承兑商业汇票，期末贷方余额表示应付未付尚未到期的应付票款数。"应付票据"应按供应单位名称设置明细分类账户，进行明细分类核算。

企业开出、承兑商业汇票时，按面值入账，借记"在途物资""应交税费——应交增值税（进项税额）"或"应付账款"等相关账户，贷记"应付票据"账户；企业应在票据到期前将票款足额交存银行，及时支付票款。支付时，借记"应付票据"账户，贷记"银行存款"账户。

（5）"预付账款"账户。该账户是资产类账户，用来核算和监督企业按照购货合同预先支付给供货单位的购货定金或部分货款。该账户借方登记预付货款的增加额，贷方登记预付货款的减少额，余额在借方，反映尚未结清的预付货款。该账户可按供货单位开设明细分类账户，进行明细分类核算。

（6）"应交税费"账户。该账户是负债类账户，用来核算企业应缴纳的各种税费包括增值税、消费税、所得税、教育费附加等。该账户借方登记已缴纳的税费，贷方登记应缴纳的各种税费。该账户应开设"应交增值税""应交消费税""应交所得税"等明细分类账户，进行明细分类核算。

（7）"应交税费——应交增值税"账户。该账户是应交税金的明细账户，是用来核算企业应缴纳的增值税的账户。该账户的借方发生额，反映企业购进货物或接受劳务支付的进项税额和实际已缴纳的增值税；贷方发生额反映销售货物或提供应税劳务应缴纳的增值税额、出口货物退税、转出已支付或分担的增值税；期末一般为贷方余额，反映企业尚未缴纳的增值税额。该账户中应分设"已交税金""进项税额""销项税额""进项税额转出"等专栏进行明细分类核算。

增值税是按货物或劳务的增值部分征收的一种税金。增值税是一种价外税，它要通过产品实现的销售转嫁给买者，最终由消费者负担。对于企业来说，为生产产品购进材料时，付给供货方的增值税额为进项税额，当生产的产品实现销售时，要向购买方收取的增值税为销项税额，用当期的销项税额减去当期的进项税额，即为企业应交纳的增值税额。

（二）材料采购主要业务的核算

外购材料是企业材料收入的主要来源，由于货款结算方式、采购地点、收料和付款时间等情况的不同，材料收入的会计处理也不一样。企业在同城采购时，材料采购与入库一般在同一天完成；向外地采购材料，由于供货单位的材料交运输单位运送，而结算凭证是由银行邮寄，因此，材料和结算凭证到达购货单位的时间，可能有先有后。

下面举例说明材料采购的核算，购买材料的计价方法有实际成本计价和计划成本计价两种方法，本节只介绍实际成本计价方法。

【例4-9】 宏达公司向红星企业购进 A 材料 2 400 千克，单价 50 元，计价款 120 000 元，B 材 2 800 千克，单价 100 元，计 280 000 元。增值税税率13%，即进项税额 36 400 元，途中运杂费 12 480 元，所有款项均以银行存款支付。材料尚未到达（运杂费按材料的重量分配）。其会计分录为：

借：在途物资——A材料 125 760
　　　　　　——B材料 286 720
　　应交税费——应交增值税（进项税额） 52 000
　　贷：银行存款 464 480

费用分配的标准选择：企业在同一地点同时购入两种或两种以上的材料所发生的运杂费等各项费用，如在发生时不能分清各种材料应负担的费用额，为了准确计算各种材料的采购成本，应按一定的分配标准，采用一定的分配方法，在所采购的各种材料之间进行分配。常用的分配标准有材料的买价和材料的重量。

采购费用的分配方法及分配：

$$采购费用率 = \frac{实际发生的采购费用}{材料的买价或重量} \times 100\%$$

某种材料应分担的采购费用 = 该材料的重量或买价 × 采购费用分配率

运杂费分配率 = 12 480 ÷（2 400 + 2 800）= 2.4 元
A材料应负担的运杂费 = 2 400 × 2.4 = 5 760 元
B材料应负担的运杂费 = 2 800 × 2.4 = 6 720 元

【例4-10】宏达公司向山峰企业购进B材料3 000千克，单价90元，计价款270 000元，增值税进项税额35 100元，全部款项开出期限3个月的商业汇票。材料尚未到达。其会计分录为：

借：在途物资——B材料 270 000
　　应交税费——应交增值税（进项税额） 35 100
　　贷：应付票据 305 100

【例4-11】宏达公司用银行存款70 000元，支付上月前欠甲工厂材料款30 000元，同时按购销合同预付乙工厂购C材料的货款40 000元。其会计分录为：

借：应付账款——甲工厂 30 000
　　预付账款——乙工厂 40 000
　　贷：银行存款 70 000

【例4-12】承接【例4-9】和【例4-10】，购买的A、B两种材料同时到达，经验收入库，按实际采购成本转账。其会计分录为：

借：原材料——A材料 125 760
　　　　　——B材料 556 720
　　贷：在途物资——A材料 125 760
　　　　　　　　——B材料 556 720

【例4-13】宏达公司向A公司采购甲材料一批。根据合同规定于6月3日预付A公司部分货款20 000元。6月10日收到银行转来A企业发票账单，列明该批材料货款为50 000元，增值税额为6 500元，6月13日补付其余欠款。其会计分录为：

（1）6月3日预付货款时：

借：预付账款——A公司 20 000
　　贷：银行存款 20 000

（2）6月10日收到银行转来A企业发票账单时：

借：在途物资——甲材料　　　　　　　　　　　　　　　50 000
　　应交税费——应交增值税（进项税额）　　　　　　　　6 500
　　贷：预付账款—A公司　　　　　　　　　　　　　　　　　　56 500

（3）6月13日补付其余欠款时：

借：预付账款——A公司　　　　　　　　　　　　　　　36 500
　　贷：银行存款　　　　　　　　　　　　　　　　　　　　　36 500

预付业务不多的企业，可不单设"预付账款"科目，将预付货款通过"应付账款"科目核算。

【例4-14】 宏达公司向丙公司购入A材料1 000千克，单价52元，计52 000元，B材料2 000千克，单价80元，计160 000元，增值税进项税额27 560元，结算凭证已到，款未付，A材料、B材料均已到达并验收入库。其会计分录如为：

借：原材料——A材料　　　　　　　　　　　　　　　52 000
　　　　　——B材料　　　　　　　　　　　　　　　160 000
　　应交税费——应交增值税（进项税额）　　　　　　　27 560
　　贷：应付账款——丙公司　　　　　　　　　　　　　　　239 560

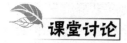

说一说"原材料"账户和"在途物资"账户的区别。

第四节　产品生产业务的核算

一、产品生产业务的主要内容

在生产过程中，工人借助于生产资料对劳动对象进行加工，制成劳动产品。企业在生产经营过程中的费用按其用途不同可分为生产费用和期间费用。

生产费用是工业企业进行产品生产发生的，以货币表现的生产耗费。生产费用应当计入产品制造成本。产品制造成本也称产品生产成本，是指工业企业为生产一定种类、一定数量的产品发生的各项生产费用的总和，也就是将企业发生的生产费用，按一定的产品对象进行分配和归集，某一产品应承担的生产费用被称为该产品的制造成本。它包括：

（1）直接材料。其指直接用于产品生产、构成产品实体的原料及主要材料、外购半成品、有助于产品形成的辅助材料以及其他直接材料。

（2）直接人工。其指参加产品生产的生产工人的职工薪酬。

（3）制造费用。其指为生产产品和提供劳务所发生的各项间接费用，包括职工薪酬、折旧费、修理费、办公费、水电费、劳动保护费以及其他制造费用。

期间费用是指与生产产品没有直接关系，不能直接归属于某个特定产品而直接计入当期损益的费用,包括销售费用、财务费用、管理费用。期间费用不计入产品成本。

在生产过程中,发生的主要经济业务有:车间领用制造产品和一般消耗的原材料;从银行提取现金发放工资;计算和分配职工工资;计提职工福利费用、社会保险费、住房公积金等;计提固定资产折旧;分配制造费用;计算产品制造成本;产品完工,结转完工产品实际生产成本等。

二、生产成本计算的程序

(1)确定成本计算对象。在成本计算中首先要确定成本计算对象,因为只有在确定了成本计算对象之后才能按成本计算对象来归集和分配各种费用,计算各个对象的总成本和单位成本。

(2)确定成本计算期。工业企业中,大批大量生产企业,一般需每月计算一次成本,成本计算期与产品生产周期不一致;小批单件生产企业,一般在产品完工后计算产品成本,成本计算期与产品生产周期一致。

(3)确定成本项目。成本项目是指生产费用按其经济用途的分类,通常可以分为三类。

①直接材料:直接用于产品生产,构成产品实体的原材料和有助于产品形成的辅助材料等。

②直接人工:直接从事产品生产的工人工资以及其他各种形式的职工薪酬。

③制造费用:为组织和管理车间生产所发生的各项间接费用,如折旧费、劳动保护费、办公费、水电费、机物料消耗、车间管理人员和技术人员的工资等职工薪酬。

(4)按产品成本计算对象正确地归集和分配各项费用。根据谁受益谁承担的原则,如果只生产一种产品,则发生的生产费用只要按照成本项目进行归集就形成该产品的生产成本,这种情况下,生产费用不存在分配问题。如果生产两种以上的产品,发生的生产费用,凡是能够分清应由哪些产品负担费用的,则直接计入该种产品的生产成本,如直接材料费、直接人工费等;凡是不能分清应由哪些产品负担费用的,则采用一定的分配方法分配计入各种产品的生产成本,如制造费用。

(5)将生产费用在完工产品和在产品之间进行分配。企业生产的产品包括已完工产品和未完工产品两部分,如果月末没有在产品,则按某种产品归集的生产费用,就是该产品的生产总成本。如果月末既有完工产品,又有在产品,就需将生产费用在完工产品与在产品之间分配。

三、设置的主要账户

为了归集和分配生产费用,计算产品制造成本,应设置"生产成本""制造费用""管理费用""应付职工薪酬""累计折旧""库存商品"等账户。

(1)"生产成本"账户。该账户是成本类账户,用来核算和监督企业在产品生产过程中所发生的费用,计算确定产品实际生产成本。它的借方登记在产品生产过程中发生的全部生产费用,包括直接材料费用、直接人工费用和制造费用;贷方登记生产完工转出完工产品生产成本。为了具体核算每一种产品的生产成本，可以按照生产产品的品种或种类开设明细分类账户，进行明细分类核算。

（2）"制造费用"账户。该账户是成本类账户，用于核算和监督生产单位（车间、分厂）为组织和管理生产而发生的各项间接费用，包括车间管理人员的工资、职工福利费、社会保险费、住房公积金、生产单位房屋建筑物、机器设备等的折旧费、修理费、机物料消耗、低值易耗品摊销、水电费、办公费、差旅费、劳动保护费等。该账户借方登记车间（分厂）发生的各项间接费用，贷方登记月度终了将全部制造费用分配计入有关产品生产成本的数额，月末一般无余额。为了具体核算制造费用的发生情况，可以按不同的生产单位设置明细分类账户，进行明细分类核算。

（3）"管理费用"账户。该账户是损益类账户，用来核算和监督公司（企业）行政管理部门为组织生产和管理生产经营活动发生的各种费用，包括行政管理部门职工工资、职工福利费、社会保险费、住房公积金、折旧费、修理费、物料消耗、低值易耗品摊销、办公费、差旅费、工会经费、房产税、技术转让费、无形资产摊销、坏账损失、职工教育经费等。该账户借方登记发生的各项管理费用，贷方登记期末全部转入当期损益的管理费用数额，期末结转后本账户无余额。

（4）"累计折旧"账户。该账户是资产类账户，是固定资产账户的调整账户，用来核算和监督固定资产因磨损而减少的价值。企业固定资产使用过程中磨损的价值，通过计提折旧的方式逐步转移到产品成本或期间费用中去，因此，计提折旧就表明生产费用或期间费用增加。同时，由于固定资产发生了磨损，固定资产的价值也相应减少，但因管理的需要，"固定资产"账户始终反映企业现有固定资产的原值，其减少金额应通过"累计折旧"账户来核算。所以，该账户的贷方登记固定资产因计提折旧而减少的金额，即固定资产折旧的增加金额；借方登记已提固定资产折旧的减少或转销数额；月末贷方余额，表示现有固定资产已计提的累计折旧额。

（5）"应付职工薪酬"账户。该账户是负债类账户，用于核算和监督企业根据有关规定应付给职工的各种薪酬。职工薪酬是指企业为获得职工提供的服务而给予职工的各种形式的报酬以及其他相关支出，包括：职工工资、奖金、津贴和补贴；职工福利费；医疗保险费、养老保险费、失业保险费、工伤保险费和生育保险费等社会保险费；住房公积金；工会经费和职工教育经费；非货币性福利；因解除与职工的劳动关系给予的补偿；其他与获得职工提供的服务相关的支出。其中，计提的职工福利费用于职工福利方面的支出，如职工困难补助、企业医务、福利部门人员工资等。社会保险费和住房公积金均指企业为职工缴纳的部分，应当在职工为企业提供服务的会计期间，根据工资总额和规定比例计算。

"应付职工薪酬"账户，借方登记实际支付给职工的各种薪酬，贷方登记应付给职工的各种薪酬，期末余额在贷方，表示期末尚未支付给职工的各种薪酬的数额。该账户可按"工资""职工福利""社会保险费""住房公积金""工会经费""职工教育经费"等设置明细分类账户，进行明细分类核算。

（6）"库存商品"账户。该账户是资产类账户，用来核算和监督已生产完工并验收入库产品的增减变动以及结存情况。该账户的借方登记生产完工并已验收入库的产成品实际成本；贷方登记销售等发出产成品的实际成本；月末余额在借方，表示库存产成品的实际成本。该账户应按产成品名称或种类设置明细分类账户，进行明细分类核算。

四、产品生产业务举例

（一）领用原材料的核算

工业企业在生产经营过程中发出材料非常频繁，为了简化手续，平时只根据领发料凭证逐笔登记材料明细分类账，不登记总分类账。月末，将各种领料凭证，按领用部门和用途进行归类汇总，编制"发料凭证汇总表"，据以进行材料发出的总分类核算。不同用途的材料应记入不同的科目，用于产品生产的材料应记入"生产成本"科目；用于生产车间一般耗用的材料应记入"制造费用"科目；为销售产品领用的材料应记入"销售费用"科目；企业行政管理部门领用材料应记入"管理费用"科目等。

现以宏达公司主要生产业务为例。

【例 4-15】 仓库发出下列材料（根据领料单汇总），如表 4-1 所示。

表 4-1　　　　　　　　　　发出材料汇总表

项目	A 材料		B 材料		金额合计/元
	数量/千克	金额/元	数量/千克	金额/元	
制造甲产品耗用	2 000	104 000	2 000	120 000	224 000
制造乙产品耗用	800	41 600	2 000	120 000	161 600
车间一般耗用			70	4 200	4 200
行政管理部门耗用			50	3 000	3 000
合计	2 800	145 600	4 100	247 200	392 800

其会计分录为：

借：生产成本——甲产品　　　　　　　　　　　　　　　　　224 000
　　　　　　——乙产品　　　　　　　　　　　　　　　　　161 600
　　制造费用　　　　　　　　　　　　　　　　　　　　　　4 200
　　管理费用　　　　　　　　　　　　　　　　　　　　　　3 000
　　贷：原材料——A 材料　　　　　　　　　　　　　　　　145 600
　　　　　　——B 材料　　　　　　　　　　　　　　　　　247 200

这笔经济业务的发生，一方面说明材料耗用的增加，应按用途进行归集，分别记入"生产成本""制造费用""管理费用"账户的借方；另一方面说明库存材料因领用而减少，应记入"原材料"账户的贷方。

 知识链接

实际经济活动中，要求对每笔存货的收入、发出进行登记，并核算相应的成本，期末时，通过账面上各项存货的收支记录，计算出存货的期末余额。同时，通过实地盘点，确定存货账面数与实存数是否相符。

存货发出的计价方法将在"财务会计"课程讲述。

（二）人工费用的核算

人工费用主要是指应付给职工的各种薪酬。企业应当在职工为其提供服务的会计期间，将应付的职工薪酬确认为负债，同时根据职工提供服务的受益对象不同，将职工薪酬做相应的会计处理。应由生产产品、提供劳务负担的职工薪酬，计入产品成本；应由在建工程、无形资产负担的职工薪酬，计入固定资产或无形资产成本。除以上两项之外的其他职工薪酬，计入当期损益。

下面主要介绍应付职工工资及福利的核算。

1. 职工工资

应付工资的账务处理主要包括几个方面：

（1）实发工资的账务处理。财会部门根据"工资结算汇总表"所列实发金额到银行提取现金，借记"库存现金"账户，贷记"银行存款"账户。

（2）通过银行代发工资时，借记"应付职工薪酬——工资"账户，贷记"银行存款"账户。

（3）工资费用分配的处理。企业当月发生的全部工资，无论当月是否领取，均应按应发数分配计入当月成本费用。月末，企业应根据"工资结算汇总表"或"工资分配汇总表"，将生产车间直接从事产品生产人员的工资，记入"生产成本"账户；各生产单位（车间）管理人员和技术人员的工资记入"制造费用"账户；行政管理人员的工资记入"管理费用"账户；专设销售机构人员的工资记入"销售费用"账户等。

2. 职工福利

按工资总额的一定比例（可根据上年实际发生的职工福利费情况预计当年提取比例）提取的职工福利费，与工资一起进行分配计入成本费用。分配时，按不同部门工资总额提取的福利费与应付工资的分配去向相同；企业提取的职工福利费主要用于企业个人福利支出及按国家规定开支的其他福利支出。

【例 4-16】 宏达公司根据"工资结算汇总表"结算本月应付工资总额 500 000 元。其中：生产甲产品工人工资 240 000 元，生产乙产品工人工资 205 000 元，车间管理人员工资 30 000 元，企业行政管理部门人员工资 25 000 元。其会计分录为：

借：生产成本——甲产品　　　　　　　　　　　　240 000
　　　　　　——乙产品　　　　　　　　　　　　205 000
　　制造费用　　　　　　　　　　　　　　　　　 30 000
　　管理费用　　　　　　　　　　　　　　　　　 25 000
　　贷：应付职工薪酬——工资　　　　　　　　　500 000

【例 4-17】 通过银行代发本月职工工资 500 000 元。其会计分录为：

借：应付职工薪酬——工资　　　　　　　　　　　500 000
　　贷：银行存款　　　　　　　　　　　　　　　500 000

【例 4-18】 根据上年实际发生的职工福利费情况预计，生产甲产品工人职工福利费 28 800 元，生产乙产品工人职工福利费 24 600 元，车间管理人员职工福利费 3 600 元，企业行政管理部门人员职工福利费 3 000 元。

以职工工资为基础计提的职工福利费是企业成本、费用的组成部分，这项费用的分配与工资分配一样，一方面要计入成本、费用；另一方面形成一笔应付债务，因此，应分别记入"生产成本""制造费用""管理费用"账户的借方和"应付职工薪酬"账户的贷方。其会计分录为：

```
借：生产成本——甲产品                    28 800
         ——乙产品                        24 600
    制造费用                              3 600
    管理费用                              3 000
    贷：应付职工薪酬——职工福利          60 000
```

【例 4-19】 以现金支付职工困难补助 1 200 元。其会计分录为：

```
借：应付职工薪酬——职工福利              1 200
    贷：库存现金                          1 200
```

（三）固定资产折旧的核算

固定资产折旧，是指在固定资产使用寿命内，按照确定的方法对应计折旧额进行系统分摊。应计折旧额是指应当计提折旧的固定资产的原价扣除其预计净残值后的金额。预计净残值是指假定固定资产预计使用寿命已满并处于使用寿命终了时的预期状态，企业目前从该项资产处置中获得的扣除预计处置费用后的金额。企业计提的固定资产折旧，是由于从事生产经营活动而发生的，形成折旧费用，应当计入成本或期间费用。

企业每月计提折旧时，一方面贷记"累计折旧"账户；另一方面按固定资产使用地点和用途分别借记有关账户，其中生产车间固定资产折旧记入"制造费用"账户，行政管理部门用固定资产折旧记入"管理费用"账户。

【例 4-20】 宏达公司本月计提固定资产折旧总额为 50 000 元。其中，生产车间计提固定资产折旧 46 000 元，行政管理部门计提固定资产折旧 4 000 元。其会计分录为：

```
借：制造费用                              46 000
    管理费用                              4 000
    贷：累计折旧                          50 000
```

课堂讨论

固定资产的增加应记入"固定资产"账户的借方，固定资产因使用而逐渐减少的价值（折旧额）则应记入"固定资产"账户的贷方。这么处理对吗？为什么？

（四）其他费用的核算

在企业生产过程中，除了上述原材料耗费、人工费用、折旧费用以外，还会发生一些其他费用，如差旅费、修理费、办公用品费、水电费、报刊订阅费等，对这些经济业务也应进行相应的账务处理。

【例4-21】宏达公司用银行存款支付行政管理部门购买办公用品费计3 500元。其会计分录为：

  借：管理费用   3 500
    贷：银行存款   3 500

【例4-22】宏达公司行政科李明因公出差预借款项2 000元，以现金付讫。其会计分录为：

  借：其他应收款——李明   2 000
    贷：库存现金   2 000

【例4-23】行政科李明出差归来报销差旅费1 900元，结清原借款。其会计分录为：

  借：管理费用   1 900
    库存现金   100
    贷：其他应收款——李明   2 000

【例4-24】用银行存款支付车间照明用电费用4 000元。其会计分录为：

  借：制造费用   4 000
    贷：银行存款   4 000

（五）制造费用的核算

制造费用是生产车间为组织和管理生产而发生的各项间接费用，但由于它们是进行产品生产所发生的共同性费用，是产品制造成本的组成部分，因此最终应由产品的生产成本来负担。平时发生时在"制造费用"账户的借方进行归集，期末应按确定的分配标准分配计入有关产品生产成本。即借记"生产成本"账户，贷记"制造费用"账户。

【例4-25】企业以一张转账支票支付办公用品费1 500元，其中：车间负担1 200元，行政管理部门负担300元。其会计分录为：

  借：制造费用   1 200
    管理费用   300
    贷：银行存款   1 500

【例4-26】月末将本月发生的制造费用89 000元转入产品生产成本。制造费用按甲、乙两种产品生产工人的工资比例分配。

生产过程中发生的各项间接费用，最终要计入产品的生产成本中，由产品的生产成本负担。因此，期末需要将平时归集在"制造费用"账户借方的各项间接费用，采用一定的分配方法，分配计入各有关产品的生产成本中。常用的分配标准有生产工时、生产工人的工资、机器工时等。

制造费用的分配方法及分配：

$$制造费用率 = \frac{制造费用总额}{分配标准总额} \times 100\%$$

某种产品应分担的制造费用＝该产品的分配标准数×制造费用分配率

本例以生产工人工资为分配标准,计算如下:

制造费用分配率 = 89 000 ÷ (240 00 + 205 000) = 0.2

甲产品应负担的制造费用 = 240 000 × 0.2 = 48 000(元)

乙产品应负担的制造费用 = 205 000 × 0.2 = 41 000(元)

其会计分录为:

借:生产成本——甲产品　　　　　　　　　　　　　　　48 000
　　　　　　——乙产品　　　　　　　　　　　　　　　41 000
　　贷:制造费用　　　　　　　　　　　　　　　　　　89 000

(六)完工产品制造成本的结转

经过以上日常生产费用的归集和分配,企业在生产过程中发生的生产费用,已记入了"生产成本"总账和所属的明细账中。期末,需要将包括期初在产品成本在内的生产费用在完工产品和在产品之间进行分配,然后将完工产品成本借记"库存商品"账户,贷记"生产成本"账户。

【例 4-27】 本月甲产品 1 000 件全部制造完工,并已验收入库,按其实际生产成本 540 800 元结转,乙产品尚未完工。其会计分录为:

借:库存商品——甲产品　　　　　　　　　　　　　　540 800
　　贷:生产成本——甲产品　　　　　　　　　　　　540 800

材料采购成本与产品生产成本在计算上有何异同?你是如何理解的?

第五节　产品销售业务的核算

一、销售业务的核算内容和账户设置

(一)核算内容

产品销售是企业的主要经济活动。销售过程是企业生产经营过程的最后阶段,也是企业的生产耗费获得补偿的过程。企业要将在生产过程中所完成的产品按制定的售价销售出去,并向购货单位收取货款,以补偿产品制造上的资金耗费,保证企业再生产活动的正常进行。在销售过程中,企业还会发生各种销售费用,如包装费、运输费、装卸费、保险费、展览费、广告费以及为销售本企业产品而专设的销售机构的职工工资、福利费、社会保险费、住房公积金、业务费等经常费用。这些耗费从企业取得的销售收入中得到补偿。此外,企业还要按照国家规定的税率计算缴纳销售税金并确定销售业务成果。

(二)账户设置

为了反映企业的销售业务,需要相应地开设和运用"主营业务收入""其他业务收入"

"主营业务成本""其他业务成本""税金及附加""销售费用""应收账款""应收票据""预收账款"等账户。

1. "主营业务收入"账户

该账户是损益类账户,用来核算和监督企业在一定会计期间因销售商品、提供劳务而取得的收入。借方登记销货退回数额和在期末结转入"本年利润"账户的数额;贷方登记销售商品、提供劳务而取得的收入;期末结转后本账户无余额。该账户应按销售产品的类别或品种开设明细分类账户,进行明细分类核算。

2. "其他业务收入"账户

该账户是损益类账户,用来核算和监督企业除主营业务收入以外的其他销售或其他业务取得的收入,如材料销售、出租固定资产、出租包装物,以及转让无形资产使用权的收入等。借方登记销货退回数额和在期末结转入"本年利润"账户的数额;贷方登记取得的各项收入;期末将贷方归集的各项收入,由借方结转至"本年利润"账户的贷方,结转后本账户无余额。该账户应按其他业务的种类开设明细分类账户,进行明细分类核算。

3. "主营业务成本"账户

该账户是损益类账户,用来核算和监督企业已销售产品的实际生产成本。该账户的借方登记已销售产品、提供劳务的实际成本数;贷方登记应冲减的销售成本和期末转入"本年利润"账户的已售产品成本的结转数;期末结转后无余额。该账户应按销售产品的类别或品种开设明细分类账户,进行明细分类核算。

4. "其他业务成本"账户

该账户是损益类账户,用来核算和监督企业除主营业务成本以外的其他销售或其他业务所发生的支出,如材料销售、出租固定资产、出租包装物,以及转让无形资产使用权等所发生的相关成本、费用,以及相关税金及附加等。该账户的借方登记发生的各项其他业务成本;贷方登记期末转入"本年利润"账户的结转数;期末结转后无余额。该账户应按其他业务的种类开设明细分类账户,进行明细分类核算。

5. "税金及附加"账户

该账户是损益类账户,用来核算和监督企业从事经营活动(包括主营业务和其他业务)应负担的消费税、城市维护建设税和教育费附加等税金及附加。该账户的借方登记企业按规定计算出应缴纳的消费税等税金及附加的数额;贷方登记期末转入"本年利润"账户的数额;期末结转后本账户无余额。该账户应按销售产品的类别或品种开设明细分类账户,进行明细分类核算。

6. "销售费用"账户

该账户是损益类账户,用来核算和监督企业在销售过程中所发生的各项销售费用。如包装费、运输费、装卸费、广告费以及为销售本企业产品而专设的销售机构的经费。该账户借方登记企业发生的各项销售费用,贷方登记期末转入"本年利润"账户的销售费用数额;期末结转后本账户无余额。

7. "应收账款"账户

该账户是资产类账户,用来核算和监督企业因销售产品、提供劳务等业务应向购货单位或接受劳务单位收取的款项。应收账款应于赊销收入实现时(或代垫款项发生时)加以确认。入账价值一般按实际发生额,包括货物或劳务的价款、增值税以及代垫运杂费、包装费等。该账户借方登记企业应向购货单位收取的销货款;贷方登记实际收回的应收货款;期末借方余额表示应收尚未收回的销货款。该账户应按欠款单位设置明细分类账户,进行明细分类核算。

8. "应收票据"账户

该账户是资产类账户,用来核算和监督企业用商业汇票结算方式销售产品而取得的商业汇票。商业汇票按承兑人的不同,可分为商业承兑汇票和银行承兑汇票两种。该账户借方登记企业已收到的商业汇票;贷方登记商业汇票到期收回的票面金额;期末借方余额表示尚未到期的应收票据。企业应设置"应收票据备查簿",逐笔登记每一应收票据。

9. "预收账款"账户

该账户是负债类账户,用来核算和监督企业按照合同规定向购货单位预收的货款。该账户借方登记产品销售实现时应收的货款数;贷方登记企业向购货单位预收的货款数,以及销售实现时购货方补付的货款;期末余额在贷方表示预收货款数,余额在借方表示应收货款数。该账户按预收货款单位设置明细分类账户,进行明细分类核算。

预收账款情况不多的企业,预收的货款也可以通过"应收账款"账户核算,不设置"预收账款"账户。

二、销售业务的核算

销售过程的主要业务包括:销售产品,办理结算,收回货款;支付各种销售费用;计算和缴纳销售税金及附加;计算并结转销售成本等。下面举例说明产品和材料销售业务的核算。

【例 4-28】 宏达公司向某工厂销售甲产品 400 件,每件售价 600 元,计货款 240 000 元,增值税税率为 13%,销项税额 31 200 元,款项收到存入银行。其会计分录为:

借:银行存款 271 200
　　贷:主营业务收入 240 000
　　　　应交税费——应交增值税(销项税额) 31 200

【例 4-29】 宏达公司向乙企业销售甲产品一批,货款为 100 000 元,适用增值税税率为 13%,货款尚未收到,已办妥托收手续,其会计分录为:

借:应收账款——乙企业 113 000
　　贷:主营业务收入 100 000
　　　　应交税费——应交增值税(销项税额) 13 000

10 日后,宏达公司收到乙企业寄来的一份期限为 3 个月的商业承兑汇票,金额为 113 000 元,抵付上述产品的款项。其会计分录为:

借：应收票据	113 000	
贷：应收账款——乙企业		113 000

3个月期满后，应收票据到期收回票面金额113 000元存入银行。其会计分录为：

借：银行存款	113 000	
贷：应收票据		113 000

【例4-30】 宏达公司向A公司销售甲产品一批，按合同规定，A公司先预付20 000元货款。相关会计分录为：

1月10日收到A公司预付的货款20 000元时：

借：银行存款	20 000	
贷：预收账款——A公司		20 000

1月20日发出产品，开出增值税发票，发票上注明价款为20 000元，增值税额为2 600元，共计22 600元，同时原预付货款不足部分A公司以银行存款立即支付。

借：预收账款——A公司	20 000	
银行存款	2 600	
贷：主营业务收入		20 000
应交税费——应交增值税（销项税额）		2 600

【例4-31】 以银行存款支付销售甲产品的广告费7 500元。其会计分录为：

借：销售费用	7 500	
贷：银行存款		7 500

【例4-32】 宏达公司专设销售机构领用A材料5 200元。其会计分录为：

借：销售费用	5 200	
贷：原材料——A材料		5 200

【例4-33】 宏达公司向丙公司赊销售甲产品1 000件，每件售价600元，计货款600 000元，销项税额78 000元。其会计分录为：

借：应收账款	678 000	
贷：主营业务收入		600 000
应交税费——应交增值税（销项税额）		78 000

【例4-34】 宏达公司将多余的B材料对外出售，售价10 000元，销项税额1 300元，货款及税额收到存入银行。该批材料的成本为8 000元。

企业销售原材料、包装物等存货实现的收入作为其他业务收入处理，结转的相关成本作为其他业务成本处理，分别通过"其他业务收入"和"其他业务成本"账户核算。

其会计分录为：

借：银行存款	11 300	
贷：其他业务收入		10 000
应交税费——应交增值税（销项税额）		1 300
借：其他业务成本	8 000	
贷：原材料——B材料		8 000

【例4-35】 缴纳本月应纳增值税。假定宏达公司本月购进货物等支付的增值税进项税额为154 000元，本月销售商品等发生的销项税额为164 900元，本月没有未抵扣的增值税，也没有其他涉及增值税的业务。

本月应交增值税 = 销项税额 − 进项税额 = 164 900 − 154 000 = 10 900（元）

其会计分录为：

借：应交税费——应交增值税（已交税金）　　　　　　　　10 900
　　贷：银行存款　　　　　　　　　　　　　　　　　　　　10 900

【例4-36】 按规定计算出本月应缴纳的城市维护建设税为6 936元，教育费附加4 800元。其会计分录为：

借：税金及附加　　　　　　　　　　　　　　　　　　　　11 736
　　贷：应交税费——应交城市维护建设税　　　　　　　　　6 936
　　　　　　　　——应交教育费附加　　　　　　　　　　　4 800

【例4-37】 计算并结转本月已售甲产品生产成本529 200元。

其会计分录为：

借：主营业务成本——甲产品　　　　　　　　　　　　　　529 200
　　贷：库存商品——甲产品　　　　　　　　　　　　　　　529 200

第六节　财务成果业务的核算

一、财务成果确定的基本方法

财务成果是企业在一定会计期间取得的体现在财务上的最终经营成果，即利润或亏损。它包括营业利润、利润总额和净利润。

营业利润 = 营业收入 − 营业成本 − 税金及附加 − 销售费用 − 管理费用 − 财务费用 − 资产减值损失 + 公允价值变动收益（或 − 公允价值变动损失）+ 投资收益（或 − 投资损失）

利润总额 = 营业利润 + 营业外收入 − 营业外支出

净利润 = 利润总额 − 所得税费用

营业收入是指企业经营业务所确认的收入总额，包括主营业务收入和其他业务收入；营业成本是指企业经营业务所发生的实际成本总额，包括主营业务成本和其他业务成本；资产减值损失是指企业计提各项资产减值准备所形成的损失；公允价值变动收益（或损失）是指按规定采用公允价值对有关资产、负债进行计量的情况下，由于交易性金融资产等公允价值变动形成的应计入当期损益的利得或损失。投资收益（或损失）指企业对外投资所得的收益（或发生的损失）。

营业外收入是指企业发生的与其日常活动无直接关系的各项利得；营业外支出是指企业发生的与其日常活动无直接关系的各项损失。

所得税费用是指企业确认的应从当期利润总额中扣除的所得税费用。企业通过自身的生产经营活动获得利润，并应按国家税法规定缴纳所得税，所得税费用作为企业所得的一种耗费，遵循收入与费用配比原则，应计入当期的损益。因此，企业净利润是指利润总额扣减所得税后的数额。

二、直接计入当期利润的利得和损失的核算

直接计入当期利润的利得和损失，是指应当计入当期损益、最终会引起所有者权益发生增减变动的、与所有者投入资本或者向所有者分配利润无关的利得或者损失，通常通过"营业外收入""营业外支出"等账户核算。

营业外收入是指企业非日常活动产生的，应计入当期损益的利得。营业外收入主要包括非流动资产处置利得、非货币性资产交换利得、债务重组利得、政府补助、盘盈利得、捐赠利得等。

营业外支出是指企业非日常活动产生的，应计入当期损益的损失。营业外支出主要包括非流动资产处置损失、非货币性资产交换损失、债务重组损失、公益性捐赠支出、非常损失、盘亏损失等。

1. "营业外收入"账户

该账户是损益类账户，借方登记期末转入"本年利润"账户的营业外收入数，贷方登记营业外收入的增加数，期末结转后无余额。该账户应按收入项目设置明细分类账户，进行明细分类核算。

2. "营业外支出"账户

该账户是损益类账户，借方登记营业外支出的发生数，贷方登记期末转入"本年利润"账户的营业外支出数，期末结转后无余额。该账户应按支出项目设置明细分类账户，进行明细分类核算。

下面举例说明直接计入当期利润的利得和损失的核算。

【例4-38】宏达公司因生产环保产品，收到政府补助款20 000元，存入开户银行。其会计分录为：

借：银行存款　　　　　　　　　　　　　　　　　　　　　　　　20 000
　　贷：营业外收入　　　　　　　　　　　　　　　　　　　　　　20 000

【例4-39】宏达公司将确实无法支付的应付款项12 000元转作营业外收入。其会计分录为：

借：应付账款　　　　　　　　　　　　　　　　　　　　　　　　12 000
　　贷：营业外收入　　　　　　　　　　　　　　　　　　　　　　12 000

【例4-40】宏达公司用银行存款25 000元向希望工程捐款。其会计分录为：

借：营业外支出　　　　　　　　　　　　　　　　　　　　　　　25 000
　　贷：银行存款　　　　　　　　　　　　　　　　　　　　　　　25 000

【例4-41】宏达公司用银行存款支付税款滞纳金10 000元。其会计分录为：

借：营业外支出　　　　　　　　　　　　　　　　　　　　　　　10 000
　　贷：银行存款　　　　　　　　　　　　　　　　　　　　　　　10 000

三、所得税费用的核算

按照税法的规定,企业在一定时期内获得的利润,一般需要缴纳所得税。所得税是以企业的利润为课税对象的。一般说来,有利润课税,无利润则不课税。税务机关确定企业在一定时期内应缴纳的所得税时,所用的基本计算公式是

$$应交所得税额 = 应纳税所得额 \times 所得税税率$$

$$应纳税所得额 = 税前会计利润总额 \pm 纳税调整项目$$

企业的会计核算与税收处理分别服务于不同的目标,遵循不同的原则,使得企业按照会计准则确定的收入、利得和费用、损失与税法规定的纳税收入不等,如企业购买国债券的利息收入,企业作为收益入账,并计入了利润总额,而税收规定企业购买国债的利息收入可免征所得税,不计入纳税收入总额。上述原因,使得企业的利润总额与应纳税所得额在数量上不等,从而也导致了企业从当期利润总额中扣除的所得税费用与按照税费规定计算的应交所得税在数量上不等。因此,一般需要在税前利润的基础上做适当的调整,才能确定应纳税所得额。

"所得税费用"账户,属于损益类账户,用以核算和监督企业所得税费用。该账户借方登记所得税费用的发生额,贷方登记期末转入"本年利润"账户的所得税费用,期末结转后无余额。

【例4-42】 12月31日,宏达公司本期实现利润总额356 400元,该公司适用的所得税税率为25%,假定不存在纳税调整项目。

其会计分录为:

借:所得税费用　　　　　　　　　　　　　　　　　　　　　　　89 100
　　贷:应交税费——应交所得税　　　　　　　　　　　　　　　　89 100

【例4-43】 用银行存款交纳本期的所得税89 100元。其会计分录为:

借:应交税费——应交所得税　　　　　　　　　　　　　　　　　89 100
　　贷:银行存款　　　　　　　　　　　　　　　　　　　　　　　89 100

【例4-44】 将本年所得税费用进行结转。其会计分录为:

借:本年利润　　　　　　　　　　　　　　　　　　　　　　　　89 100
　　贷:所得税费用　　　　　　　　　　　　　　　　　　　　　　89 100

四、利润形成和利润分配的核算

(一)利润形成的核算

利润是企业一定期间内所取得的经营成果。它是将一定期间的各项收入与各项费用支出相抵后形成的最终经营成果。一定期间的期末,企业应将各项收入、各项费用支出进行结转对比,计算出企业一定期间的利润或亏损总额。

为了反映企业经营成果的形成情况,应设置和运用"本年利润"账户。

"本年利润"账户属于所有者权益类账户,用来核算和监督企业在年度内实现的净利润

或发生的亏损总额。该账户贷方登记"主营业务收入""其他业务收入""营业外收入"等账户的转入数；借方登记"主营业务成本""销售费用""税金及附加""其他业务成本""管理费用""财务费用""营业外支出""所得税费用"等账户的转入数。期末余额若在贷方，表示企业实现的净利润；期末余额若在借方，则表示企业发生的亏损总额。年度终了时，本账户的余额应转入"利润分配"账户，如为实现的净利润，应从该账户的借方转入"利润分配"账户的贷方，如为亏损，应从该账户的贷方转入"利润分配"账户的借方，结转后年终无余额。

【例 4-45】 12 月 31 日，将本月主营业务收入 960 000 元、其他业务收入 10 000 元、营业外收入 32 000 元转入"本年利润"账户。

其会计分录为：

借：主营业务收入	960 000
其他业务收入	10 000
营业外收入	32 000
贷：本年利润	1 002 000

【例 4-46】 12 月 31 日，将本月主营业务成本 529 200 元、其他业务成本 5 200 元、销售费用 12 764 元、税金及附加 11 736 元、管理费用 40 700 元、财务费用 11 000 元、营业外支出 35 000 元转入本年利润账户。

借：本年利润	645 600
贷：主营业务成本	529 200
其他业务成本	5 200
销售费用	12 764
税金及附加	11 736
管理费用	40 700
财务费用	11 000
营业外支出	35 000

（二）利润分配的核算

利润分配是指企业按照国家有关规定和企业章程、投资者协议等，对企业当年可供分配的利润所进行的分配。根据公司法的有关规定，企业对实现的净利润分配（或亏损弥补），应按下列顺序进行分配：弥补以前年度亏损；提取法定盈余公积金；向投资者分配利润。经过分配仍有余额，属于未分配利润，是企业留存收益的重要内容。

可供分配的利润＝当年实现的净利润＋年初未分配利润（或－年初未弥补亏损）＋其他转入

盈余公积是指企业按规定从净利润中提取的企业积累资金。公司制企业的盈余公积包括法定盈余公积和任意盈余公积。按照《公司法》有关规定，公司制企业应按照净利润（减弥补以前年度亏损）的 10%提取法定盈余公积。非公司制企业法定盈余公积的提取比例可超过净利润的 10%；公司制企业可根据股东大会的决议提取任意盈余公积。非公司制企业经类似权力机构批准，也可提取任意盈余公积。

未分配利润是经过弥补亏损、提取法定盈余公积、提取任意盈余公积和向投资者分配利润等利润分配后剩余的利润，是企业留待以后年度进行分配的历年结存的利润。

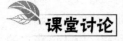

法定盈余公积和任意盈余公积有哪些相同和不同？

为了反映利润分配情况，应设置和运用：利润分配"盈余公积""应付股利"等账户。

（1）"利润分配"账户。该账户是所有者权益类账户，用以核算和监督企业的利润分配情况。该账户借方登记利润的分配数；贷方平时一般无发生额，年末贷方登记从"本年利润"账户借方转入的全年实现的净利润数；平时期末余额在借方，表示累计利润分配数；年末贷方余额为未分配利润，借方余额为未弥补亏损数。该账户应按利润分配去向分别开设明细分类账户，进行明细分类核算。

（2）"盈余公积"账户。该账户是所有者权益类账户，用以核算和监督企业从净利润中提取的盈余公积金。该账户借方登记盈余公积弥补亏损或转增资本金数；贷方登记盈余公积金的提取数；期末余额在贷方，表示盈余公积的实际结存数。

（3）"应付股利（应付利润）"账户。该账户是负债类账户，用以核算和监督企业经董事会或股东大会或类似机构决议确定分配的现金股利或利润。该账户借方登记企业实际支付的现金股利或利润；贷方登记应付股利的增加数；期末余额在贷方，反映企业尚未支付的现金股利或利润。

【例4-47】宏达公司20××年实现净利润267 300元，按10%比例提取法定盈余公积，经批准，提取任意盈余公积20 000元。其会计分录为：

借：利润分配——提取法定盈余公积 26 730
　　　　　——提取任意盈余公积 20 000
　贷：盈余公积——法定盈余公积 26 730
　　　　　——任意盈余公积 20 000

【例4-48】经过股东大会决定，宏达公司将15 000元的利润分给投资者。其会计分录为：

借：利润分配——向投资者分配利润 15 000
　贷：应付股利（应付利润） 15 000

【例4-49】宏达公司用银行存款实际支付给投资者分配的利润15 000元。其会计分录为：

借：应付股利（或应付利润） 15 000
　贷：银行存款 15 000

【例4-50】12月31日，结转全年实现的净利润267 300元。宏达公司应将全年实现的净利润转入"利润分配"账户，计算企业未分配利润。其会计分录为：

借：本年利润 267 300
　贷：利润分配——未分配利润 267 300

【本章小结】

　　制造企业的经济业务主要包括资金筹集、生产准备、产品生产、产品销售、财务成果等经济业务。本章介绍了各种经济业务发生后应设置的账户及其相互之间的对应关系。

　　开展正常的生产经营活动，每一个企业都必须拥有一定数量的资金，作为企业资金筹集业务主要向银行借款和接受投资投入取得。企业购买固定资产、材料物资，与供货单位的货款结算等业务形成了企业的采购业务。产品的生产过程即为产品的制造过程，企业发生的生产费用，不论发生在何处，都要归集和分配到一定种类的产品上，形成各种产品的成本，即产品的生产成本或制造成本。产品销售业务主要是销售产品、办理结算、收回货款、支付各种销售费用、计算和缴纳销售税金等业务。利润的形成、所得税的计算及缴纳以及据利润分配等业务形成了企业财务成果业务。

　　运用借贷记账法的基本原理，对制造企业供产销活动中的主要经济业务进行会计核算。制造企业在生产经营过程中设置的主要账户及其账户的实际运用，材料采购成本、产品生产成本和销售成本的计算等。

【自 测 题】

一、客观题

二、主观题

（一）思考题

1. 简述采购材料成本的构成。
2. 什么是产品生产成本？其构成项目有哪些？
3. 什么是营业外收入和营业外支出？它们各自包括哪些内容？
4. 产品成本计算一般应遵循什么程序？
5. 什么是期间费用？期间费用包括哪些费用？
6. 怎样计算企业的净利润？
7. 试述利润分配的顺序。

（二）计算题

1. 目的：练习材料采购成本的计算。

资料：（1）购进下列原材料，增值税税率13%，已验收入库，货款已付。

甲材料	1 600 千克	单价 10 元	计 16 000 元
乙材料	800 千克	单 16 元	计 12 800 元
应交增值税	3 744 元	合计	32 544 元

（2）以银行存款支付上述材料运费480元；以现金支付运达仓库的装卸费240元。

要求：

（1）列出运费和装卸费按材料重量比例分配的算式。

（2）根据上列材料采购经济业务，分别计算甲和乙两种材料的采购总成本与单位成本。

2. 目的：练习制造费用的计算。

资料：大地公司某月生产甲、乙两种产品，甲产品期初在产品成本为72 550元。本月发生材料费146 000元，生产工人工资67 500元，月末在产品成本为25 000元，完工产品数量200件；乙产品没有期初在产品，本月发生材料费84 528元，生产工人工资44 800元，月末没有在产品，完工产品数量500件，本月共发生制造费用336 900元（按生产工人工资比例分配）。

要求：根据以上所给的资料，计算下列各项指标（列出计算过程）。

（1）计算制造费用分配率＝

（2）计算甲产品应负担的制造费用＝

（3）计算乙产品应负担的制造费用＝

（4）计算甲产品的总成本＝

（5）计算乙产品的单位成本＝

（三）业务处理题

1. 目的：练习材料采购业务的核算。

资料：某企业20××年9月发生的经济业务如下：

（1）向吉利工厂购入A材料8 000千克，单价12元，取得的增值税专用发票上注明买价96 000元，增值税进项税12 480元，发生的运杂费2 000元，A材料已验收入库，所有款项均以银行存款支付。

（2）向新兴工厂购买B材料4 000千克，单价5元，C材料1 000千克，单价15元，取得的增值税专用发票上注明买价35 000元，增值税进项税4 550元，货款及增值税均未支付，B、C两种材料均未到达。

（3）以银行存款支付上述B、C材料的运费300元（按重量分配），B、C材料已到达并验收入库。

（4）某企业以银行存款偿还前欠新兴工厂货款31 080元。

（5）某企业根据合同规定企业预付龙强工厂购买D材料款31 590元。

（6）某企业收到龙强工厂发来预付款购买的D材料3 000千克，单价9元，增值税

3 510 元,材料已验收入库。

要求:编制上述经济业务的会计分录。

2. 目的:练习生产企业生产过程核算和生产成本的计算。

资料:某厂20××年7月发生以下各项经济业务。

(1)生产车间以仓库领用各种原材料进行产品生产。用于生产A产品的甲材料150千克,单价10.50元,乙材料100千克,单价16.50元;用于生产B产品的甲材料120千克,单价10.50元,乙材料80千克,单价16.50元。

(2)结算本月应付职工工资,按用途归集如下:

A产品生产工人工资	50 000元
B产品生产个人工资	40 000元
车间管理人员工资	20 000元
管理部门人员工资	30 000元

(3)计算应付职工福利费19 600元,其中:

A产品生产工人	7 000元
B产品生产工人	5 600元
车间管理人员	2 800元
管理部门人员	4 200元

(4)计提本月固定资产折旧,车间使用的固定资产折旧6 000元,管理部门使用的固定资产折旧3 000元。

(5)以库存现金支付本月应由车间负担的水电费900元。

(6)车间报销办公费及其他零星开支700元,以库存现金支付。

(7)车间管理人员出差,报销差旅费5 600元,原预支6 200元,余额归还现金。

(8)将制造费用总额如数转入"生产成本"账户,并按生产工人工资的比例摊入A、B两种生产成本。

(9)结算本月A、B两种产品的生产成本。本月A产品100件、B产品80件,均已全部制造完成,并已验收入库,按其实际成本入账。

要求:

(1)根据上列产品生产的经济业务编制会计分录。

(2)登记"生产成本""制造费用"总分类账户和"生产成本"明细分类账户。

(3)编制产品生产成本计算表(表4-2)。

表4-2 产品生产成本计算表

成本项目	A产品		B产品	
	总成本(100件)	单位成本	总成本(80件)	单位成本
直接材料 直接人工 制造费用				
产品生产成本				

第四章 制造企业主要经济业务的核算

3. 目的：练习产品销售业务的核算。

资料：某企业20××年9月发生下列销售业务。

（1）销售给五羊公司甲产品40件，单位售价450元；乙产品10件，单位售价390元，增值税2 847元，货款及增值税已存入银行。

（2）以银行存款支付销售甲、乙两种产品运杂费500元。

（3）销售给铁塔公司乙产品20件，单位售价390元，增值税税率13%，用银行存款代垫运杂费180元，货款、增值税额及运杂费均未收到。

（4）预收伟建公司购买甲产品款30 000元存入银行。

（5）以银行存款6 000元支付产品广告费。

（6）向伟建公司销售甲产品60件，单位售价450元，增值税额3 510元，结清原预收款项，将收到退还的510元存入银行。

（7）计算本月应交已售产品消费税1 600元。

（8）结转本月已售甲、乙两种产品的成本，甲产品单位成本280.75元，乙产品单位成本265元。

要求：编制上述经济业务的会计分录。

4. 目的：练习产品利润业务的核算。

资料：某企业20××年12月发生下列有关利润业务。

（1）将本期实现的主营业务收入36 700元、发生的主营业务成本21 430元、税金及附加1 600元、销售费用1 100元、管理费用3 340元、财务费用230元转入"本年利润"账户。

（2）按25%的所得税税率计算并结转本期应交所得税（假设本期无纳税调整项目）。

（3）按税后利润的10%提取法定盈余公积。

（4）决定向投资者分配现金股利4 000元。

要求：编制上述经济业务的会计分录。

5. 目的：综合练习企业主要经营过程核算和成本计算。

资料一：20××年11月30日有关资料如表4-3所示。

表4-3　　　　　　　　　　　20××年11月30日有关资料　　　　　　　　　　单位：元

账户名称	借方余额	账户名称	贷方余额
库存现金	1 300	短期借款	42 900
银行存款	139 200	应付账款	1 000
应收账款	3 000	其他应付款	800
原材料	125 000	应交税费	1 000
库存商品	164 000	实收资本	1 000 000
固定资产	882 000	盈余公积	14 000
利润分配	326 800	本年利润	427 000
		累计折旧	154 600
合计	1 641 300	合计	1 641 300

"库存商品"账户余额 164 000 元,其中:

A 产品 4 000 件　单价 20 元,计 80 000 元。

B 产品 7 000 件　单价 10 元,计 70 000 元。

C 产品 1 000 件　单价 14 元,计 14 000 元。

"应收账款"账户余额 3 000 元系新华厂欠款。

"应付账款"账户余额 1 000 元系八一厂欠款。

资料二:20××年 12 月发生下列经济业务。

(1)仓库发出材料 40 000 元,用于生产 A 产品 21 900 元,B 产品 18 100 元。

(2)仓库发出辅助材料 2 000 元,供车间使用。

(3)从银行存款中提取现金 30 000 元。

(4)以现金支付职工工资 30 000 元。

(5)向光明厂购入甲材料 14 000 元,增值税税率 13%,该厂垫付运杂费 1 000 元,所有款项均以银行存款支付,材料已到达并验收入库,按其实际采购成本转账。

(6)向八一厂购入乙材料 40 000 元,增值税税率 13%,贷款以商业承兑汇票结算。材料尚未到达。

(7)以现金支付上述购入乙材料的搬运费 600 元,材料已到达并验收入库,按其实际采购成本转账。

(8)收到新华厂偿还前欠货款 3 000 元存入银行。

(9)以银行存款支付本月应缴纳的增值税额 1 800 元。

(10)本月职工工资分配如下:

A 产品生产工人工资	10 000 元
B 产品生产工人工资	10 000 元
车间职工工资	3 000 元
管理部门职工工资	1 000 元
合计	24 000 元

(11)计提职工福利费 3 360 元,其中:

A 产品生产工人福利费	1 400 元
B 产品生产工人福利费	1 400 元
车间职工福利费	420 元
管路部门职工福利费	140 元

(12)计提本月固定资产折旧 3 160 元,其中车间使用固定资产折旧 2 380 元,管理部门用固定资产折旧 780 元。

(13)以银行存款支付车间办公用具费用 1 400 元。

(14)将制造费用按生产工人工资比例摊配到 A、B 两种产品成本中。

(15)A 产品已全部完成,共 2 000 件,按其实际生产成本转账。

(16)出售产成品给新华厂,计 A 产品 1 800 件,每件售价 28 元,B 产品 4 400 件,每件售价 14 元，共计售价 112 000 元，增值税税率 13%，货款尚未收到。

（17）结转上述出售产成品生产成本，计 A 产品每件 20 元，B 产品每件 10 元，共计 80 000 元。

（18）用转账支票支付销售产品包装费、装卸费等销售费用 1 100 元。

（19）以银行存款支付临时借款利息 5 000 元。

（20）以银行存款支付本月应计入的管理费用 1 200 元。

（21）按售价计算应交已售产品的消费税 5 600 元。

（22）自然灾害使 A 原材料损坏 300 千克，价值 1 120 元，经上级批准，作为非常损失处理。

（23）将确实无法支付的一笔应付账款 10 000 元转作营业外收入。

（24）出售多余 A 材料 2 000 元,增值税税率 13%，价款存入银行。同时结转该材料的实际成本 1 500 元。

（25）将 12 月各损益账户余额转至本年利润账户，结出 12 月利润。

（26）按 12 月利润总额的 25%计算应交所得税。并将"所得税费用"账户余额转入"本年利润"账户。

（27）按 12 月税后利润 10%提取法定盈余公积

要求：（1）根据以上所发生的经济业务编制会计分录。

（2）根据资料一开设 T 型账户，根据会计分录进行登账。

6. 目的：综合练习企业主要生产经营过程核算。

20××年 5 月某企业发生下列经济业务。

（1）5 日，购入 A 材料 10 000 元，增值税税率 13%，价税款用银行存款支付，材料未到。

（2）7 日，领用 B 材料 28 000 元，用于生产甲产品。

（3）9 日，收回购货单位前欠货款 20 000 元，存入银行。

（4）10 日，销售丙产品一批，价款 28 000 元，增值税税率 13%，款项存入银行。

（5）14 日，以银行存款偿付前欠供应单位款项 30 000 元。

（6）15 日，从银行提取现金 1 000 元。

（7）17 日，以现金购买办公用品 620 元，交行政管理部门使用。

（8）19 日，以银行存款支付行政管理部门电话费 1 000 元。

（9）21 日，从银行提取现金 10 000 元，准备发放工资。

（10）23 日，以现金支付职工工资 10 000 元。

（11）25 日，销售丙产品一批，价款 34 200 元，增值税税率 13%，款项尚未收到。

（12）27 日，以银行存款支付本月水电费 2 400 元，其中车间耗用 2 000 元，管理部门耗用 400 元。

（13）30 日，以转账支票支付销售产品运费及包装费 1 000 元。

（14）31 日，计算分配职工工资总额，其中：生产甲产品工人工资 8 000 元，车间管理人员工资 2 000 元，行政管理部门人员工资 1 400 元。

（15）31 日，计提本月固定资产应计提折旧 8 200 元，其中：车间固定资产应计提折旧 6 600 元，管理部门固定资产应计折旧 1 600 元。

（16）31 日，预提应由本月负担的短期借款利息 500 元。

（17）31 日，以银行存款支付本月管理费用 4 100 元。

（18）31 日，用银行存款支付滞纳金 900 元。

（19）31 日，结转本月制造费用 10 600 元。

（20）31 日，结转完工甲产品生产成本 46 600 元。

（21）31 日，结转本月销售丙产品的生产成本 34 100 元。

（22）31 日，计算本月应交消费税 3 110 元。

（23）31 日，将各损益账户余额转入"本年利润"账户。

（24）31 日，按利润总额 25% 计算应交所得税，并进行结转。

（25）31 日，将"本年利润"账户余额转入"利润分配"账户。

（26）31 日，将税后利润 10% 提取法定盈余公积。

要求：

（1）根据上述资料编制 5 月份会计分录。

（2）计算 5 月份利润总额、所得税费用和净利润。

（3）填制某企业利润表（表 4-4）。

表 4-4　　　　　　　　　　　　　利　润　表

填制单位：某企业　　　　　　　　20××年 5 月　　　　　　　　　　　　单位：元

项目	金额
一、营业收入	
减：营业成本	
税金及附加	
销售费用	
管理费用	
财务费用	
二、营业利润	
加：营业外收入	
减：营业外支出	
三、利润总额	
减：所得税费用	
四、净利润	

（四）案例题

案例 1：张兴原在某事业单位任职，月薪 2 500 元，2011 年初张兴辞去公职，投资 100 000 元（该 100 000 元为个人从银行借入的款项，年利率 4%）开办了一家公司，从事餐饮服务业务。该公司开业一年来，有关收支项目的发生情况如下：

（1）餐饮收入 420 000 元。
（2）出租场地的租金收入 50 000 元。
（3）兼营小食品零售业务收入 32 000 元。
（4）各种饮食品的成本 260 000 元。
（5）支付各种税金 21 000 元。
（6）支付雇员工资 145 000 元。
（7）购置设备 160 000 元，其中本年应负担该批设备的磨损成本 40 000 元。
（8）张兴的个人支出 20 000 元。

要求：确定该公司的经营成果并应用你掌握的会计知识评价张兴的辞职是否合适。

案例 2：宏达公司出纳员小李因为刚参加工作不久，对于货币资金业务管理和核算的相关规定不甚了解，所以出现一些不应有的错误，有两件事情让他印象深刻，至今记忆犹新。第一件事是在 2012 年 6 月 8 日和 10 日两天的现金业务结束后例行的现金清查中，分别发现现金短缺 50 元和现金溢余 20 元的情况，对此他经过反复思考也弄不明白原因。为了保全自己的面子和息事宁人，同时又考虑到两次账实不符的金额很小，他决定采取下列办法进行处理：现金短缺 50 元。自掏腰包补齐；现金溢余 20 元，暂时收起。第二件事是宏达公司经常对其银行存款的实有额心中无数，甚至有时会影响到公司日常业务的结算，公司经理因此指派有关人员检查一下小李的工作，结果发现，他每次编制银行存款余额调节表时，只根据公司银行存款日记账的余额加或减对账单中企业的未入账款项来确定公司银行存款的实有数而且每次做完此项工作以后，小李就立即将这些未入账的款项登记入账。

问题：（1）小李对上述两项业务的处理是否正确？为什么？
（2）你能给出正确答案吗？

案例 3：小李和小刘因毕业实习来到了一家汽车配件企业，正好赶上企业编制年度资产负债表。该企业经理拿来一份刚刚编制完的资产负债表，请小李和小刘评价一下该企业一年来的经营状况。资产负债表的有关数据如（表 4-5）：

表 4-5　　　　　　　　　　　资产负债表的有关数据　　　　　　　　　　　单位：万元

资产	负债和所有者权益	
年初资产总额：3 100	年初负债总额：10 40	年初所有者权益总额：2 060
其中：流动资产 1 100	其中：流动负债 300	其中：实收资本 1 800
非流动资产 2000	非流动负债：740	留存收益：260

该企业经过一年的经营，年末资产负债表的有关数据如下：
年末资产总额：3 300 万元。其中：流动资产 1 300 万元；非流动资产 2 000 万元。
年末负债总额：1 400 万元。其中：流动负债 660 万元；非流动负债：740 万元。

小刘看了一眼马上说，该企业这一年经营不错，资产总额由年初 3 100 万元增加到了 3 300 万元。

小李看了一会儿说，该企业今年经营不好，亏损了 160 万元。

要求：请你根据资产负债表的主要数据，分析一下小刘和小李的评价为什么截然不同。

第五章 会计凭证

 学习目标

通过本章学习,应达到以下学习目标:
1. 了解会计凭证的含义、会计凭证的传递和保管;
2. 理解填制和审核会计凭证的意义;
3. 熟悉会计凭证的种类和基本内容;
4. 掌握原始凭证和记账凭证的填制与审核。

 引导案例

李萧学习基础会计后,对表姐的小商店发生的经济业务进行会计记录,他将以下经济业务涉及的原始凭证进行分类整理,并编制了通用记账凭证。

20××年5月发生的经济业务如下:
(1) 10日,投入本金10 000元,向朋友借入5 000元,已存入开户银行。
(2) 20日,进货一批,通过开户银行支付货款1 200元。
(3) 25日,将货物销售,共得货款2 000元。
(4) 27日,又进货一批,成本5 000元,货款未付。
(5) 28日,销售货物,货款7 000元,尚未收到。

上述经济业务发生应取得哪些原始凭证(单据)?李萧为什么要使用通用记账凭证?这些内容将在本章中得到解答。

第一节 会计凭证概述

一、填制和审核会计凭证的意义

会计凭证简称凭证,是用来记录经济业务、明确经济责任的书面证明,也是登记账簿的依据。填制和审核会计凭证,是会计工作的开始,也是对经济业务进行日常监督的重要环节。

填制和审核会计凭证是会计核算工作的起点,是会计核算的基础工作,也是会计核算的基本方法之一。会计主体在办理每一项经济业务时都必须有单据证明。例如,出纳人员凭单据收付库存现金或银行存款,保管人员凭单据收、发材料物资和库存商品,会计人员凭单据登记有关账簿。只有做到收有凭、付有据，才能避免出现收支不清、手续不齐的现象。这种单据就是法律上具有证明效力的会计凭证。因此，各单位每发生一项经济业务，必须由执行或完成该项业务的有关人员填制或取得会计凭证，记录经济业务发生的日期、数量、金额等具体内容，并在会计凭证上签名或盖章，从而明确经济责任。所有会计凭证在填制或取得后，必须送交会计部门进行审核。只有经过审核无误的会计凭证，才能作为登记会计账簿的依据。会计凭证的填制和审核，对于完成会计任务，发挥会计在经济管理中的作用，具有十分重要的意义。

会计凭证的作用主要表现在以下方面。

（一）会计凭证是提供原始资料、传递经济信息的工具

会计信息是经济信息的重要组成部分。它一般是通过数据，以凭证、账簿、报表等形式反映出来。会计凭证是记录经济活动的最原始资料，是经济信息的载体。通过对会计凭证进行加工、整理，生成新的会计信息，并且在会计主体内部各部门、各单位之间进行传递，从而保证它们的正常运转，更好地为经济管理服务；同时，还可以为会计分析和会计检查提供基础资料。

（二）会计凭证是登记账簿的依据

在会计工作中，会计核算应当以实际发生的经济业务为依据，而这些实际发生的经济业务是由会计凭证记录的。会计主体发生的任何一项经济业务，都必须填制会计凭证，以如实记录经济业务的内容、数量和金额，并且只有经过审核无误的会计凭证，才能作为登记账簿的依据。因此，做好会计凭证的填制和审核工作，是保证会计账簿资料真实性、正确性的重要条件。

（三）会计凭证是加强经济责任制的手段

由于会计凭证记录了经济业务的内容，并且由有关部门和人员签章，这就要求有关部门和有关人员对经济活动的真实性、正确性、合法性负责。当会计主体发生违法活动或经济纠纷时，可以借助会计凭证确定各经办部门和人员的经济责任，并据以进行正确的裁决和处理，以加强经济管理的岗位责任制。

（四）会计凭证是实施会计监督的资料

通过对会计凭证进行严格的审核，可以监督各项经济业务是否符合法规、制度的规定，可以及时发现经济管理中存在的问题和管理制度上存在的漏洞，从而发挥会计监督的作用，以保护会计主体的资产安全、完整，维护投资者、债权人和有关各方的合法权益。

二、会计凭证的种类

会计凭证按照其填制程序和用途不同，可分为原始凭证和记账凭证两大类。

（一）原始凭证

原始凭证又称单据，是指在经济业务发生或完成时取得或填制的，用以证明经济业务

的发生或完成情况，并作为记账原始依据的会计凭证。《会计法》规定，各单位在办理经济业务时，必须填制或取得原始凭证并及时送交会计机构。

由于每项经济业务都要填制或取得原始凭证，不同类型的经济业务所采用的原始凭证各不相同，因此原始凭证的种类是多样的，原始凭证的分类如下。

1. 原始凭证按其取得的来源不同分类

原始凭证按其取得的来源不同，可以分为自制原始凭证和外来原始凭证。

（1）自制原始凭证。自制原始凭证是由本单位业务经办人员，在执行或完成某项业务时，按照经济业务的内容自行填制的原始凭证。例如，领用材料时填制的领料单、材料入库时填制的收料单、会计部门计提固定资产的固定资产折旧计算表等。

"领料单"如表 5-1 所示，"固定资产折旧计算表"如表 5-2 所示。

表 5-1　　　　　　　　　　　　（企业名称）

领料单位：　　　　　　　　　　领　料　单　　　　　　　　　　编号：
用　　途：　　　　　　　　　　年　　月　　日　　　　　　　　仓库：

材料类别	材料编号	材料名称	规格	计量单位	数量		单价	金额
					请领	实发		

仓库保管员：　　　　发料：　　　　领料单位负责人：　　　　领料：

表 5-2　　　　　　　　　　　（企业名称）
固定资产折旧计算表
20××年 12月 31日　　　　　　　　　　　　　　　单位：元

项目		月初原值	月折旧率	月折旧额
甲车间	机器设备	230 000	1.10%	2 530
	房屋	200 000	0.30%	600
	小计	**430 000**	—	**3 130**
乙车间	机器设备	250 000	1.10%	2 750
	房屋	200 000	0.30%	600
	小计	**450 000**	—	**3 350**
管理部门		210 000	0.30%	630
合计		**990 000**	—	**7 110**

会计主管：　　　　复核：　　　　记账：　　　　制单：

（2）外来原始凭证。外来原始凭证是指在经济业务发生或完成时从其他单位或个人取得的原始凭证。例如，从销货单位取得的发票、银行收款通知、银行付款通知、上缴税金的收据等。"增值税专用发票"如表 5-3 所示。

2. 原始凭证按其填制方法的不同分类

原始凭证按其填制方法的不同，可分为一次凭证、累计凭证和汇总原始凭证。

表 5-3

增值税专用发票

（1）一次凭证。一次凭证是指只反映一项经济业务，或者同时反映若干项同类性质的经济业务，其填制手续是一次完成的原始凭证。绝大多数自制原始凭证和外来原始凭证都是一次凭证。例如，发票、收据、产品入库单、收料单等。"收据"如表5-4所示。

表 5-4

收　据

（2）累计凭证。累计凭证是指在一定时期内连续记载若干项同类经济业务的会计凭证，其填制手续是随着经济业务发生而分次进行的。如"限额领料单"，如表5-5所示。

表 5-5　　　　　　　　　　　限额领料单

领料单位：　　　　　　　　　　　　　　　　　　　　　　　　编号：
用　途：　　　　　　　　　　年　月　　　　　　　　　　　仓库：

材料类别	材料编号	材料名称	计量单位	领料限额	实际领用	单价	金额	备注
日期	请领		实发			限额结余	退库	
	数量	签章	数量	发料	领料		数量	退库
合计								

供应部门负责人：　　　　　　生产计划部门负责人：　　　　　　仓库负责人：

限额领料单按材料品种规格开设，一个月一张，月末汇总后根据其累计数记账。

（3）汇总原始凭证。汇总原始凭证是指在一定时期内将若干份记录同类经济业务的原始凭证汇总编制的，用以集中反映某项经济业务发生情况的原始凭证。汇总原始凭证所汇总的内容，只能是同类经济业务，不能汇总两类或两类以上的经济业务。例如，月末根据月份内所有领料单汇总编制的领料单汇总表（发出材料汇总表），就是汇总原始凭证。"领料单汇总表"如表 5-6 所示。汇总原始凭证可以简化编制记账凭证的手续，但它本身不具有法律效力。

表 5-6

（企业名称）
领料单汇总表
年　　月

用途（借方科目）	上旬	中旬	下旬	月计
生产成本 　　A 产品 　　B 产品 制造费用 管理费用				
本月领料合计				

（二）记账凭证

记账凭证是会计人员根据审核无误的原始凭证，按照经济业务的内容加以归类整理而编制，用于确定会计分录的凭证，是登记账簿的直接依据。

我们知道，每一笔经济业务发生后，会计人员都要根据经济业务的内容和所引起的会计账户的增减变动，编制会计分录，列示应借、应贷账户的名称和金额，作为登记账簿的依据。在实际会计工作中，会计分录是填写在专门的表单中，这种表单就是记账凭证，即记账凭证是会计分录的载体。由于原始凭证的内容和格式不一，直接根据原始凭证登记账簿容易发生差错，所以在记账前，要根据原始凭证编制记账凭证，并将原始凭证作为记账凭证的附件，然后根据记账凭证登记账簿。这样既便于登记账簿，又可防止差错，保证账簿记录的正确性。记账凭证与原始凭证的本质区别就在于记账凭证上载有会计分录。

记账凭证可按照以下不同标志进行分类。

1. 记账凭证按照用途不同分类

记账凭证按照用途不同，可以分为专用记账凭证和通用记账凭证两类。

（1）专用记账凭证。专用记账凭证是用来专门记录某一类经济业务的记账凭证。专用记账凭证按其记录的经济业务是否与货币资金的收付有关，可分为收款凭证、付款凭证和转账凭证三种。

收款凭证是用来记录库存现金和银行存款等货币资金收款业务的凭证，它是根据库存现金和银行存款收款业务的原始凭证填制。收款凭证的格式如表 5-7 所示。

付款凭证是用来记录库存现金和银行存款等货币资金付款业务的凭证，它是根据库存现金和银行存款付款业务的原始凭证填制。付款凭证的格式如表 5-8 所示。

表 5-7 收 款 凭 证

借方科目：　　　　　　　　　　　年　月　日　　　　　　　　　　收字第　　号

摘要	贷方科目		记账	金额	附件
	一级科目	二级或明细科目			
					张
合计					

会计主管：　　　　　记账：　　　　　出纳：　　　　　审核：　　　　　制单：

表 5-8 付 款 凭 证

贷方科目：　　　　　　　　　　　年　月　日　　　　　　　　　　付字第　　号

摘要	借方科目		记账	金额	附件
	一级科目	二级或明细科目			
					张
合计					

会计主管：　　　　　记账：　　　　　出纳：　　　　　审核：　　　　　制单：

需要指出的是，按照惯例，对于库存现金、银行存款和其他货币资金之间的收付业务（相互划转业务），如从银行提取库存现金、把库存现金送存银行、开设外埠存款账户等，为避免重复记账，只编制付款凭证，而不再编制收款凭证。

收款凭证和付款凭证是用来记录货币资金收付业务的凭证，是登记库存现金日记账、银行存款日记账、明细分类账及总分类账等账簿的依据，也是出纳人员收付款的依据。出纳人员不能依据库存现金、银行存款收付业务的原始凭证收付款项，必须依据会计主管人员或指定人员审核无误的收款凭证和付款凭证收付款项，以加强对货币资金的管理。

转账凭证是用来记录与库存现金、银行存款等货币资金收付业务无关的转账业务的凭证。也就是在经济业务发生时不需要收付库存现金和银行存款的各项业务就是转账业务，应填制转账凭证。转账凭证的格式如表 5-9 所示。

表 5-9 转 账 凭 证

　　　　　　　　　　　　　　　　　年　月　日　　　　　　　　　　转字第　　号

摘要	会计科目		记账	借方金额	贷方金额	附件
	一级科目	二级或明细科目				
						张
合计						

会计主管：　　　　　记账：　　　　　审核：　　　　　制单：

转账凭证是登记总分类账及明细分类账的依据。

（2）通用记账凭证。通用记账凭证是用来反映所有经济业务的记账凭证。在经济业务较少的单位，为简化记账凭证，可以使用通用记账凭证，记录发生的各种经济业务。通用记账凭证的格式一般和转账凭证相同。通用记账凭证的具体格式如表 5-10 所示。

表 5-10 　　　　　　　　　　记　账　凭　证

　　　　　　　　　　　　　　　　年　　月　　日　　　　　　　　转字第　　　号

摘要	会计科目		记账	借方金额	贷方金额	附件
	一级科目	二级或明细科目				
						张

会计主管：　　　　记账：　　　　出纳：　　　　审核：　　　　制单：

2. 记账凭证按其包含会计科目的数目不同分类

记账凭证按其包含会计科目的数目不同，可以分为单式记账凭证和复式记账凭证。

单式记账凭证是在一张记账凭证上只填列每笔会计分录中的一方科目，其对应科目只做参考，不据以记账。填列借方科目的称为借项记账凭证，填列贷方科目的称为贷项记账凭证。这样，每笔会计分录至少要填列两张单式记账凭证，用编号将其联系起来，以便查对。

设置单式记账凭证的目的，主要是便于汇总计算每一个会计科目的发生额，便于分工记账；但由于凭证张数多，不易保管，填制凭证的工作量较大，故使用的单位较少。单式记账凭证的一般格式如表 5-11、表 5-12 所示。

表 5-11 　　　　　　　　　　（企业名称）
　　　　　　　　　　　　　　　借项记账凭证

对应科目：银行存款　　　　20××年 3 月 15 日　　　　　　　编号 $1\frac{1}{2}$

摘要	一级科目	二级或明细科目	金　额	记　账	附件壹张
企业购入原料	原材料	丙材料	67 000	√	

会计主管：　　　　记账：　　　　复核：　　　　出纳：　　　　填制：

表 5-12 　　　　　　　　　　（企业名称）
　　　　　　　　　　　　　　　贷项记账凭证

对应科目：原材料　　　　　20××年 3 月 15 日　　　　　　　编号 $1\frac{2}{2}$

摘要	一级科目	二级或明细科目	金额	记账	附件壹张
企业购入原料	银行存款		67 000	√	

会计主管：　　　　记账：　　　　复核：　　　　出纳：　　　　填制：

复式记账凭证是在一张凭证上完整地列出每笔会计分录所涉及的全部科目。上述专用记账凭证和通用记账凭证均为复式记账凭证。复式记账凭证的优点是在一张凭证上就能完整地反映一笔经济业务的全貌，且填写方便、附件集中，便于查账。其缺点是不便于分工记账及会计科目的汇总。

3. 记账凭证按其是否经过汇总进行分类

记账凭证按其是否经过汇总进行分类，分为非汇总记账凭证和汇总记账凭证。

（1）非汇总记账凭证。非汇总记账凭证是没有经过汇总的记账凭证，前面介绍的收款凭证、付款凭证、转账凭证以及通用记账凭证都是非汇总记账凭证。

（2）汇总记账凭证。汇总记账凭证是根据一定时期内同类非汇总记账凭证，定期汇总而重新编制的记账凭证。其目的是简化登记总分类账的手续。汇总记账凭证按汇总方法不同，可以分为分类汇总凭证和全部汇总凭证两种。

分类汇总凭证是根据一定时期内的记账凭证按其种类分别汇总编制的。例如，根据收款凭证汇总编制的"库存现金汇总收款凭证"和"银行存款汇总收款凭证"；根据付款凭证汇总填制的"库存现金汇总付款凭证"和"银行存款汇总付款凭证"；根据转账凭证汇总编制的"汇总转账凭证"。分类汇总记账凭证的格式如表5-13至表5-15所示。

表 5-13　　　　　　　　　　　汇总收款凭证

借方科目：　　　　　　　　　　　　　　　　　　　　　　　汇收字第　　号

贷方科目	金额			合计	总账页数	
	1—10日 第 号至第 号	11—20日 第 号至第 号	21—30日 第 号至第 号		借方	贷方

会计主管：　　　　　　记账：　　　　　　复核：　　　　　　制单：

表 5-14　　　　　　　　　　　汇总付款凭证

贷方科目：　　　　　　　　　　　　　　　　　　　　　　　汇付字第　　号

借方科目	金额			合计	总账页数	
	1—10日 第 号至第 号	11—20日 第 号至第 号	21—30日 第 号至第 号		借方	贷方

会计主管：　　　　　　记账：　　　　　　复核：　　　　　　制单：

表 5-15　　　　　　　　　　　汇总转账凭证

贷方科目：　　　　　　　　　　　　　　　　　　　　　　　汇转字第　　号

借方科目	金额			合计	总账页数	
	1—10日 第 号至第 号	11—20日 第 号至第 号	21—30日 第 号至第 号		借方	贷方

会计主管：　　　　　　记账：　　　　　　复核：　　　　　　制单：

全部汇总凭证是根据一定期间的记账凭证全部汇总填制的，如"科目汇总表"，如表 5-16 所示。

表 5-16   科目汇总表
                             年   月   第   号

会计科目	总账页数	本期发生额		记账凭证起讫号数
		借方	贷方	
库存现金				
银行存款				
原材料				
生产成本				
应付账款				
应交税费				
实收资本				
主营业务收入				
主营业务成本				
……				
合　　计				

会计主管：   记账：   复核：   制单：

会计凭证的种类可归纳如图 5-1 所示。

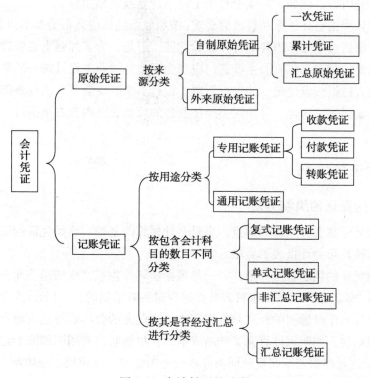

图 5-1　会计凭证的种类

第二节 原始凭证

一、原始凭证的基本内容

由于各项经济业务的内容及经济管理的要求不同，各种原始凭证所记录的经济业务是多种多样的，每一原始凭证所包含的具体内容也不尽相同。例如，领料单是记录领用材料的情况，产品入库单是记录验收入库产成品的情况。但是，所有原始凭证必须详细载明有关经济业务的发生或完成情况，必须明确经办单位和人员的经济责任。因此，各种原始凭证都应具备一些共同的基本内容。原始凭证所包含的具备内容，通常称为原始凭证的要素具体如下。

（1）原始凭证的名称。
（2）填制凭证的日期和编号。
（3）接受凭证的单位名称。
（4）经济业务内容、数量、单价和金额等。
（5）填制凭证单位名称和有关人员签章。
（6）对外凭证要盖填对外的公章。

有些原始凭证除包括以上基本内容外，还要满足其他业务部门的管理需要，因此还需要列入一些补充内容。例如，限额领料单上注明计划或定额指标。

各会计主体根据会计核算和管理的要求，按照原始凭证应具备的基本内容和补充内容，即可设计和印刷适合本主体需要的各种原始凭证。但是，为了加强宏观管理，强化监督，堵塞偷税、漏税的漏洞，各有关主管部门应当为同类经济业务设计统一的原始凭证格式。例如，由中国人民银行设计统一的银行汇票、银行本票、支票等，由税务部门设计统一的发货票、收款收据等。这样，可使同类经济业务的原始凭证内容在全国统一，便于加强监督管理。

二、原始凭证的填制

（一）原始凭证的填制方法

填制原始凭证是会计工作的起点，也是会计核算的基础。原始凭证的质量在一定意义上决定了分类核算和会计报表的质量。

自制原始凭证的填制有三种形式：一是根据实际发生或完成的经济业务，由经办人员直接填制，如"领料单"就是由领料人员在领用材料时填制的，"材料入库单"是由材料保管员在材料验收入库时填制的；二是根据有关经济业务的会计账簿记录对有关经济业务加以归类、整理填制，如期末计算完工产品成本时，根据制造费用明细账的记录编制"制造费用分配表"；三是根据若干张反映同类经济业务的原始凭证定期汇总填制，如期末根据多张领料单编制的"领料单汇总表"。

根据所学内容,请举例说明如何根据有关经济业务的会计账簿记录对有关经济业务加以归类、整理而填制原始凭证。

外来原始凭证,虽然是由其他单位或者个人填制,但它同自制原始填制一样,也必须具备证明经济业务完成情况和明确经济责任的内容。

(二)原始凭证的填制要求

《会计法》第十四条规定:"原始凭证记载的各项内容均不得涂改;原始凭证有错误的,应当由出具单位重开或者更正,更正处应当加盖出具单位印章。原始凭证金额有错误的,应当由出具单位重开,不得在原始凭证上更正。"原始凭证作为经济业务的原始证明,填制原始凭证必须符合一定的要求,这些要求可以概括为以下内容。

(1)记录真实。原始凭证上记录的经济业务必须与实际发生的情况相符,不得弄虚作假。原始凭证的填制日期、经济业务的内容和数字要真实,不得匡算、估算和随意填写。从外单位取得的原始凭证如有丢失,应取得原签发单位盖有"财务专用章"的证明,并注明原凭证的号码、所载金额等内容,由经办单位负责人批准后,可代作原始凭证;对于确实无法取得证明的,如火车票、轮船票、飞机票等,可由当事人写出详细情况,由经办单位负责人批准后,也可代作原始凭证。

(2)手续完备。原始凭证的填制手续,必须符合内部牵制原则的要求。凡是填有大写金额和小写金额的原始凭证,大写金额与小写金额必须相符;购买实物的原始凭证,必须有实物的验收证明;支付款项的原始凭证,必须有收款方的收款证明。销货退回时,除填制退货发票外,必须取得对方的收款收据或开户行的汇款凭证,不得以退货发票代替收据;各种借出款项的收据,必须附在记账凭证上,收回借款时,应另开收据或退回收据副本,不得退回原借款收据。经有关部门批准办理的某些特殊业务,应将批准文件作为原始凭证的附件或在凭证上注明批准机关名称、日期和文件字号。

(3)内容齐全。原始凭证中的各项内容必须填列齐全,不得漏填或省略不填,必须有经办人员的签名或盖章,以对凭证的真实性和正确性负责。从外单位取得的原始凭证,必须有填制单位的公章或财务专用章;从个人取得的原始凭证,必须有填制人员的签名或盖章。自制原始凭证必须有经办部门负责人或其指定人员的签名或盖章。对外开出的原始凭证,必须加盖本单位的公章或财务专用章。

(4)书写规范。原始凭证上的文字和数字,要按规定书写,字迹要工整、清晰,易于辨认,不得使用未经国务院颁布的简化字。凭证填写发生错误,应按规定的方法更正,不得任意涂改或刮挖擦补。涉及库存现金和银行存款收付的原始凭证,如收据、发票等,如果填写错误,一律不准更改,并在填错的凭证上加盖"作废"章,并与存根一起保存。

应注意:合计的小写金额前要冠以人民币符号"¥"(用外币计价、结算的凭证,金额前要加注外币符号,如"HK$""US $"等),币值符号与阿拉伯数字之间不得留有空白;

所有以元为单位的阿拉伯数字，除表示单价等情况外，一律填写到角分，无角分的要以"0"补位。汉字大写金额数字，一律用正楷字或行书字书写，如壹、贰、叁、肆、伍、陆、柒、捌、玖、拾、佰、仟、万、亿、元（圆）、角、分、零、整（正）。大写金额最后为"元"的应加写"整"（或"正"）字断尾。阿拉伯金额数字中间有"0"时，汉字大写金额要写"零"字，如￥1 409.50，汉字大写金额应写成"人民币壹仟肆佰零玖元伍角"。阿拉伯金额数字中间连续有几个"0"时，汉字大写金额中可以只写一个"零"字，如￥8 007.64，汉字大写金额应写成"人民币捌仟零柒元陆角肆分"。阿拉伯金额数字万位或元位是"0"，或者数字中间连续有几个"0"，元位也是"0"，但千位、角位不是"0"时，汉字大写金额中可以只写一个"零"字，也可以不写"零"字。如￥7 580.32，应写成"人民币柒仟伍佰捌拾元零叁角贰分"，或者写成"人民币柒仟伍佰捌拾元叁角贰分"。阿拉伯金额数字角位是"0"，而分位不是"0"时，汉字大写金额"元"后面应写"零"字，如￥76 409.02，应写成"人民币柒万陆仟肆佰零玖元零贰分"。

（5）填制及时。所有经办经济业务的有关部门和人员，在经济业务发生或完成时，必须及时填制原始凭证，做到不拖延、不积压，并按规定的程序将其送交会计部门。

（三）原始凭证的填制举例

【例5-1】 20××年1月18日，星辰公司经营科张晓去大连开会，向单位财务科预借差旅费5 000元。张晓填制借款单并请业务主管王威签字后交财务部门办理借款。张晓填制的借款单如表5-17所示。

表5-17　　　　　　　　　　　　星辰公司借款单
部门：经营科　　　　　　　　20××年1月18日　　　　　　　　编号：6-77

借款理由	差旅费			
付款方式	现金√	支票　　开户行：		支票号码：
借款金额	人民币（大写）：伍仟元整			￥：5 000.00
业务部门审批意见	主管部门审批意见		财务部门审批意见	分管厂领导审批意见
同意	王威			

经办人：张晓　　　　借款人：张晓　　　　会计：吴东　　　　出纳：成西

三、原始凭证的审核

为了保证原始凭证内容的真实性和合法性，防止不符合填制要求的原始凭证影响会计信息的质量，各单位会计部门必须对各种原始凭证进行严格的审核。只有经过审核合格的原始凭证，才能作为编制记账凭证和登记账簿的依据。

原始凭证的审核主要从以下三方面进行。

（一）审核原始凭证所反映的经济业务是否合法、合理

根据国家颁布的现行财经法规、财会制度，以及本单位制定的有关规则、预算和计划为依据，审核经济业务是否符合有关规定，有无弄虚作假、违法乱纪、贪污舞弊的行为；

审核经济活动的内容是否符合规定的开支标准，是否履行规定的手续，有无背离经济效益原则和内部控制制度的要求。

（二）审核原始凭证的填制是否符合规定的要求

首先要审核原始凭证是否具备作为合法凭证所必需的基本内容，所有项目是否填写齐全，有关单位和人员是否已签字、盖章；其次要审核凭证中所填列数字的计算是否正确，大、小写金额是否相符，数字和文字是否清晰等。

原始凭证的审核，是一项十分细致而严肃的工作，必须坚持原则、坚持制度、依法办事。在审核中，对于不真实、不合法的原始凭证，会计人员有权不予受理，并向单位负责人报告；对于记载不准确、不完整的原始凭证，会计人员应予以退回，并要求按照国家统一的会计制度的规定更正、补充。

课堂讨论

20××年6月10日，甲公司会计人员张某在办理报销工作中，收到两张乙公司开具的销货发票均有更改迹象：其中一张发票更改了用途；另一张发票更改了金额。两张发票均盖有乙公司的单位印章。张某全部予以报销。

请问：会计人员张某将原始凭证均予以报销的做法是否正确？并说明理由。

第三节 记 账 凭 证

一、记账凭证的基本内容

在实际工作中，记账凭证的种类和格式不尽相同，但作为确定会计分录、登记账簿的依据，必须具备以下基本内容。

（1）记账凭证的名称。
（2）填制凭证的日期和凭证的编号。
（3）经济业务的内容摘要。
（4）会计分录，即应借、应贷会计账户的名称（包括总分类账户和明细分类账户）、借贷方向和金额。
（5）所附原始凭证的张数。
（6）填制单位的名称及有关人员的签章。

二、记账凭证的填制

（一）记账凭证的填制要求

记账凭证在会计资料的形成过程中，起着便于记账、减少差错、保证记账质量的作用，是原始凭证所记载内容向会计账簿传递的重要中间环节。为此，《会计法》规定，记账凭证应当根据经过审核的原始凭证及有关资料编制。记账凭证可以根据每一张原始凭证填制，或者将若干张反映同类经济业务的原始凭证汇总，编制汇总原始凭证，再据以填制记账凭证。

记账凭证的填制除必须符合原始凭证的填制要求外，还应注意以下要求。

（1）准确填写会计分录。根据经济业务的内容，按照统一规定的会计科目填写，不得任意简化或改动，不得只写科目编号，不写科目名称；同时，二级和明细科目也要填列齐全。

（2）不准将不同类型的经济业务合并编制一张记账凭证，以避免科目的对应关系不明确。

（3）摘要应简明扼要。摘要栏应概括地填写经济业务的主要内容。既要防止简而不明，又要避免过于烦琐。

（4）记账凭证应连续编号。每月可按照收款凭证、付款凭证和转账凭证分别编号，从收字第1号、付字第1号和转字第1号编起。若一笔经济业务需填制多张记账凭证，可采用"分数编号法"，即按该项经济业务的记账凭证数量编列分号。例如，某笔经济业务需编制3张转账凭证，该转账凭证的顺序号为7，这3张凭证的编号分别为转字第 $7\frac{1}{3}$ 号、$7\frac{2}{3}$ 号、$7\frac{3}{3}$ 号。每月月末最后一张记账凭证的号旁边要加注"全"字，以免凭证散失。

（5）原始凭证应附在记账凭证后面，并注明张数。除期末结账和更正错误的记账凭证可以不附原始凭证外，其他记账凭证必须附有原始凭证。记账凭证所附的原始凭证必须完整无缺，并在凭证上注明所附原始凭证的张数，以便核对摘要及所编会计分录是否正确无误。若两张或两张以上的记账凭证依据同一原始凭证，则应在未附原始凭证的记账凭证上注明"原始凭证×张，附于第×号凭证之后"，以便复核和查账。

注意：一张原始凭证所列支出需要几个单位共同负担的，应当将其他单位负担的部分，开给对方"原始凭证分割单"进行结算。原始凭证分割单必须具备原始凭证的基本内容：凭证名称、填制凭证日期、填制凭证单位名称或填制人姓名、经办人的签名或者盖章、接受凭证单位名称、经济业务内容、数量、单价、金额和费用分摊情况等。

（二）记账凭证的填制方法

1. 专用记账凭证的填制方法

（1）收款凭证的填制方法。在收款凭证左上方所填列的借方科目，应是"库存现金"或"银行存款"科目；日期填写的是编制本凭证的日期；右上角的编号填写本凭证的顺序号；摘要是对所记录的经济业务内容的简要说明；在收款凭证内所反映的贷方科目，应填列与收入"库存现金"或"银行存款"相对应的会计科目；金额栏填列经济业务实际发生的数额；在凭证的右侧填写所附原始凭证张数，并在出纳及制单处签名或盖章。

【例5-2】星辰公司20××年1月15日销售丙产品一批，已将增值税专用发票开给购货方，价款10 000元，增值税销项税款1 300元。购货方在提货单上签字并确认已提货。收到购买单位转账支票一张。星辰公司出纳员成西在审核后填列银行存款进账单，并将转账支票存入本公司建设银行账户内。

星辰公司会计人员黎欣根据审核无误的提货单、增值税专用发票和银行存款进账单回单编制"银行存款收款凭证",其内容与格式如表5-18所示。

表5-18 收款凭证
借方科目:银行存款　　　　20××年1月15日　　　　收字第16号

摘要	贷方科目		记账	金额	附件3张
	一级科目	二级或明细科目			
销售丙产品	主营业务收入	丙产品		10 000.00	
	应交税收	应交增值税(销项税)		1 300.00	
合计				11 300.00	

会计主管:王笑　　记账:李立　　出纳:成西　　审核:章要　　制单:黎欣

(2)付款凭证的填制方法。付款凭证的填制与收款凭证的填制基本相同,只是付款凭证的左上角是"贷方科目",凭证内记录的是"借方科目",正好与收款凭证相反。

【例5-3】 承【例5-1】,根据差旅费借款单编制库存现金付款凭证,如表5-19所示。

表5-19 付款凭证
贷方科目:库存现金　　　　20××年1月18日　　　　付字第27号

摘要	借方科目		记账	金额	附件1张
	一级科目	二级或明细科目			
经营科张晓预	其他应收款	张晓		5 000.00	
借差旅费					
合计				11 300.00	

会计主管:王笑　　记账:李立　　出纳:成西　　审核:章要　　制单:杜强

(3)转账凭证的填制方法。转账凭证的左上角不设会计科目,而是将经济业务所涉及的会计科目全部填列在转账凭证内,是按照先借方科目后贷方科目的顺序填制在"会计科目"栏中的"一级科目"和"二级及明细科目",并按照应借、应贷方向分别对应填入"借方金额"和"贷方金额"栏。其他项目的填列与收款凭证相同。

【例5-4】 星辰公司20××年12月31日,"固定资产折旧计算表"见表5-2,根据该表资料计提12月固定资产折旧。会计人员填制的"转账凭证"其格式与内容如表5-20所示。

2. 通用记账凭证的填制方法

通用记账凭证是用以记录各种经济业务的凭证。采用通用记账凭证的经济单位,不再根据经济业务的内容分别填制收款凭证、付款凭证和转账凭证。通用记账凭证的格式和内容与专用记账凭证中的"转账凭证"相同,只是将"转账凭证"的名称改为"记账凭证"。填制通用记账凭证时,将经济业务所涉及的会计科目全部填列在凭证内,借方在先,贷方在后,将各会计科目所记应借、应贷的金额填列在"借方金额"或"贷方金额"栏内,借、贷方金额合计数应相等。制单人应在填制凭证完毕后签名或盖章,并在凭证右侧填写所附原始凭证的张数。

表 5-20

转 账 凭 证

20××年 12 月 31 日   转字第 58 号

摘要	会计科目		记账	借方金额	贷方金额	附件1张
	一级科目	二级或明细科目				
计提折旧	制造费用			6 480.00		
	管理费用			630.00		
	累计折旧				7 110.00	
合计				7 110.00	7 110.00	

会计主管:王笑   记账:李立   审核:章要   制单:白沙

【例 5-5】 根据【例 5-2】的资料填制记账凭证,如表 5-21 所示。

表 5-21

记 账 凭 证

20××年 1 月 15 日   第 113 号

摘要	会计科目		记账	借方金额	贷方金额	附件3张
	一级科目	二级或明细科目				
销售产品	银行存款			11 300.00		
	主营业务收入	丙产品			10 000.00	
	应交税费	应交增值税(销项税)			1 300.00	
合计				11 300.00	11 300.00	

会计主管:王笑   记账:李立   出纳:成西   审核:章要   制单:黎欣

三、记账凭证的审核

记账凭证是登记账簿的直接依据,为保证记账凭证的质量,正确登记账簿,必须对记账凭证进行严肃、认真的审核。编制记账凭证的人员应当正确填制并加强自审,同时,还应当建立专人审核制度。因此,记账凭证的审核,除了要对原始凭证进行复核外,还要注意以下内容。

(一)所附原始凭证是否齐全

审核记账凭证所附原始凭证是否齐全,所附原始凭证的内容与记账凭证内容是否相符,金额是否一致。

(二)会计分录是否正确

审核记账凭证中的会计分录是否正确,即应借、应贷的会计科目使用是否正确,所记金额有无错误,借贷金额是否一致。

(三)记账凭证的填写是否完整

审核记账凭证中所需填写的项目是否齐全,有关人员是否都签章。

在审核中如果发现记账凭证有记录不全或错误,应重新填制或按规定办理更正手续。只有经过审核无误的记账凭证,才能作为登记账簿的依据。

案例分析

甲公司收到一张应由甲公司与乙公司共同负担费用的原始凭证,甲公司会计人员张凌以该原始凭证及应承担的费用为依据编制了记账凭证,并将该原始凭证作为附件;同时应乙公司要求将该原始凭证复印件提供给乙公司用于账务处理。

请问:会计人员张凌将原始凭证复印件提供给乙公司用于账务处理的做法是否正确?简要说明理由。

第四节 会计凭证的传递与保管

一、会计凭证的传递

会计凭证的传递是指会计凭证从填制或取得起,经过审核、记账、装订到归档为止,在本单位内部各有关部门和人员之间按规定时间、路线办理业务手续和进行处理的过程。

各种会计凭证,它们所记载的经济业务不同,涉及的部门和人员不同,据以办理业务的手续也不同,因此,应当为各种会计凭证规定一个合理的传递程序。即一张会计凭证,填制后应交到哪个部门、哪个岗位、由谁接办业务手续,直到归档保管为止。如凭证有一式数联,还应规定每一联应传递到哪个部门、什么用途等。

正确合理的组织会计凭证的传递,有利于有关部门和人员及时了解经济业务活动的情况,加速对经济业务的处理;同时,有利于加强各有关部门的经济责任,也有利于实现会计监督,以充分发挥会计监督的作用。

会计凭证的传递主要包括凭证的传递路线、传递时间和传递手续三方面的内容。各单位应根据经济业务的特点、机构设置、人员分工情况,以及经营管理上的需要,明确规定会计凭证的联次及流程。既要使会计凭证经过必要的环节进行审核和处理,又要避免会计凭证在不必要的环节停留,从而保证会计凭证沿着最简捷、最合理的路线传递。

会计凭证的传递时间,是指各种凭证在各经办部门、环节所停留的最长时间。它应考虑各部门和有关人员,在正常情况下办理经济业务所需时间来合理确定。明确会计凭证的传递时间,能防止拖延处理和积压凭证,保证会计工作的正常秩序,提高工作效率。一切会计凭证的传递和处理,都应在报告期内完成。否则,将会影响会计核算的及时性。

会计凭证的传递手续,是指在凭证传递过程中的衔接手续。应该做到既完备严密,又简便易行。凭证的收发、交接都应按一定的手续制度办理,以保证会计凭证的安全和完整。

会计凭证的传递路线、传递时间和传递手续,还应根据实际情况的变化及时加以修改,以确保会计凭证传递的科学化、制度化。

【例 5-6】 对某企业购进材料涉及的原始凭证在各部门之间传递的程序进行说明。

购进材料一般要经过采购、付款和收货三个环节。企业收到供货方发票后,采购部门一方面要核对合同,签注意见,通知会计部门付款;另一方面要填制收料单,通知仓库部门准备仓位和收货。仓库部门验收材料后,要将收料单的一联转交会计部门记账。

通过这一凭证的传递程序,采购部门可以掌握购货合同的执行情况;仓库部门可以了解验收材料的数量和时间;会计部门则可以对购进材料的付款和到货情况进行全面的监督,保证付款既有就依据,又有相应的材料验收入库,符合"钱出去,货进来"的原则。

二、会计凭证的保管

会计凭证是各项经济活动的历史记录,是重要的经济档案。为了便于随时查阅利用,各种会计凭证在办理好各项业务手续,并据以记账后,应由会计部门加以整理、归类,并送交档案部门妥善保管。

(一)会计凭证的整理装订

会计部门在记账以后,应定期(一般为每月)将会计凭证归类整理,即把记账凭证及其所附原始凭证,按记账凭证的编号顺序进行整理,在确保记账凭证及其所附原始凭证完整无缺后,将其折叠整齐,加上封面、封底,装订成册,并在装订线上加贴封签,以防散失和任意拆装。在封面上要注明单位名称、凭证种类、所属年月和起讫日期、起讫号码、凭证张数等。会计主管或指定装订人员要在装订线封签处签名或盖章,然后入档保管。

对于那些数量过多或各种随时需要查阅的原始凭证,可以单独装订保管,在封面上注明记账凭证的日期、编号、种类,同时在记账凭证上注明"附件另订"。各种经济合同和重要的涉外文件等凭证,应另编目录,单独登记保管,并在有关记账凭证和原始凭证上注明。

(二)会计凭证的归档保管

每年的会计凭证都应由会计部门按照归档的要求,负责整理立卷或装订成册。当年的会计凭证,在会计年度终了后,可暂由会计部门保管1年,期满后,原则上应由会计部门编造清册移交本单位档案部门保管。档案部门接收的会计凭证,原则上要保持原卷册的封装,个别需要拆封重新整理的,应由会计部门和经办人员共同拆封整理,以明确责任。会计凭证必须做到妥善保管、存放有序、查找方便,并要严防毁损、丢失和泄密。

(三)会计凭证的借阅

会计凭证原则上不得借出,如有特殊需要,须报请批准,但不得拆散原卷册,并应限期归还。需要查阅已入档的会计凭证时,必须办理借阅手续。其他单位因特殊原因需要使用原始凭证时,经本单位负责人批准,可以复制。但向外单位提供的原始凭证复印件,应在专设的登记簿上登记,并由提供人员和收取人员共同签名或盖章。

(四)会计凭证的销毁

会计凭证的保管期限,一般为15年。保管期未满,任何人都不得随意销毁会计凭证。按规定销毁会计凭证时,必须开列清单,报经批准后,由档案部门和会计部门共同派员监销。在销毁会计凭证前，监督销毁人员应认真清点核对，销毁后，在销毁清册上签名或盖章，并将监销情况报告本单位负责人。

《会计档案管理办法》，1998年8月21日 财政部、国家档案局发布。

【本章小结】

本章内容是会计核算工作的基础环节，是做好会计工作的关键。填制和审核会计凭证是会计核算工作的起点，是会计核算的基础工作，也是会计核算的基本方法之一。

会计凭证简称凭证，是用来记录经济业务、明确经济责任的书面证明，也是登记账簿的依据。会计凭证按照其填制程序和用途不同，可分为原始凭证和记账凭证两大类。原始凭证能证明经济业务的发生或完成情况；而审核无误的原始凭证是编制记账凭证的依据，记账凭证是按照经济业务的内容加以归类整理而编制，用于确定会计分录的凭证，是登记账簿的直接依据。记账凭证按照用途不同，可以分为专用记账凭证和通用记账凭证两类。专用记账凭证按其记录的经济业务是否与货币资金的收付有关，可分为收款凭证、付款凭证和转账凭证三种。在经济业务较少的单位，为简化记账凭证，可以使用通用记账凭证，记录发生的各种经济业务。

会计凭证需要在本单位内部各有关部门和人员之间按规定时间、路线办理业务手续和进行处理；同时还需要按照规定进行保管。

在本章的学习中应结合前面第四章的内容进行学习，以加深理解。

【自 测 题】

一、客观题

扫描此码 自学自测

二、主观题

（一）思考题

1. 填制和审核会计凭证的意义是什么？

2. 会计凭证有哪些种类?

3. 填制原始凭证应遵循哪些要求?

4. 如何审核原始凭证?

5. 记账凭证应具备哪些基本内容?

6. 填制记账凭证应符合哪些具体要求?

7. 如何审核记账凭证?

8. 收款凭证、付款凭证和转账凭证各记录何种经济业务?

9. 如何组织会计凭证的传递?

10. 会计凭证保管的一般要求是什么?

(二) 业务题

目的：练习记账凭证的填制。

资料：HDF 工厂为制造企业，20×1 年 7 月发生有关经济业务如下：

（1）4 日，HDF 工厂向巅峰公司购入丁材料 1 000 千克，增值税专用发票注明其价款 50 000 元，增值税税额 6 500 元，货款和税金尚未支付，材料未到。

（2）5 日，上述丁材料已验收入库，结转其实际采购成本 50 000 元。

（3）8 日，本月仓库发出材料 47 000 元，其中生产 A 产品耗用 35 000 元，车间一般耗用 10 000 元，行政管理部门耗用 2 000 元。

（4）10 日，企业行政管理部门王鑫出差归来报销差旅费 2 300 元，多余金额 700 元用现金交财务科。

（5）14 日，企业开出现金支票到银行提取现金 2 000 元备用。

（6）16 日，用银行存款支付办公费 1 540 元，其中车间办公费 1 000 元，行政管理部门办公费 540 元。

（7）18 日，销售甲产品 100 件，每件售价 1 500 元，增值税专用发票注明该批产品的价款 150 000 元，增值税税额 19 500 元，款项已收到并存入银行。

（8）31 日，计算并结转已销售 A 产品的销售成本 113 000 元。

（9）31 日，计提固定资产折旧 16 000 元，其中车间固定资产折旧额为 15 000 元，行政管理部门固定资产折旧额为 1 000 元。

（10）31 日，分配本月职工薪酬 62 000 元，其中生产 A 产品工人薪酬 32 000 元，车间管理人员薪酬 10 000 元，行政管理部门人员薪酬 20 000 元。

要求：根据上述资料编制专用记账凭证。

(三) 案例题

目的：理解会计凭证的意义。

资料 20××年年初小王辞职，向银行贷款 100 000 元投资开办了盛兴餐饮服务公司。该公司开业一年来有关收支项目的发生情况如下：

（1）餐饮收入 420 000 元；

（2）出租场地的租金收入 50 000 元；

（3）兼营小食品零售业务收入 32 000 元；

（4）各种饮食品的成本 260 000 元；

（5）支付各种税金 21 000 元；

（6）支付雇员工资 145 000 元；

（7）购置设备支出 160 000 元，其中该年应负担该批设备的磨损成本 40 000 元。

问题：

（1）能证明盛兴餐饮服务公司上述经济业务发生的原始凭证分别有哪些？

（2）盛兴餐饮服务公司记录所发生的经济业务应使用通用记账凭证还是专用记账凭证？为什么？

第六章 会计账簿

学习目标

通过本章学习，应达到以下学习目标：
1. 了解设置和登记账簿的作用、账簿的更换与保管规则；
2. 理解账簿的种类、账簿启用的规则；
3. 熟悉登记账簿的规则、更正错账的规则；
4. 掌握日记账、总分类账和明细分类账的格式、登记依据和登记方法，总分类账与明细分类账的平行登记。

引导案例

张可、李笑大学毕业后自主创业，投资创办了高原服装公司，主要经营各种服装的批发兼零售。创业的本金两人各出资50 000元，20×9年1月，以公司名义在银行开立账户，存入100 000元作为资本，用于经营。由于张可、李笑不懂会计，他们除了将所有的发票等单据都收集保存起来以外，没有做任何其他记录。月底，他俩发现银行存款只剩下58 987元，外加643元库存现金，尽管客户赊欠的13 300元销货款尚未收到，但公司也有10 560元货款尚未支付。除此之外，实地盘点库存服装，价值25 800元。他们开始怀疑自己的经营，特请会计专业毕业的向兴帮公司设计一套合理的账簿体系，并帮公司记账，据此了解公司经营的财务状况与经营成果。

向兴对高原服装公司所保存的所有单据进行检查分析，汇总一个月发生的各项经济业务如下：

（1）存入开户银行的投资款100 000元。
（2）内部装修及必要的设施支出20 000元，均已用转账支票支付。
（3）购入服装两批，每批价值35 200元，其中第一批为库存现金购入，第二批购入赊欠价款的30%。
（4）1—31日零售服装收入共计38 800元，全部收现，并存入银行。
（5）1—31日批发服装收入共计25 870元，其中赊销13 300元，其余的货款收入均存入银行。
（6）用转账支票支付店面租金7 000元。
（7）本月从银行存款户提取库存现金五次共计10 000元，其中8 000元用作张可、李笑的生活费，其余备日常零星开支。

（8）本月水电费543元，用转账支票支付。
（9）电话费220元，用库存现金支付。
（10）其他各种杂费137元，用库存现金支付。

向兴根据公司的经营情况和管理要求，为高原公司设计了有关反映资产、负债、所有者权益、成本和损益的总分类账及其所属明细分类账，库存现金日记账和银行存款日记账，以及未能在上述账户中记录的经济业务涉及的备查账；总账采用三栏式账页，明细账根据记录经济业务内容的不同分别采用三栏式账页、数量金额式账页和多栏式账页，备查账的格式由公司自行决定。

你认为向兴为高原公司设计的账簿体系完整吗？是否能满足公司内部管理和向外提供会计信息的需要？

第一节　会计账簿概述

一、登记会计账簿的意义

会计账簿简称账簿，是指由具有一定格式而又互相联系的账页组成的，以会计凭证为依据，用来全面、连续、系统地记录和反映各项经济业务的簿籍。

在会计核算中，对每一笔经济业务都必须取得或填制原始凭证，并根据审核无误的原始凭证填制记账凭证，也就是将经济业务以会计分录的形式记录在记账凭证中。但是每张记账凭证上记载的只是个别的经济业务，提供的核算资料是分散和零星的。为了全面、系统地反映企业的经营活动情况，需要按照一定的程序，把分散在会计凭证中的资料加以归类和整理，登记到账簿中去。通过账簿记录，既能对经济活动进行序时核算，又能进行分类核算；既可以提供总括的核算资料，又能提供明细核算资料。

登记账簿是会计核算的一种专门方法，设置与登记账簿的意义主要表现在以下方面。

（一）归纳和积累会计资料

通过设置和登记会计账簿，可以把会计凭证上所反映的全部经济业务进行归类和汇总，使分散的资料进一步系统化。通过登记各种日记账，对经济业务进行序时核算；通过登记总分类账和所属的各种明细分类账，对经济业务进行分类核算，可以连续、系统地记录各项资产、负债、所有者权益的增减变化以及财务成果的总括和明细核算资料。这样对于加强经营管理、合理地使用资金、保护资产的安全完整起到控制作用。

（二）为编制财务报表提供依据

企业定期编制的资产负债表、利润表、现金流量表等财务报表时的各项数据均来源于账簿记录。由于在账簿中对会计凭证所反映的大量经济业务进行序时、分类的记录和加工后，在一定时期终了，积累了编制财务报表的资料，再将这些资料进行加工整理后，就可以作为编制财务报表的主要依据。财务报表信息是否真实、可靠、及时，在一定程度上都与账簿设置和记录有关。

（三）账簿是考核企业经营情况的重要依据

通过登记账簿可以反映企业经济活动的运行情况，完整反映企业的财务状况和经营成果，以评价企业的总体经营情况；同时，可以监督各企业、单位遵纪守法，依法经营。

二、会计账簿的种类

会计核算中运用的账簿种类是多种多样的，为了便于掌握和运用各种账簿，可以按照其用途、外表形式和账页格式进行分类。

（一）账簿按用途分类

账簿按用途不同，可分为序时账簿、分类账簿和备查账簿三种。

1. 序时账簿

序时账簿通常称为日记账，是按照经济业务发生时间的先后顺序逐日、逐笔登记的账簿。设置序时账簿既能及时、详细地反映经济业务的发生和完成情况，提供连续、系统的会计资料，又可以用来与分类账进行相互核对，保证账簿记录的准确。序时账簿按照记录经济业务范围的不同，又分为普通日记账和特种日记账。普通日记账是用来登记全部经济业务的日记账；特种日记账是用来登记某一类经济业务的日记账，如"库存现金日记账"和"银行存款日记账"。

2. 分类账簿

分类账簿是指对全部经济业务按照总分类账户和明细分类账户进行分类登记的账簿。分类账簿按其反映经济业务内容的详细程度不同，又可以分为总分类账簿和明细分类账簿。

总分类账簿简称总账，是根据总分类科目开设的账簿，用来分类登记全部经济业务，提供总括核算资料的账簿。它对明细分类账簿具有统驭与控制的作用。

明细分类账簿简称明细账，是根据总分类账户所属明的二级或明细账户开设的账簿，以分类登记某一类经济业务，提供明细核算资料的账簿。明细分类账对总分类账具有辅助和补充的作用。

3. 备查账簿

备查账簿也称辅助账簿，是指对某些未能在序时账和分类账中记载的事项进行补充登记的账簿。备查账簿的设置应视实际需要而定，并非一定要设置，而且没有固定格式，如租入固定资产登记簿、受托加工处理登记簿等。

（二）账簿按外表形式分类

账簿按外表形式不同，可分为订本式账簿、活页式账簿和卡片式账簿。

1. 订本式账簿

订本式账簿又称订本账，是在未启用前就把具有一定格式的账页加以编号并订成固定本册的账簿。一般情况下，一些重要的、具有统驭作用的账簿，如库存现金日记账、银行存款日记账以及总分类账一般采用订本式账簿。

订本式账簿的优点是可以避免账页散失，防止任意抽换账页。但也有缺点，如在使用时必须事先为每一账户预留账页，如果预留账页不足会影响账户的连续登记，不便于查阅，而预留账页过多则造成浪费；在同一时间内，只能由一人负责登记，不便于分工。

2. 活页式账簿

活页式账簿是把零散的账页装在账夹内，可以随时增添账页的账簿。一般情况下，一些明细账都采用活页式账簿。

活页式账簿的优点是账页不固定装在一起，可以根据业务的需要随时增加、减少或移动账页，这样使用灵活，而且可以分工记账，有利于提高工作效率。其缺点是由于账页是分开的，容易散失或者被任意抽换。因此，使用时应将账页按顺序编号，置于账夹内，并在账页上由有关人员签名或盖章，以防止产生舞弊行为。年度终了，更换新账后应装订成册，作为会计档案保管。

3. 卡片式账簿

卡片式账簿又称卡片账，是在使用时将许多具有一定格式的、零散的卡片存放在卡片箱中保管的账簿。这种账簿适用于内容比较复杂、变化不大的财产明细账，如固定资产明细账常采用卡片式账簿。

卡片式账簿具有活页式账簿的特点。卡片账在使用完毕或换新账时，应装订成册，作为会计档案保管。

（三）账簿按账页格式分类

会计账簿按账页格式分类，可分为三栏式账簿、数量金额式账簿和多栏式账簿等。

1. 三栏式账簿

三栏式账簿是指由设置三个金额栏的账页组成的账簿。它适用于总分类账、日记账，也适用于只进行金额核算而不需要数量核算的债权、债务结算账户的明细分类账。三栏式账簿是账簿的基本格式，是目前实际部门最常见的账簿之一。其账页格式如表6-1所示。

表6-1　　　　　　　　　　　三栏式账簿

年		凭证		摘要	借方	贷方	借或贷	余额
月	日	字	号					

2. 数量金额式账簿

数量金额式账簿也称三大栏式账簿，是指在每一大栏内设置由数量、单价、金额等小栏目的账页组成的账簿。这种账簿适用于既要进行金额核算，又要进行实物数量核算的各种财产物资明细账簿。其账页格式如表6-2所示。

表6-2　　　　　　　　　　　数量金额式账簿

年		凭证		摘要	收入			发出			结存		
月	日	字	号		数量	单价	金额	数量	单价	金额	数量	单价	金额

3. 多栏式账簿

多栏式账簿是指由三个以上金额栏的账页所组成的账簿。这种账簿根据经济业务特点和经营管理的需要,把同一个一级账户所属的明细账户,集中在一张账页上设置专栏,反映各有关明细账户的核算资料。它适用于核算成本、费用和收入、利润的账户。以"管理费用明细账户"为例说明多栏式账簿格式,如表 6-3 所示。

表 6-3　　　　　　　　　　　管理费用明细账(多栏式)

年		凭证		摘要	借方						贷方	余额
月	日	字	号		差旅费用	薪酬	折旧费用	修理费用	…	合计		

三、账簿的基本内容

会计账簿在实际工作中是多种多样的,但其基本内容是相同的,主要包括三部分。

(1)封面。封面主要标明单位名称和账簿的名称,如库存现金日记账、原材料明细账等。

(2)扉页。一般设在封面之后并印有"账户目录(或科目索引)"以及"账簿启用及经管账簿人员一览表",其一般格式如表 6-4、表 6-5 所示。

表 6-4　　　　　　　　　　　账户目录(科目索引)

页数	科目	页数	科目	页数	科目	页数	科目

表 6-5　　　　　　　　　　账簿启用及经管账簿人员一览表

使用单位											
账簿名称											
账簿编号		总　　册　　第　　册									单位盖章
启用日期		年　月　日至年　月　日									
经管人员		主管				记账					
		姓名		盖章		姓名		盖章			
交接记录	日期			监交			移交			接管	
	年	月	日	职务	姓名	盖章	职务	姓名	盖章	职务	姓名	盖章
备注											

（3）账页。账页是会计账簿的主要组成部分。账页根据其反映经济业务的不同，具有多种格式，但基本内容一般包括以下方面。

①账户名称，用来填写该账页所设立账户的名称。
②日期栏，用来填写所依据记账凭证的日期。
③凭证种类和号数栏，用来填写所依据记账凭证的种类及号数。
④摘要栏，用来填写经济业务的简要情况。
⑤金额栏，用来填写经济业务引起资金数量的增减变化和结存情况。
⑥页次，用来填写该账页的顺序。

第二节　会计账簿的设置与登记

为了科学记录和反映各项经济业务，每个单位都必须设置账簿。设置账簿包括确定账簿的种类、内容、作用及登记方法。各单位设置账簿应符合国家的规定，同时，应结合本单位的实际情况，做到设置的账簿能及时、全面、系统地反映经济活动情况，正确提供会计核算资料，既有利于加强经营管理，又有利于会计部门的分工及加强岗位责任制。

《会计法》第十五条规定："会计账簿登记，必须以经过审核的会计凭证为依据，并符合有关法律、行政法规和国家统一的会计制度的规定"。

一、日记账的设置和登记

企业必须设置库存现金和银行存款日记账，有外币业务的单位还需要按币种不同分别设置外币的库存现金和银行存款日记账。此外，还可以考虑设置普通日记账，为了集中反映某一类经济业务，如销售日记账、材料采购日记账等。日记账常见的格式有三栏式、多栏式，库存现金和银行存款日记账一般采用三栏式订本账，设"收入""支出""结余"三个金额栏。其格式如表6-6、表6-7所示。库存现金和银行存款日记账也可以采用多栏式。

库存现金日记账由出纳员根据库存现金收款凭证和付款凭证，以及从银行提取库存现金业务的银行存款付款凭证，逐日逐笔顺序登记。每日登记完毕后，应计算当日收入、支出的合计数，结出账面余额，并将账面余额与库存现金实存数核对，以做到账实相符。

银行存款日记账由出纳员根据银行存款收款凭证和付款凭证，以及将库存现金存入银行业务的库存现金付款凭证，逐日逐笔顺序登记。每日登记完毕后，应计算当日收入、支出的合计数，结出账面余额，并定期与银行对账单逐笔核对。

【例6-1】某企业20××年4月30日，"库存现金日记账"和"银行存款日记账"的余额分别为1 000元和30 000元。该企业采用专用记账凭证，日记账采用三栏式订本账（本题中不考虑相关税费）。

5 月该企业发生下列有关经济业务，请根据以下经济业务登记"库存现金日记账"和"银行存款日记账"。

（1）3 日，从银行提取现金 1 000 元备用。

（2）5 日，收回 A 单位所欠的销货款 11 300 元，以存入开户银行。

（3）10 日，用库存现金 800 元为行政科购买办公用品。

（4）15 日，用银行存款归还银行短期借款本金 10 000 元。

（5）27 日，向个人销售 A 产品收到现金 1 130 元，由出纳员存入银行。

根据以上经济业务编制记账凭证，为节省篇幅记账凭证用会计分录代替。

（1）编制银行存款付款凭证，凭证编号为付 1 号：

借：库存现金　　　　　　　　　　　　　　　　　　　　　　　1 000
　　贷：银行存款　　　　　　　　　　　　　　　　　　　　　　1 000

（2）编制银行存款收款凭证，凭证编号为收 1 号：

借：银行存款　　　　　　　　　　　　　　　　　　　　　　　11 300
　　贷：应收账款　　　　　　　　　　　　　　　　　　　　　　11 300

（3）编制库存现金付款凭证，凭证编号为付 2 号：

借：管理费用　　　　　　　　　　　　　　　　　　　　　　　　800
　　贷：库存现金　　　　　　　　　　　　　　　　　　　　　　　800

（4）编制银行存款付款凭证，凭证编号为付 3 号：

借：短期借款　　　　　　　　　　　　　　　　　　　　　　　10 000
　　贷：银行存款　　　　　　　　　　　　　　　　　　　　　　10 000

（5）①编制库存现金收款凭证，凭证编号为收 2 号：

借：库存现金　　　　　　　　　　　　　　　　　　　　　　　1 130
　　贷：主营业务收入　　　　　　　　　　　　　　　　　　　　1 130

②编制库存现金付款凭证，凭证编号为付 4 号：

借：银行存款　　　　　　　　　　　　　　　　　　　　　　　1 130
　　贷：库存现金　　　　　　　　　　　　　　　　　　　　　　1 130

根据所编制的记账凭证登记"库存现金日记账"，如表 6-6 所示，登记"银行存款日记账"如表 6-7 所示。

表 6-6　　　　　　　　　　　　库存现金日记账　　　　　　　　　　　　单位：元

20××年		凭证号数	摘要	对方科目	收入	支出	结余
月	日						
5	1		月初余额				1 000
	3	付1	从银行提取现金	银行存款	1 000		2 000
	10	付2	购买办公用品	管理费用		800	1 200
	27	收2	销售 A 产品	主营业务收入	1 130		2 330
	27	付4	将库存现金存入银行	银行存款		1 130	1 200
	31		本月合计		2 130	1 930	1 200

表 6-7　　　　　　　　　　　　　银行存款日记账　　　　　　　　　单位：元

20××年		凭证号数	摘要	对方科目	收入	支出	结余
月	日						
5	1	略	月初余额				30 000
	3	付 1	从银行提取现金	库存现金		1 000	29 000
	5	收 1	收回销货款	应收账款	11 300		40 300
	15	付 3	归还短期借款	短期借款		10 000	30 300
	27	付 4	将库存现金存入银行	库存现金	1 130		31 430
	31		本月发生额及月末余额		12 430	11 000	31 430

二、总账的设置和登记

总分类账是根据总分类科目开设的账簿，用来分类登记全部经济业务，提供总括核算资料。它能够全面、总括地反映企业的经济活动情况，并为编制会计报表提供资料，因此，每个单位都必须设置总分类账。总分类账一般采用三栏式订本账，设"借方""贷方""余额"三个金额栏。其格式如表 6-8 所示。

表 6-8　　　　　　　　　　　　　原材料总账　　　　　　　　　　　单位：元

20××年		凭证号数	摘　要	借方	贷方	借或贷	余额
月	日						
5	1		月初余额			借	130 000
	8		购入	30 000		借	160 000
	10		领用		50 000	借	110 000
	…						
	31		本月发生额及月末余额	180 000	95 000	借	135 000

总分类账的登记可以直接根据各种记账凭证逐笔登记，也可以先按一定方式将记账凭证汇总后登记。具体方法取决于各单位所采用的账务处理程序。采用的账务处理程序不同，登记总账的方法和依据也不相同。

三、明细账分类账的设置和登记

明细分类账是根据某个总账科目所属的二级科目或明细科目开设的账户，用来分类登记某一类经济业务，提供某一方面的详细情况。它是编制会计报表的依据。

明细分类账的格式，应根据所反映经济业务的特点，以及管理的不同要求进行设计。明细分类账应根据原始凭证或原始凭证汇总表登记，也可以根据记账凭证登记。其主要格式有三栏式明细账、数量金额式明细账和多栏式明细账三种。

（一）三栏式明细账

三栏式明细分类账的格式和三栏式总分类账的格式相同，即账页内只设置借方、贷方和余额三个金额栏。这种格式的明细账适用于只需要进行金额核算,例如,"应付账款""应收账款""预付账款""预收账款""其他应收款""其他应付款"等账户的明细分类核算。三栏式明细账的格式和内容如表6-9所示。

表6-9　　　　　　　　　　　其他应收款明细账

二级或明细科目:　　　　　　　　　　　　　　　　　　　　　　　单位:元

20××年		凭证号数	摘　要	借方	贷方	借或贷	余额
月	日						
5	1		月初余额			借	6 000
	8		报销差旅费		5 500	借	500
	10		报销差旅费		500	平	0
	31		本月发生额及月末余额		6 000	平	0

(二) 数量金额式明细账

数量金额式明细账的账页内,分别在收入、发出和结存栏内设数量栏、单价栏和金额栏。这种格式适用于既要进行金额核算,又要进行数量核算的各种财产物资账簿,例如,"原材料""库存商品"等账户的明细分类核算。其格式如表6-10所示。

表6-10　　　　　　　　　　　原材料明细账

二级科目:原料及主要材料　　　名称及规格:D材料　　　　　　　编号:(略)
计量单位:元/千克　　　　　　储备定额:(略)　　　　　　　　最高储备量:(略)
存放地点:三库　　　　　　　　　　　　　　　　　　　　　　　　最低储备量:(略)

20××年		凭证号数	摘要	收入			发出			结存		
月	日			数量	单价	金额	数量	单价	金额	数量	单价	金额
5	1		月初余额							500	3	1 500
	7	略	购入	1 000	3	3 000				1 500	3	4 500
		略	生产领用				400	3	1 200	1 100	3	3 300
			…									
	31	略	本月合计	4 000	3	12 000	2 300	3	4 600	800	3	2 400

(三) 多栏式明细分类账

多栏式明细分类账是根据经济业务的特点和经营管理的需要,在一张账页内按有关明细账户或项目分设若干专栏的账簿,以便通过一张账页集中反映各明细账户或明细项目的详细资料。这种格式适用于成本费用类账户等的明细分类核算,如"生产成本""制造费用""管理费用等账户的明细分类核算。多栏式明细账的格式如表6-11所示。

表 6-11　　　　　　　　　　　　　生产成本明细账

产品名称：甲产品　　　　　　　　　　　　　　　　　　　　　　　　　　单位：元

20××年		凭证号码	摘要	成本项目			
月	日			直接材料	直接人工	制造费用	合计
5	1		月初余额	1 600	684	676	2 960
	1	略	本月领用材料	4 400			4 400
	31	略	生产工人薪酬		1 140		1 140
	31	略	分配制造费用			1 500	1 500
	31		本月发生额	4 400	1 140	1 500	7 040
	31	略	结转完工产品成本	5 000	1 664	2 006	8 670
	31	略	期末余额	1 000	160	170	1330

四、总分类账户与明细分类账户的关系及其平行登记

为了满足企业内部经营管理和外部有关方面对会计信息的不同需要，通过会计核算不仅要提供总括信息，而且在很多情况下还要提供详细信息。因此，应当根据会计科目开设总分类账户和明细分类账户。

（一）总分类账户与明细分类账户的关系

如前所述，总分类账簿简称总账，是根据总分类科目开设的账簿，用来分类登记全部经济业务，提供总括核算资料的账簿。明细分类账簿简称明细账，是根据总分类账户所属明的二级或明细账户开设的账簿，以分类登记某一类经济业务，提供明细核算资料的账簿。这就表明总分类账户与明细分类账户是既有内在联系、又有区别的两类账户。

1. 总分类账户与明细分类账户的内在联系

二者所反映的经济业务内容相同。例如，"原材料"总分类账户与其所属的"燃料""辅助材料"等明细分类账户都是用来反映材料的增减变动及结存情况的。登记总分类账户及其所属明细分类账户的原始依据相同。一笔经济业务发生后，登记总分类账户及其所属明细分类账户的记账凭证和原始凭证是相同的。

2. 总分类账户与明细分类账户的区别

反映经济业务内容的详细程度不同。总分类账户与明细分类账户是分别用来反映同一项目总括和详细信息的，总分类账户提供总括信息，对所属明细分类账户起着统驭和控制的作用；明细分类账户提供详细信息，对其总分类账户起着辅助和补充作用。

（二）总分类账户与明细分类账户的平行登记

由于总分类账户与其所属明细分类账户存在上述关系，因此在会计核算中，对总分类账户与明细分类账户的登记应当采用平行登记的方法。所谓平行登记，就是指每项经济业务发生后，根据会计凭证，一方面登记有关总分类账户；另一方面登记该总分类账户所属的各明细分类账户。

采用平行登记，应注意以下要点。

（1）依据相同。对于需要提供详细指标的每一项经济业务，要依据相同的会计凭证，一方面要在有关的总分类账户中进行登记；另一方面要在该总分类账户所属的各明细分类账户中进行登记。

（2）会计期间相同。对于发生的每项经济业务，在记入总分类账户和所属明细分类账户的过程中，可以有先有后，但必须在同一会计期间（如一个月份、一个季度）全部登记入账。

（3）借贷方向相同。对于发生的每项经济业务，记入总分类账户和其所属明细分类账户的方向必须相同。如果总分类账户登记在借方，那么所属的各明细分类账户也应该登记在借方；相反，如果总分类账户登记在贷方，那么其所属的各明细分类账户也应该登记在贷方。

（4）金额相等。对于发生的每项经济业务，记入总分类账户的金额必须与记入其所属的各明细分类账户金额之和相等。即：

总分类账户本期发生额＝所属明细分类账户本期发生额合计

总分类账户期末余额＝所属明细分类账户期末余额合计

在会计核算工作中，可以利用上述关系，检查账簿记录是否正确，这就是总分类账户与其所属明细分类账户之间的核对。在实际工作中，可以通过编制"明细分类账户本期发生额及余额表"，与相应的总分类账户本期发生额和余额进行核对，以检查总分类账户与所属明细分类账户记录的正确性。

现以"应收账款"账户为例，说明平行登记的方法。

【例 6-2】 某制造企业 20×× 年 5 月 1 日 "应收账款"账户的借方余额是 9 000 元，其所属明细分类账户的期初余额为：甲工厂 3 000 元，乙工厂 6 000 元。

20×× 年 5 月发生下列有关经济业务：

（1）25 日，向甲工厂销售 A 产品一批，开出增值税专用发票，销售数量 200 件，单价 20 元，货款 4 000 元，增值税 520 元，款项尚未收到。

（2）29 日，接到开户银行收款通知单，收到甲工厂所欠货款 5 000 元，收到乙工厂所欠货款 2 000 元。

根据上述经济业务编制记账凭证（以会计分录代替）如下：

（1）编制转账凭证，凭证编号为转 17 号：

借：应收账款——甲工厂　　　　　　　　　　　　　　　　　　　4 520
　　贷：主营业务收入——A 产品　　　　　　　　　　　　　　　　4 000
　　　　应交税费——应交增值税（销项税额）　　　　　　　　　　　520

（2）编制银行存款收款凭证，凭证编号为收 10 号：

借：银行存款　　　　　　　　　　　　　　　　　　　　　　　　7 000
　　贷：应收账款——甲工厂　　　　　　　　　　　　　　　　　　5 000
　　　　　　　　　——乙工厂　　　　　　　　　　　　　　　　　2 000

根据以上资料，本例中只登记"应收账款"总分类账户及其所属明细分类账户。开设

"应收账款"总分类账户及其所属明细分类账户，并登记期初余额；然后，将根据上述经济业务的会计凭证登记其总分类账户及其所属明细分类账户；期末，结算出本期发生额和期末余额，并编制"应收账款明细分类账户本期发生额及余额表"，将其与"应收账款"总分类账户的本期发生额及期末余额进行核对。账户记录及明细分类账户本期发生额及余额表，如表6-12至表6-15所示。

表6-12　　　　　　　　　　　　总分类账户
会计科目：应收账款　　　　　　　　　　　　　　　　　　　　　　单位：元

20××年		凭证号	摘要	借方	贷方	借或贷	余额
月	日						
5	1		期初余额			借	9 000
	25	转17	销售产品	4 520		借	13 520
	29	收10	收到前欠货款		7 000	借	6 520
	31		本期发生额及期末余额	4 520	7 000	借	6 520

表6-13　　　　　　　　　　　应收账款明细账户
明细科目：甲工厂　　　　　　　　　　　　　　　　　　　　　　单位：元

年		凭证号	摘要	借方	贷方	借或贷	余额
月	日						
L	1		期初余额			借	3 000
	25	转11	销售产品	4 520		借	7 520
	29	收10	收到前欠货款		5 000	借	2 520
	31		本期发生额及期末余额	4 520	5 000	借	2 520

表6-14　　　　　　　　　　　应收账款明细账户
明细科目：乙工厂　　　　　　　　　　　　　　　　　　　　　　单位：元

年		凭证号	摘要	借方	贷方	借或贷	余额
月	日						
L	1		期初余额			借	6 000
	29	收10	收到前欠货款		2 000	借	4 000
	31		本期发生额及期末余额		2 000	借	4 000

课堂讨论

根据【例6-2】中登记的"应收账款"总分类账与其所属明细分类账的内容，请同学们思考如何对总分类账与其所属明细账分类账进行核对。

总分类账户与所属明细分类账户采取了平行登记的方法，登记的结果是否正确，需要通过编制"应收账款明细分类账户发生额及余额表"，如表6-15所示。

表 6-15　　　　　　　　　应收账款明细分类账户发生额及余额表　　　　　　　单位：元

明细账户	期初余额		本期发生额		期末余额	
	借方	贷方	借方	贷方	借方	贷方
甲工厂	3 000		4 520	5 000	2 520	
乙工厂	6 000			2 000	4 000	
合计（总账）	9 000		4 520	7 000	6 520	

"应收账款"总分类账的期初余额（借方）、本期借方发生额、本期贷方发生额以及期末余额与表 6-15 的合计数核对相等，说明应收账款总分类账与其所属明细分类账核对相符。

第三节　账簿登记和使用规则

一、账簿启用的规则

会计账簿是储存会计信息的载体，是重要的会计档案。为了保证账簿记录的合法性，明确记账人员的责任，保证账簿资料完整无缺，防止舞弊行为的发生，在账簿启用时，应在账簿封面上写明单位名称和账簿名称。在账簿扉页上填写"账簿启用及经管账簿人员一览表"（表 6-5），其内容包括启用日期、账簿页数、记账人员或者会计机构负责人和会计主管人员姓名，并加盖名章和单位公章等。

启用订本式账簿，应当从第一页到最后一页顺序编定页数，不得跳页、缺号。使用活页式账簿，应当按账户顺序编号，并须定期装订成册。装订后再按实际使用的账页顺序编定页码，另加目录，记明每个账户名称和页次，其格式见表 6-4。

记账人员或者会计机构负责人、会计主管人员调动工作时，应办理账簿交接手续，在"账簿启用及经管账簿人员一览表"中的交接记录栏内填写交接日期、接办人员或监交人员的姓名，并由交接双方人员签名或盖章。

二、账簿登记的规则

会计账簿的登记一般称为记账。会计人员登记账簿时，应当以审核无误的会计凭证为依据。根据我国《会计基础工作规范》的规定，登记会计账簿应符合以下规则。

（1）登记会计账簿时，应当将会计凭证日期、编号、业务内容摘要、金额和其他有关资料逐项记入账内；做到数字准确、摘要清楚、登记及时、字迹工整。

（2）登记完毕后，要在记账凭证上签名或者盖章，并注明已经登账的符号，表示已经记账。

（3）账簿中书写的文字和数字上面要留有适当空格，不要写满格，一般应占格距的 1/2。

（4）登记账簿要用蓝黑墨水或者碳素墨水书写，不得使用圆珠笔（银行的复写账簿除外）或者铅笔书写。

（5）下列情况，可以用红色墨水记账。

①按照红字冲账的记账凭证,冲销错误记录。

②在不设借贷等栏的多栏式账页中,登记减少数。(参看表6-11)

③在三栏式账户的余额栏前,如未印明余额方向的,在余额栏内登记负数余额。

④根据国家统一会计制度的规定可以用红字登记的其他会计记录。

(6)各种账簿按页次顺序连续登记,不得跳行、隔页。如果发生跳行、隔页,应当将空行、空页划线注销,或者注明"此行空白""此页空白"字样,并由记账人员签名或者盖章。

(7)凡需要结出余额的账户,结出余额后,应当在"借或贷"等栏内写明"借"或者"贷"等字样。没有余额的账户,应当在"借或贷"等栏内写"平"字,并在余额栏"元"位上用"0"表示。现金日记账和银行存款日记账必须逐日结出余额。

(8)每一账页登记完毕结转下页时,应当结出本页合计数及余额,写在本页最后一行和下页第一行有关栏内,并在摘要栏内注明"过次页"和"承前页"字样;也可以将本页合计数及金额只写在下页第一行有关栏内,并在摘要栏内注明"承前页"字样。

对需要结计本月发生额的账户,结计"过次页"的本页合计数应当为自本月初起至本页末止的发生额合计数;对需要结计本年累计发生额的账户,结计"过次页"的本页合计数应当为自年初起至本页末止的累计数;对既不需要结计本月发生额也不需要结计本年累计发生额的账户,可以只将每页末的余额结转次页。

(9)实行会计电算化的单位,总账和明细账应当定期打印。发生收款和付款业务的,在输入收款凭证和付款凭证的当天必须打印出现金日记账和银行存款日记账,并与库存现金核对无误。

(10)账簿记录发生错误,不准涂改、挖补、刮擦或者用药水消除字迹,不准重新抄写,必须按规定的方法进行更正。

三、错账更正的规则

如果账簿记录发生错误,不能任意涂改,应当根据错误的具体情况,采用规定的方法进行更正。常用的更正错账方法有以下三种。

(一)划线更正法

在结账之前,如果发现账簿中所记文字或数字有错误,而记账凭证并无错误,应采用划线更正法进行改正。更正时,先在错误的文字或数字上划一条红线,表示注销,并使原来的字迹可辨认,然后,在红字上方空白处用蓝字填上正确的文字或数字,并在更正处由记账人员盖章,以示负责。应当注意的是,对错误的数字应作为一个整体全部划掉,不能只划线更正其中的个别数字。

例如,在月末结账前,记账凭证正确,但发现登记"原材料"账户时借方金额错记为32 000元,而记账凭证上的正确金额为23 000元,应采用划线更正法(应划红线),在"原材料"账户中的更正如下:

原材料
23000
~~32000~~

(二) 红字更正法

红字更正法又称红字冲销法。它是用红字冲销原有记录后再予以更正的方法,主要适用于以下两种情况。

(1) 根据记账凭证登记账簿以后,发现记账凭证中的应借、应贷会计账户或记账方向有错误,而导致账簿记录错误,应采用红字更正法进行更正。

更正方法:首先用红字金额填制一张与原错误记账凭证内容完全一致的记账凭证,并据以用红字登记入账,以冲销原错误记录;然后,再用蓝字填制一张正确的记账凭证,并据以用蓝字登记入账。

【例6-3】 用现金支付企业行政管理部门日常零星开支500元。原编记账凭证的会计分录为:

借:管理费用　　　　　　　　　　　　　　　　　　　　　　　　　500
　　贷:银行存款　　　　　　　　　　　　　　　　　　　　　　　　500

上述记账凭证已登记入账。

更正上述错误用红字更正法。先用红字金额填制一张相同的记账凭证并登记入账,以冲销错误的记录,分录如下:

借:管理费用　　　　　　　　　　　　　　　　　　　　　　　　　500
　　贷:银行存款　　　　　　　　　　　　　　　　　　　　　　　　500

(注:500表示红字)

然后,重新填制一张正确的记账凭证,并登记入账,会计分录如下:

借:管理费用　　　　　　　　　　　　　　　　　　　　　　　　　500
　　贷:库存现金　　　　　　　　　　　　　　　　　　　　　　　　500

(2) 根据记账凭证记账以后,发现记账凭证中应借、应贷会计账户和记账方向都正确,只是所记金额大于应记金额,并据以登记账簿。

更正方法:将多记的金额用红字填制一张与原错误记账凭证的会计账户、记账方向相同的记账凭证,并据以用红字登记入账,以冲销多记金额,求得正确的金额。

【例6-4】 企业开户银行通知,收到购货单位偿还上月所欠货款6 800元。原编记账凭证的错误分录为:

借:银行存款　　　　　　　　　　　　　　　　　　　　　　　　8 600
　　贷:应收账款　　　　　　　　　　　　　　　　　　　　　　　8 600

上述记账凭证已登记入账。

更正上述错误用红字更正法。将多记的1 800元用红字金额填制一张相同的记账凭证,并登记入账，分录如下：

借：银行存款　　　　　　　　　　　　　　　　　　　　1 800
　　贷：应收账款　　　　　　　　　　　　　　　　　　　　　1 800

（三）补充登记法

补充登记法也称蓝字补记法。记账以后，发现记账凭证中应借、应贷会计科目和记账方向都正确，只是所记金额小于应记金额。

更正方法：将少记金额用蓝字填制一张与原错误记账凭证科目名称和方向一致的记账凭证，并用蓝字据以登记入账，以补足少记的金额。

【例6-5】 企业车间生产产品领用材料2 800元。填制记账凭证时金额记为2 600元，其错误分录为：

借：生产成本　　　　　　　　　　　　　　　　　　　2 600
　　贷：原材料　　　　　　　　　　　　　　　　　　　　　2 600

上述记账凭证已登记入账。

更正上述错误用补充登记法。将少记的200元用蓝字填制一张记账凭证，并登记入账，以补充原来少记的金额，分录如下：

借：生产成本　　　　　　　　　　　　　　　　　　　　200
　　贷：原材料　　　　　　　　　　　　　　　　　　　　　　200

注意：对于上述错账更正时需要编制的记账凭证，其摘要内容应填写"更正某字某号记账凭证"字样，而不应再填写原内容。

四、账簿的更换与保管规则

（一）账簿的更换

会计年度结束后，要结束本年度的会计账簿，更换旧账，建立新账。

在建立新账前，要对原有各种账簿的账户进行年度结账并封账。对于总分类账、库存现金和银行存款日记账以及各种应收账款、应付账款等明细账的记账人员，要在所经管账簿的"结转下年余额"处盖章，以明确责任。

账簿更换的做法如下。

（1）库存现金、银行存款日记账、总分类账以及绝大多数明细账，每年都要更换新账。更换新账时，检查本年度账簿记录，在年终结账时是否全部结清；然后，在新账中有关账户的第一行"日期"栏注明1月1日，"摘要"栏注明"上年结转"或"年初余额"字样，将上年度余额以同方向记入新账中的"余额"栏内，并在"借或贷"栏内注明余额的方向（借方还是贷方）。应注意的是，新旧账簿更换时账户余额结转不编制记账凭证。

在年度内，订本账记满更换新账时，办理与年初更换新账簿相似的手续。

（2）对于部分明细分类账，因年度内变化不多，年初可以不必更换新账，如固定资产卡片明细账，可以跨年度使用，不必每年更换新账。但在"摘要"栏内要注明"结转下年"

的字样，以划分新旧年度之间的金额。

（二）账簿的保管

会计账簿与会计凭证和财务报告等都是会计核算的专业材料，是记录和反映单位经济业务的重要史料和证据。因此，必须建立严格的账簿保管制度，妥善保管账簿。对账簿的管理包括两个方面的内容。

1. 账簿的日常管理

（1）明确保管责任。各种账簿要分工明确，指定专人管理，账簿经管人员既要负责记账、对账、结账等工作，又要负责保证账簿的安全、完整。

（2）账簿的日常管理。会计账簿未经领导和会计负责人或者有关人员批准，非经管人员不能随意翻阅查看、摘抄和复制等；会计账簿除需要与外单位核对外，一般不能携带外出，对需要携带外出的账簿，通常由经管人员负责或会计主管人员指定专人负责；会计账簿不能随意交与其他人员管理，以保证账簿安全完整和防止任意涂改、毁坏账簿等问题的发生。

2. 旧账的归档保管

年终结账后，会计账簿要归档保管。对更换下来的旧账需要进行整理、装订、造册，并办理交接手续，归档保管。其具体内容如下。

（1）整理。归档前应对更换下来的旧账进行整理。首先检查应归档的旧账是否收集齐全；然后检查各种账簿应办的会计手续是否完备，对于手续不完备的应补办手续，如注销空行空页、加盖印章、结转余额等。

（2）装订成册。账簿经过整理后要装订成册。装订前首先应检查账簿的扉页内容是否填写齐全，手续是否完备；其次检查订本式账页从第一页到最后一页是否顺序编写页数，有无缺页或跳页，活页账或卡片式账是否按账页顺序编号，是否加具封面。装订时，根据实际情况，一个账户可装订一册或数册，也可以将几个账户合并装订成一册。装订后应由经管人员、装订人员和会计主管人员在封口处签名或盖章。

（3）办理交接手续，归档保管。账簿装订成册后，应编制目录，填写移交清单，办理交接手续，归档保管。保管人员应按照《会计档案管理办法》的要求，编制索引、分类储存、妥善保管，以便于日后查阅，要注意防火、防盗，库房通风良好，以防毁损、霉烂等。保管期满后，应按规定的审批程序报经批准后才能销毁，不得任意销毁。

（4）企业和其他组织的总分类账、明细分类账和普通日记账要保管15年，库存现金日记账和银行存款日记账要保管25年。

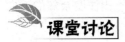

20××年3月15日，某造纸厂厂长李法，召集该厂经营副厂长、财务科长、副科长、出纳和该厂劳动服务公司的出纳到其办公室，共同对该厂劳动服务公司上年度的财务支出流水账、会计凭证、会计账簿等会计资料进行审核，确认无异议后，将余额结转到新账簿

上，由在场人签名。之后，李法决定沿用该厂以往的做法，将审核过的会计资料让人拿到锅炉房予以烧毁。

问题：该厂销毁会计资料的做法正确吗？为什么？

【本章小结】

本章主要阐述各种账簿的设置和登记。通过本章的学习，应了解设置和登记账簿的意义；明确账户、账页和账簿之间的关系。账户是根据国家规定的会计科目开设的，用来反映经济业务发生引起资金的增减变动和结存情况；而账户的结构是体现在账页上，如我们学过的三栏式、数量金额式和多栏式等账页；相同结构的账页构成一本账簿。会计核算中运用的账簿种类是多种多样的，理解账簿按照其用途、外表形式和账页格式进行分类，以便掌握和运用库存现金日记账和银行存款日记账、总分类账和明细分类账的格式、登记依据和登记方法。如果账簿记录出现错误，应采用规定的错账更正方法，即划线更正法、红字更正法和补充登记法进行更正。

为了满足企业内部经营管理和外部有关方面对会计信息的不同需要，会计不仅要提供总括信息，而且在很多情况下还要提供详细信息，应理解总分类账户与明细分类账户的关系，并掌握平行登记的要点并会运用。

账簿启用时，应在账簿封面上写明单位名称和账簿名称，并在账簿扉页上填写"账簿启用及经管账簿人员一览表"；熟悉账簿登记的规则，并能正确使用；了解账簿更换和保管的规则。

【自 测 题】

一、客观题

二、主观题

（一）思考题

1. 设置和登记会计账簿有哪些作用？
2. 明细分类账账页有哪几种格式？适用情况如何？
3. 账簿记录错误的更正方法有哪几种？各在什么情况下使用？

4. 总分类账和与其所属明细分类账的关系如何？平行登记的要点是什么？
5. 账簿包括哪些基本内容？登记账簿的基本要求有哪些？
6. 账簿启用、更换和保管应符合什么规定？

（二）业务题

1. 目的：练习登记库存现金日记账和银行存款日记账。

   资料：盛兴公司20××年4月30日银行存款日记账余额为105 800元，库存现金日记账的余额为3 600元。5月发生下列库存现金和银行存款的收付业务：

   （1）2日，以银行存款归还前欠大华厂购货款48 000元。

   （2）5日，出售A产品500件，货款40 000元及发票上的增值税5 200元，已存入银行。

   （3）6日，以银行存款上缴上月未缴所得税19 000元。

   （4）10日，从银行提取库存现金500元备用。

   （5）12日，行政管理部门职工章晓预借差旅费1 000元，以库存现金支付。

   （6）15日，收到新景厂还来前欠货款43 500元，存入银行。

   （7）16日，以库存现金支付销售产品搬运费200元。

   （8）20日，以银行存款归还短期借款26 000元。

   （9）25日，以银行存款支付外购材料款9 400元。

   （10）28日，将超过核定限额的库存现金900元送存银行。

   （11）29日，章晓出差返回，报销差旅费800元，余款交回现金。

   （12）30日，以银行存款支付本月水电费750元。

   要求：

   （1）编制收款凭证和付款凭证（可以用会计分录代替，但要标明凭证编号）。

   （2）开设并登记三栏式库存现金日记账和银行存款日记账。

2. 目的：练习平行登记的方法。

   资料：宏远工厂6月1日"原材料"总账的期初余额为8 545元，其所属甲材料明细账期初余额：数量24.25千克，单价100元/千克，金额2 425元；其所属乙材料明细账期初余额：数量40.80千克，单价150元/千克，金额6 120元。

   宏远工厂6月发生下列经济业务。

   （1）3日，从茂源公司购入甲材料50千克，每千克单价100元；购入乙材料20千克，每千克单价150元，增值税税率13%，增值税为1 040元。甲、乙材料已验收入库，货款及税金尚未支付。

   （2）本月车间生产产品领用材料：甲材料40千克，每千克单价99元；乙材料10千克，每千克单价152元。

   要求：

   （1）根据所给资料编制记账凭证（可以用会计分录代替，但要注明凭证编号）。

   （2）登记"原材料"总分类账及其所属明细分类账，"原材料"总分类账用三栏式，其明细分类账采用数量金额式。

3. 目的：练习错账更正方法。

资料：某制造企业将账簿记录与记账凭证进行核对，发现下列经济业务内容的账簿记录有错误。请指出采用的错账更正方法，并进行更正。

（1）开出现金支票1 000元，支付企业管理部门日常零星开支。原编记账凭证的会计分录为：

借：管理费用　　　　　　　　　　　　　　　　　　　　　　　　　1 000
　　贷：银行存款　　　　　　　　　　　　　　　　　　　　　　　　1 000

期末结账前，登记"管理费用"明细账时误将借方1 000元记为5000元。

（2）企业的开户银行通知，收到购货单位偿还上月所欠货款6 800元。原编记账凭证的会计分录为：

借：银行存款　　　　　　　　　　　　　　　　　　　　　　　　　8 600
　　贷：应收账款　　　　　　　　　　　　　　　　　　　　　　　　8 600

（3）计提本月行政管理部门用固定资产折旧费4 100元。原编记账凭证的会计分录如下：

借：管理费用　　　　　　　　　　　　　　　　　　　　　　　　　1 400
　　贷：累计折旧　　　　　　　　　　　　　　　　　　　　　　　　1 400

（三）案例题

目的：账簿记录错误的更正。

资料：20××年10月，利得股份公司的张红对材料购进业务涉及的会计凭证与账簿记录进行核对，发现下列经济业务的记账凭证存在问题，并已登记入账。

（1）20××年10月13日，公司在购进乙材料时，共支付了6 800元的外地运杂费，所购乙材料已验收入库。为简化核算起见，张红把它作为管理费用，其会计处理为：

借：管理费用　　　　　　　　　　　　　　　　　　　　　　　　　6 800
　　贷：银行存款　　　　　　　　　　　　　　　　　　　　　　　　6 800

（2）20×3年10月24日，在购进另外一批甲材料时，由于途中的自然损耗，验收时发现应入库1 000千克的甲材料只入库960千克，该批材料购进的单位成本为120元。张红认为没有验收入库（短缺）的原材料应作为当期损失，做账务处理如下：

借：管理费用　　　　　　　　　　　　　　　　　　　　　　　　　4 800
　　贷：在途物资——甲材料　　　　　　　　　　　　　　　　　　　4 800

张红认为这些会计记录是错误的，并做了必要的调整。

问题：

（1）请指出上述经济业务的错误。

（2）请对上述经济业务涉及的会计账簿记录错误进行更正。

第六章　会计账簿

第七章 财 产 清 查

 学习目标

通过本章学习,应达到以下学习目标:
1. 了解财产清查的含义和分类;
2. 理解财产清查的盘存制度;
3. 熟悉财产清查的内容和方法;
4. 掌握财产清查结果会计处理。

 引导案例

这样的财产清查对吗

Y 企业的副经理王某将企业正在使用的一台设备借给其朋友使用,未办理任何手续。清查人员在年底盘点时发现盘亏了一台设备,原值为 20 万元,已计提折旧 5 万元,净值为 15 万元。经查,属王副经理所为。于是,派人向借方追索,但借方声称,该设备已被人偷走。当问及王副经理对此的处理意见时,王副经理建议按正常报废处理。

通过上述案例资料,请思考:企业盘亏的设备按正常报废处理是否符合会计制度的要求?企业应怎样正确处理盘亏的固定资产?

资料来源:陈文铭、陈艳. 基础会计习题与案例[M]. 大连:东北财经大学出版社,2007

由此可见,企业财产物资的清查是非常必要的,通过清查查明财产物资的实存数,再与其账面数进行核对,才能明确账实是否相符,才能确保财产物资的安全完整。怎样进行财产物资的清查?清查的结果如何处理?将由本章进行介绍。

第一节 财产清查概述

一、财产清查的意义

(一)财产清查的含义

财产清查就是通过对实物、现金的实地盘点和对银行存款、债权债务的查对,来确定各项财产物资、货币资金、债权债务的实存数、并查明实存数和账存数是否相符的一种专门方法。

从理论上讲，账簿上所记录财产增减变化的结果应该与各项财产的实存数量相一致，但在实际工作中，账簿记录与实物收发、往来结算等多种原因，可能使各项财产的账面数与结存数发生差异，造成账实不符，具体表现为以下几个方面。

（1）财产物资在保管过程中发生了自然损耗。如受到气候等自然因素影响而发生的数量和质量上的变化。

（2）在收、发财产物资时，由于计量、检验不准确而发生品种、数量或质量上的差错。

（3）在凭证和账簿记录中，出现漏记、重记、错记或计算上的错误。如在财产发生增减变动时，没有填制凭证而登记入账；或者在填制凭证、登账时，发生计算上或登记上的差错。

（4）由于管理不善、制度不严造成的财产损坏、丢失、被盗。如由于保管不善或工作人员失职发生的财产残损、变质与短缺，以及货币资金、债权债务的差错。

（5）因未达账项或拒付而引起单位之间账账不符等。

（6）由于自然灾害和意外事故造成的财产物资损失等。

因此，为了保证会计账簿记录的真实性、准确性和完整性，提高会计信息质量，企业必须采用财产清查的方法对各项财产进行定期或不定期的清查，以便查明造成差异的原因，并分清责任，确保账实相符。

（二）财产清查的意义

通过财产清查工作，对于加强企业内部管理、充分发挥会计的监督职能具有重要意义。

（1）保证会计核算资料的真实性。通过财产清查，确定各项财产的实存数，查明实存数与账存数之间的差异以及发生差异的原因和责任，以便及时调整账面记录，使账实相符，从而保证会计核算资料的真实可靠。

（2）有利于提高资金的使用效能，加速资金周转。通过财产清查，查明各项财产物资储备和利用情况，以便根据不同情况，分别采取不同措施，对于储备不足的，应及时加以补充，确保生产经营的需要；对于超储、积压或呆滞的，应及时处理，防止盲目采购，提高资金使用效率，加速资金周转。

（3）有利于建立健全各项规章制度，保护各项财产的安全完整，提高企业的管理水平。通过财产清查，建立健全财产物资保管的岗位责任制，保证各项财产物资安全完整。通过财产清查，促使经办人员自觉遵守财经纪律和结算制度，及时结清债权债务，避免发生坏账损失。

二、财产清查的分类

财产清查的对象和范围往往是不同的，在时间上也有区别，一般可有以下分类。

（一）按财产清查的范围分类

按财产清查的范围不同，可分为全面清查和局部清查。

1. 全面清查

全面清查是指对所有的实物资产、货币资金和各项债权债务进行盘点和核对。全面清查的对象一般包括以下几个。

（1）货币资金，包括库存现金、银行存款等。

（2）实物资产，包括在本单位的所有固定资产、库存商品、材料物资、包装物、低值易耗品；属于本单位但在途中的各种在途商品、在途材料物资；存放在本单位的代销商品、材料物资等。

（3）债权债务，包括各项应收款项、应付和应交款项以及银行借款等。

全面清查范围广、内容多、时间长、参与人员广。一般在下列几种情况下，才需进行全面清查。

（1）年终决算前，需进行一次全面清查。

（2）单位撤销、合并或改变隶属关系时，需进行全面清查，以明确经济责任。

（3）中外合资、国内联营，需进行全面清查。

（4）开展清产核资、资产评估前，需进行全面清查，摸清家底，准确地核定资金。

（5）单位主要负责人调离工作前，需要进行全面清查。

2. 局部清查

局部清查是指根据需要对一部分财产物资进行的清查。其清查对象主要是流动性较大的财产，如库存现金、库存商品、材料物资等。

局部清查范围小、内容少、时间短、涉及人员少，但专业性较强，一般包括以下内容。

（1）库存现金，出纳人员应于每日业务终了时清点核对。

（2）银行存款，出纳人员每月至少同银行核对一次。

（3）对于各种有价证券和贵重的物资，至少每月应清查盘点一次。

（4）对于一般的库存商品、材料物资等，年内应轮流盘点或重点抽查。

（5）债权债务，每年至少应同对方核对一次。

（二）按照清查时间分类

按财产清查的时间不同，可分为定期清查和不定期清查。

1. 定期清查

定期清查是指按规定或预先计划安排的时间对财产物资所进行的清查。这种清查通常是在年末、季末、月末结账前进行，这样可以在编制会计报表前发现账实不符的情况，据以调整有关账簿记录，使账实相符，从而保证会计报表资料的客观真实性。这种清查对象，可以是全面清查，也可以是局部清查。一般年末进行全面清查，季末、月末进行局部清查。

2. 不定期清查

不定期清查是指事先没有规定清查时间，而是根据需要所进行的临时清查。不定期清查，可以是局部清查，也可以是全面清查。一般在以下情况下进行不定期清查。

（1）更换财产、现金保管人员，为了分清经济责任，要对其所保管的财产、现金进行清查。

（2）发生自然灾害或意外损失，为了查明损失情况，要对受灾损失的有关财产进行清查。

（3）有关财政、审计、银行等部门对本单位进行会计检查，为了验证会计资料的可靠性，要按检查要求和范围进行清查。

（4）单位撤销、合并或改变隶属关系时，应对本单位的各项财产物资、货币资金、债权债务进行清查。

三、财产清查的组织准备工作

财产清查是一项极其复杂的工作，特别是全面清查，涉及的部门多、人员多、工作内容多、清查对象范围广。因此，必须有计划、有组织地进行。财产清查的组织主要指财产清查前的准备工作，包括组织准备和业务准备，然后才能按科学、合理的方法进行财产清查。

（一）组织准备

企业应在有关主管领导负责下，成立由会计部门牵头，有会计、业务、保管等各职能部门人员参加的财产清查小组，具体负责财产清查的计划、组织和管理工作。其主要任务如下。

（1）在财产清查前，研究制订财产清查计划，确定清查的对象和范围，安排清查工作的进度，配备清查人员，确定清查方法。

（2）在清查过程中，做好具体组织、检查和督促工作，及时研究和处理清查中出现的问题。

（3）在清查结束后，将清查结果和处理意见上报领导和有关部门审批。

（二）业务准备

为做好财产清查工作，会计部门和有关业务部门要在清查小组的指导下，做好各项业务准备工作，主要有以下几项。

（1）会计部门应做好所有账簿的登记工作。在财产清查之前，将有关账目登记齐全，结出余额，做到账簿记录完整、计算准确、账证相符、账账相符，为账实核对提供正确的账簿资料。

（2）财产物资保管部门要做好各种财产物资入账工作。应在财产清查之前，登记好所经管的各种财产物资明细账，结出余额。将所保管和使用的物资整理好，挂上标签，标明品种、规格及结存数量，以便盘点核对。

（3）准备好必要的计量器具等，以便进行检查和校正，保证计量的准确性。

（4）准备和印制好有关资产清查需要取得的对账单、有关的函证资料及清查需用登记的各种表册，如现金盘点报告表、盘存单、实存账存对比表等。

四、财产物资的盘存制度

在会计核算中，由于确定财产物资账面结存额的依据不同，存在着两种盘存制度，即永续盘存制和实地盘存制。

（一）永续盘存制

1. 永续盘存制的概念

永续盘存制是也称账面盘存制，是指通过设置财产物资的明细账，逐日逐笔地登记财产物资收入发出数，并随时结出账面余额的一种方法。因此，又称账面盘存制。

采用这种盘存方法，平时增加或减少某种财产时，都要根据会计凭证逐日逐笔在该财产物资明细账上做连续登记，并随时结出账面余额。企业在永续盘存制下计算存货本期销售或耗用成本和期末存货成本时，应按下列公式计算：

本期销售（耗用）成本 = 本期销售（耗用）数量 × 单位成本

账面期末余额 = 账面期初余额 + 本期增加额 − 本期减少额

单位成本可以采用加权平均法、移动加权平均法、先进先出法、个别计价法等方法中的一种方法计算出来。计价方法一经确定，不得随意变更。

2. 永续盘存制的优点

（1）在财产物资明细账中，可随时掌握财产物资收入、发出和结存的情况，并进行数量和金额的双重控制，从而加强对财产的日常管理。

（2）财产物资明细账的结存数量与实际盘点数进行核对，可及时发现短缺或溢余。

（3）财产物资明细账上的结存数，随时与预定的最高限额和最低限额进行比较，可及时取得财产物资积压或不足的信息。

3. 永续盘存制的缺点

财产物资明细分类核算工作量较大，如果月末一次结转销售（耗用）成本，计算工作过于集中。

4. 永续盘存制的适用范围

该方法在控制和保护财产物资安全完整方面具有明显的优越性，因此，在实际工作中为多数企业采用。

5. 永续盘存制应用举例说明

甲公司采用永续盘存制反映该公司原材料的增减变化情况。4月，该公司A材料明细账既登记了其增减变化的数量和成本，又登记了其期末结存数量及成本情况。如表7-1所示。

表 7-1　　　　　　　　　　原材料明细表

材料名称：A 材料

20××年		凭证		摘要	收入			发出			结存		
月	日	字	号		数量/千克	单价/元	金额/元	数量/千克	单价/元	金额/元	数量/千克	单价/元	金额/元
4	1			期初余额							10	100	1 000
	2		1	购进	20	100	2 000				30	100	3 000
	20		5	领用				15	100	1 500	15	100	1 500
	30			本月合计	20	100	2 000	15	100	1 500	15	100	1 500

（二）实地盘存制

1. 实地盘存制的概念

实地盘存制是指在期末通过盘点实物，来确定财产物资的数量，并据以计算出财产物资期末结存额和本期减少额的一种方法。

这种方法用于产品制造企业时称"以存计耗制"，用于商品流通企业时又称"以存计销制"。采用实地盘存制，平时只根据会计凭证在账簿中登记财产物资的增加数，不登记减少数，期末对各项财产进行盘点，倒挤出本期各项财产物资的减少数。其计算公式如下：

本期减少数 = 账面期初余额 + 本期增加数 − 期末实际结存数

期末存货成本 = 库存数量（实地盘点数）× 单位成本

本期销售（耗用）成本 = 期初存货成本 + 本期购货成本 − 期末存货成本

其单位成本的计价方法与永续盘存制下的方法相同。

2. 实地盘存制的优点

平时对财产物资发出和结存数量可以不做详细记录，从而简化了财产物资的明细分类核算工作。

3. 实地盘存制的缺点

（1）平时对各项财产物资的收入、发出和结存没有严密的手续，不能及时提供各种财产物资收、发、结存的动态信息，不利于进行日常管理和监督。

（2）期末倒挤计算财产物资的减少数，使财产物资减少数中的成分复杂化，除正常耗用或销售的以外把可能存在的损耗、差错，短缺等隐含在本期耗用或销售成本中，这既不利于财产物资的管理，又影响了成本计算的正确性。

（3）由于不能及时反映财产物资的耗用或销售成本，从而影响成本结转的及时性。

4. 实地盘存制的适用范围

一般它只适用于一些自然损耗大、数量不稳定的鲜活商品等。

5. 实地盘存制应用的举例说明

【例7-1】A材料月初余额3 000千克，单价3元。本月两次购入该材料，共计2 000千克，单价3元。月末，经盘点确认该材料的结存数量为1 500千克。

计算分析：发出A材料数量 = 期初数量 + 本期增加数量 − 期末数量
$$= 3\,000 + 2\,000 - 1\,500 = 3\,500（千克）$$

发出A材料成本 = 发出数量 × A材料单价
$$= 3\,500 × 2 = 7\,000（元）$$

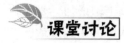

你认为在实际工作中，企业存货数量的盘点应采用哪一种盘存制度？为什么？

第二节 财产清查的内容和方法

财产清查是一项涉及面广、工作量大的会计工作，为了提高清查效率，保证清查工作质量，必须采用行之有效的方法进行财产清查，应该针对清查对象的不同选择不同的清查方法。

一、货币资金的清查

货币资金的清查包括库存现金的清查、银行存款的清查等。

（一）库存现金的清查

库存现金的清查，是通过实地盘点的方法，确定库存现金的实存数，然后与库存现金日记账的账面余额相核对，以查明账实是否相符以及盘盈或盘亏情况。

对库存现金进行盘点时，出纳人员必须在场；在清点时不能以不具法律效力的借条、收据充抵库存现金。盘点结束后，应根据库存现金盘点结果，编制"库存现金盘点报告表"，并由盘点人员和出纳人员签章。"库存现金盘点报告表"是反映库存现金实有数和调整账簿记录的重要原始凭证，其格式如表 7-2 所示。

表 7-2　　　　　　　　　　　库存现金盘点报告表
单位名称：　　　　　　　　　　　年　月　日　　　　　　　　　　　单位：元

实存金额	账存金额	实存与账存对比结果		备注
		盘盈	盘亏	

盘点人签章：　　　　　　　　　出纳员签章：

（二）银行存款的清查

银行存款的清查，与库存现金的清查方法不同，它是采用企业银行存款日记账与开户银行核对账目的方法。在和银行核对账目之前，应先详细检查企业银行存款日记账的正确性和完整性，发现有错记或漏记，应及时更正、补记。然后与银行转来的对账单逐笔核对。企业同开户银行之间因为结算凭证传递时间的差异，可能发生"未达账项"，致使企业银行存款日记账的余额与银行对账单的余额不相一致。不一致的原因主要有两个：一是双方或一方记账错误，如果属于这种情况应及时查清更正；二是存在未达账项。

未达账项是指企业与银行之间由于结算凭证传递的时间不同，而造成一方已经入账，而另一方尚未收到结算凭证从而尚未入账的款项。未达账项有以下四种情况。

（1）企业已收款入账，而银行尚未收款入账。如企业将销售产品收到的支票送存银行，根据银行盖章退回的"进账单"回单联登记收款入账；而银行则不能马上记增加，要等款项收妥后才能记账。如果此时对账，则形成企业已收，银行尚未收款入账的未达账款。

（2）企业已付款入账，而银行尚未付款入账。如企业开出一张现金支票购办公用品，企业根据现金支票存根、发货票及入库单等凭证，登记付款入账；而持票人此时尚未到银行兑现，银行因尚未收到付款凭证，没有付款入账。如果此时对账，则形成企业已付，银行尚未付款入账的未达账款。

（3）银行已收款入账，企业尚未收款入账。如外地某单位给企业汇来货款，银行收到汇款后登记入账，而企业由于尚未收到汇款凭证而未登记入账。如果此时对账，则形成银行已收，企业尚未收款入账的未达账款。

（4）银行已付款入账，企业尚未付款入账。如银行在季末已将短期借款利息划出，并已付款入账，而企业尚未接到付款通知，而未付款入账。如果此时对账，则形成银行已付，企业尚未付款入账的未达账款。

上述任何一种情况发生，都会使企业和银行的账簿记录出现不一致。因此，在核对账目时必须注意有无未达账项。如果发现有未达账项，应编制"银行存款余额调节表"，对未达账项进行调整，再确定企业与银行双方记账是否一致，双方的账面余额是否相符。

调节表的编制方法一般是在企业与银行双方的账面余额的基础上加上对方已收而本单位未收的款项，减去对方已付而本单位未付的款项。其调节公式如下：

企业银行存款日记账余额 + 银行已收企业未收款项 − 银行已付企业未付款项 = 银行对账单余额 + 企业已收银行未收款项 − 企业已付银行未付款项

下面举例说明"银行存款余额调节表"的编制方法。

【例 7-2】 某企业 20×× 年 1 月 31 日银行存款日记账账面余额为 36 500 元；银行对账单余额为 38 750 元。经查发现有以下未达账项：

（1）1 月 28 日，企业送存银行一张转账支票，金额 4 000 元，银行尚未入账。
（2）1 月 29 日，银行收取企业借款利息 426 元，企业尚未收到付款通知。
（3）1 月 30 日，企业委托银行收款 4 576 元，银行已入账，企业尚未收到收款通知。
（4）1 月 30 日，企业开出转账支票一张，金额 2 100 元，持票单位尚未到银行办理手续。

根据以上资料，编制银行存款余额调节表，如表 7-3 所示。

表 7-3　　　　　　　　　　银行存款余额调节表
20×× 年 1 月 31 日　　　　　　　　　　　　　　单位：元

项目	金额	项目	金额
企业银行存款日记账余额	36 500	银行对账单余额	38 750
加：银行已收企业未收款项	4 576	加：企业已收银行未收款项	4 000
减：银行已付企业未付款项	426	减：	2 100
调整后余额	40 650	调整后余额	40 650

表 7-3 的编制方法是补记式，即企业与银行双方都在本身余额的基础上，补记对方已记账、本身未记账的未达账项。经调整后，双方余额相等，说明双方记账相符，否则说明记账有错误应予以更正；调整后余额理论上是企业当时实际可以动用的存款数额。

需要注意的是：对于长期存在的未达账项应及时查明原因，予以解决；"银行存款余额调节表"只起对账作用，不能作为调整账面余额的凭证，应待有关结算凭证到达后，再登记银行存款日记账。

第七章　财产清查

课堂讨论

银行存款余额调节表是否属于原始凭证？根据银行存款余额调节表是否可以直接调整账面余额？

二、实物资产的清查

实物资产是指具有实物形态的各种财产，包括原材料、在产品、库存商品和固定资产等。实物资产的清查是通过确定其实存数（包括实存的数量和金额）与账存数（包括数量和金额）进行核对，据以查明实存数与账存数是否相符的一种专门方法。

（一）实物资产的清查方法

由于各种实物资产的形态、体积大小、重量、堆放方式等不尽相同，因而对其实际数量的清查方法也有所不同。常用的清查方法主要有以下几种。

（1）实地盘点法。实地盘点法是指对实物资产堆放现场进行逐一清点数量或用计量器具确定其实存数的一种方法。多数实物资产（如机器设备、原材料、库存商品等）的清查均可采用这种方法。

（2）技术推算法。技术推算法是指利用量方、计尺等技术方法，来推算实物资产的实存数量的一种方法。对大量成堆、难以逐一清点的实物资产（如水泥、化肥、沙石等）实存数量的确定可采用技术推算盘点方法。

（3）抽样盘点法。抽样盘点法是指对价值小、数量多、重量均匀的实物资产，采用从中抽取少量样品，以确定其实存数量的一种方法。

（二）清查结果的记录

为了明确经济责任，盘点时，实物保管人员必须在场并参加盘点工作，对各种实物资产盘点的结果，应如实登记"盘存单"，并由盘点人员、实物保管人员及有关责任人签章。"盘存单"是记录实物盘点结果的书面证明，也是反映实物资产实有数的原始凭证。其一般格式如表7-4所示。

表7-4　　　　　　　　　　　盘　存　单

单位名称：　　　　　　　　盘点时间：　　　　　　　　编号：
财产类别：　　　　　　　　存放地点：　　　　　　　　金额单位：元

序号	名称	规格	计量单位	盘点数量	单价	金额	备注

盘点人签章：　　　　　　　　保管人签章：

为进一步查明盘点结果与账面结存是否一致，确定盘盈或盘亏情况，在盘点出各种实物资产的实存数以后，会计人员还要根据"盘存单"和有关账簿记录，填制"实存账存对比表"，分析各种实物资产实存与账存之间的差异及产生差异的原因，以明确经济责任。该表是调整账簿记录的原始凭证，其一般格式如表7-5所示。

表 7-5　　　　　　　　　　　　实存账存对比表
单位名称：　　　　　　　　　　　年　月　日　　　　　　　编号：
金额单位：元

序号	名称	规格型号	计量单位	单价	实存		账存		盘盈		盘亏		备注
					数量	金额	数量	金额	数量	金额	数量	金额	

单位负责人签章：　　　　　　　　　　填表人签章：

对于委托外单位加工、保管的财产物资、出租的固定资产，可通过信件询证的办法来证实。对代其他单位保管的物资和受托加工的物资，应认真履行受托和代管责任。在清查盘点后，对发生盘盈、盘亏情况，应分清责任，分别处理。如属本单位造成的损失，应由本单位负责处理和赔偿；如属于对方交货时数量不实或自然损耗，应通知对方核实，并在有关账簿中作出相应的记录，调整有关数字，保证账实相符。

三、结算往来款项的清查

往来款项主要包括应收款、应付款、暂收款、暂付款等款项。各项结算往来款项的清查，一般采用函证核对方法进行清查。也就是在检查本单位各项往来结算账目正确、完整的基础上，按每一个经济往来单位编制"往来款项对账单"，送往对方单位进行账目核对。该对账单一式两联，其中一联作为回联单，对方单位核对相符后，在回联单上加盖公章退回，表示已核对；如发现数字不符，对方单位应在对账单中注明情况，或另抄对账单退回本单位，进一步查明原因，再进行核对，直到相符为止。

"往来款项对账单"的一般格式和内容如表 7-6 所示。

表 7-6　　　　　　　　　　　　往来款项对账单
××单位：
　　贵单位 20××年×月×日在本公司购入甲产品 200 件，货款 46 800 元尚未支付，为了清对账目，特函请查证，是否相同，请核对后将回单联寄回。

　　　　　　　　　　　　　　　　　　　　　　　　　　　　　清查单位：（盖章）
　　　　　　　　　　　　　　　　　　　　　　　　　　　　　××××年×月×日

------------------------沿此虚线裁开，将以下回单联寄回！------------------------

往来款项对账单（回联）
××清查单位：
　　贵单位寄来的"往来款项对账单"已收到，经核对相符无误。

　　　　　　　　　　　　　　　　　　　　　　　　　　　　　××单位：（盖章）
　　　　　　　　　　　　　　　　　　　　　　　　　　　　　××××年×月×日

第七章　财产清查

第三节 财产清查结果的处理

一、财产清查结果处理的步骤

财产清查后，如实存数与账存数不一致，会出现两种情况：一是实际数大于账存数，称为盘盈；二是实存数小于账存数，称为盘亏。当实存数与账存数一致，但实存的财产物资有质量问题，不能按正常的财产物资使用，称为毁损。不论是盘盈还是盘亏或毁损，都需要进行账务处理，调整账存数，使账存数与实存数一致，以保证账实相符。因此，一旦发现账存数与实存数不一致，应该核准数字，分析产生差异的原因，明确经济责任，提出相应的处理意见，按规定的程序批准后，才能对差异进行处理。

财产清查结果的账务处理分两步进行。

（1）根据已查明属实的财产盘盈、盘亏或毁损的数字，编制"实存账存对比表"，填制记账凭证，据以登记账簿，调整账簿记录，使各项财产物资的账存数与实存数一致。在做好上项账簿调整工作后，将财产清查结果报送有关领导和部门批准。

（2）根据有关领导和部门批复的意见进行账务处理，编制记账凭证，登记有关账簿，并追回由于责任者个人原因造成的损失。

二、财产清查结果的账务处理

为了核算和监督财产清查中查明的各种财产的盘盈、盘亏和毁损及其处理情况，应设置"待处理财产损溢"账户。"待处理财产损溢"账户借方发生额反映待处理的各项财产物资的盘亏和毁损数以及已批准处理的盘盈财产物资的结转数；贷方发生额反映待处理的各项财产物资的盘盈数以及已批准的盘亏和毁损的财产物资结转数；其余额分别反映待处理的各项财产物资的净损失数（借方）或净溢余数（贷方）。企业清查的各种财产的损溢，应于期末前查明原因，并报有关部门批准，在期末结账前处理完毕。期末处理后"待处理财产损溢"账户应无余额。"待处理财产损溢"账户结构如表 7-7 所示。

表 7-7　　　　　　　　　　待处理财产损溢

各项财产物资的盘亏和毁损金额 结转已批准的盘盈数	各项财产物资的盘盈金额 结转已批准的盘亏和毁损数；
期末余额：尚未批准处理的各项财产物资的净损失	期末余额：尚未批准处理的各项财产物资的净溢余

为了分别反映和监督企业流动资产与固定资产的盘亏及毁损情况，应在"待处理财产损溢"账户下，设"待处理流动资产损溢"和"待处理固定资产损溢"两个明细分类账户，进行明细分类核算。

下面举例说明财产清查结果的账务处理。

（一）库存现金清查结果的账务处理

库存现金在清查中，如果发现账款不符，对有待查明原因的现金短缺或溢余，应先通过"待处理财产损溢"账户核算。按管理权限报经批准后，分别按以下情况处理。

（1）如为现金短缺，属于应由责任人赔偿或保险公司赔偿的部分，计入其他应收款；属于无法查明的其他原因，计入管理费用。

（2）如为现金溢余，属于应支付给有关人员或单位的，计入其他应付款；属于无法查明原因的，计入营业外收入。

【例 7-3】 A 企业在现金清查中，发现库存现金短缺 200 元。该企业应编制的会计分录如下：

借：待处理财产损溢　　　　　　　　　　　　　　　　　　　　　200
　　贷：库存现金　　　　　　　　　　　　　　　　　　　　　　　　200

【例 7-4】 承【例 7-3】，经反复核查，上述现金短缺，其中 150 元属于出纳员王云的责任，应责成其赔偿，另外 50 元无法查明原因，经批准后转作管理费用处理。该企业应编制的会计分录如下：

借：其他应收款——王云　　　　　　　　　　　　　　　　　　　150
　　管理费用　　　　　　　　　　　　　　　　　　　　　　　　　 50
　　贷：待处理财产损溢　　　　　　　　　　　　　　　　　　　　200

【例 7-5】 B 企业在现金清查中，发现库存现金溢余 160 元。该企业应编制的会计分录如下：

借：库存现金　　　　　　　　　　　　　　　　　　　　　　　　160
　　贷：待处理财产损溢　　　　　　　　　　　　　　　　　　　　160

【例 7-6】 承【例 7-5】，经反复核查，上述现金溢余，其中 100 元属于应付甲公司材料款项，另外 60 元原因不明，经批准转作营业外收入处理。该企业应编制的会计分录如下：

借：待处理财产损溢　　　　　　　　　　　　　　　　　　　　　160
　　贷：其他应付款——甲公司　　　　　　　　　　　　　　　　　100
　　　　营业外收入　　　　　　　　　　　　　　　　　　　　　　 60

（二）存货清查结果的账务处理

造成存货账实不符的原因有多种，对有待查明原因的存货盘亏或盘盈，应先通过"待处理财产损溢"科目核算。按管理权限报经批准后，分别以下情况处理。

（1）如果发生盘亏及毁损，对于应由保险公司和过失人支付的赔款，记入"其他应收款"账户；扣除残料价值和应由保险公司、过失人赔款后的净损失，属于一般经营损失的部分，记入"管理费用"账户，属于非常损失的部分，记入"营业外支出——非常损失"账户。同时，注意自然灾害造成的，进项税额不用转出。

（2）如果发生盘盈，属于日常收发计量差错导致的，一般冲减管理费用。

【例 7-7】 甲公司在财产清查中发现毁损 A 材料 300 千克，实际单位成本为 100 元，经查属于材料保管员的过失造成的，按规定由其个人赔偿 20 000 元，残料已办理入库手续，价值 2 000 元，8 000 元属于日常收发计量差错造成的。假定不考虑相关税费。甲公司应编制如下会计分录：

（1）批准处理前：

借：待处理财产损溢   30 000

    贷：原材料——A 材料   30 000

（2）批准处理后：

借：其他应收款——×过失人   20 000

    原材料——A 材料   2 000

    管理费用   8 000

    贷：待处理财产损溢   30 000

【例 7-8】 甲公司因台风造成一批库存材料毁损，实际成本 70 000 元，根据保险责任范围及保险合同规定，应由保险公司赔偿 50 000 元。假定不考虑相关税费。甲公司应编制如下会计分录：

（1）批准处理前：

借：待处理财产损溢   70 000

    贷：原材料   70 000

（2）批准处理后：

借：其他应收款   50 000

    营业外支出——非常损失   20 000

    贷：待处理财产损溢   70 000

【例 7-9】 A 企业在财产清查中，盘盈甲材料 800 元。

（1）在批准前，根据"实存账存对比表"所确定的材料盘盈数，做如下会计分录：

借：原材料——甲材料   800

    贷：待处理财产损溢   800

（2）上述材料盘盈，经查明原因属于日常管理不善造成的，批准做冲减管理费用处理。根据批准处理意见，做如下会计分录：

借：待处理财产损溢   800

    贷：管理费用   800

（三）固定资产清查结果的账务处理

企业应定期或者至少于每年年末对固定资产进行清查盘点，以保证固定资产核算的真实性，充分挖掘企业现有固定资产的潜力。在固定资产清查过程中，如果发现盘盈、盘亏的固定资产，应填制固定资产盘盈盘亏报告表。清查固定资产的损溢，应及时查明原因，并按照规定程序报批处理。

1. 固定资产盘盈

企业在财产清查中盘盈的固定资产，作为前期差错处理。企业在财产清查中盘盈的固定资产，在按管理权限报经批准处理前应先通过"以前年度损益调整"账户核算。盘盈的固定资产,应按以下规定确定其入账价值:如果同类或类似固定资产存在活跃市场的,按同类或类似固定资产的市场价格,减去按该项资产的新旧程度估计的价值损耗后的余额,作为入账价值;如果同类或类似固定资产不存在活跃市场的,按该项固定资产的预计未来现金流量的现值,作为入账价值。

企业应按上述规定确定的入账价值,借记"固定资产"账户,贷记"以前年度损益调整"账户。

2. 固定资产盘亏

企业在财产清查中盘亏的固定资产,按盘亏固定资产的账面价值,借记"待处理财产损溢"账户,按已计提的累计折旧,借记"累计折旧"账户,按固定资产的原价,贷记"固定资产"账户。按管理权限报经批准后处理时,按可收回的保险赔偿或过失人赔偿,借记"其他应收款"账户,按应计入营业外支出的金额,借记"营业外支出——盘亏损失"账户,贷记"待处理财产损溢"账户。

【例7-10】乙公司进行财产清查时发现短缺一台机器设备,原价为100 000元,已计提折旧70 000元,乙公司应编制如下会计分录:

(1)盘亏固定资产时:

借:待处理财产损溢 30 000
　　累计折旧 70 000
　　贷:固定资产 100 000

(2)报经批准转销时:

借:营业外支出——盘亏损失 30 000
　　贷:待处理财产损溢 30 000

课堂讨论

为什么固定资产盘盈、盘亏的会计处理有所不同?

(四)往来结算款项清查结果的账务处理

在财产清查中,对长期不清的往来款项,应及时进行清理。其中:对于经确认确实无法收回的应收款项,即坏账,作为坏账损失予以核销,冲减应收账款。在采用备抵法核算时,应借记"坏账准备"账户,贷记"应收账款"账户;企业转销确实无法支付的应付账款(如因债权人撤销等原因而产生的无法支付的应付账款),应按其账面余额记入"营业外收入"账户,借记"应付账款"账户,贷记"营业外收入"账户。

【例7-11】甲公司在财产清查中,查明应收丙单位货款4 100元,因该单位撤销,确实无法收回。经批准作为坏账处理。该公司采用备抵法核销坏账。该公司应做如下会计分录:

借:坏账准备 4 100
　　贷:应收账款——丙单位 4 100

【例7-12】甲公司在财产清查中发现一笔长期无法支付的应付货款6 000元,经查属

该债权单位已经撤销。公司报经批准后,予以转销。该公司应做如下会计分录:

  借:应付账款   6 000
   贷:营业外收入   6 000

【本章小结】

财产清查是会计核算的一项专门方法。财产清查对于加强企业管理、保证会计核算质量、发挥会计的监督职能具有重要意义。

财产清查按范围,可分为全面清查和局部清查;按时间,可分为定期清查和不定期清查。

财产物资的盘存制度有永续盘存制和实地盘存制两种。在实际工作中永续盘存制为大多数企业采用。

依据货币资金、实物资产、债权债务等清查对象的不同,财产清查会采用不同的方法。库存现金的清查采用实地盘点法;银行存款的清查采用的是企业银行存款日记账余额与开户银行对账单进行核对账目的方法;实物资产由于形态、体积、重量等不同,采用的方法也有所不同,主要采用实地盘点法、技术推算法等;结算往来款项的清查则采用与对方单位核对账目的方法。

财产清查结果主要有盘亏和盘盈两种,清查发生的盘盈和盘亏通过"待处理财产损溢"科目核算,期末处理后该账户无余额。核算时分两步:第一步,批准前调整为账实相符;第二步,批准后结转处理。通过处理,使之与实存数一致,最终确保会计报表的信息真实可靠。

【自 测 题】

一、客观题

自学自测 扫描此码

二、主观题

(一)思考题

1. 永续盘存制和实地盘存制各有何特点?
2. 未达账项是如何产生的?怎样调整未达账项?
3. 对各种财产物资清查结果如何处理?

4. 在什么情况下要进行全面清查？

5. 在什么情况下要进行局部清查？

6. 财产清查有哪些种类？

7. 常用的实物资产清查方法有哪些？

8. 什么是财产清查？

（二）业务题

1. 资料：甲公司20××年12月31日银行存款日记账的余额为5 400 000元，银行存款对账单的余额为8 300 000元。经逐笔核对，发现以下未达账项。

（1）企业送存转账支票6 000 000元，并已登记银行存款增加，但银行尚未记账。

（2）企业开出转账支票4 500 000元，并已登记银行存款减少，但持票单位尚未到银行办理转账，银行尚未记账。

（3）企业委托银行代收某公司购货款4 800 000元，银行已收妥并登记入账，但企业尚未收到收款通知，尚未记账。

（4）银行代企业支付电话费400 000元，银行已登记减少企业银行存款，但企业未收到银行付款通知，尚未记账。

要求：根据以上有关内容，编制银行存款余额调节表。

甲公司银行存款余额调节表　　　　　　　　单位：元

项目	金额	项目	金额
企业银行存款日记账余额		银行对账单余额	
加：银行已收，企业未收款		加：企业已收，银行未收款	
减：银行已付，企业未付款		减：企业已付，银行未付款	
调节后的存款余额		调节后的存款余额	

2. 资料：某企业（小规模纳税人）在财产清查中发现以下问题。

（1）业务部门盘缺电脑一台，原值10 000元，已提折旧4 500元。

（2）仓库盘点库存商品，发现某批货物账面余额为134箱，实际存量为132箱，每箱进价为300元。

（3）家电组实地盘点库存商品，发现29寸电视机存量28台，账面余额为27台，进价2 100元。

（4）出纳处库存现金经盘点短缺50元。

（5）上述盘点溢缺原因已经查明，报请批准，处理意见如下：

第一，盘亏电脑系搬迁中遗失，列作营业外支出。

第二，某批货物两箱系保管人员丢失，由过失人赔偿。

第三，29寸电视机盘盈一台，系供货单位多发，已交供货单位收回。

第四，库存现金短缺50元，应由过失人赔偿。

要求：根据上述情况，编制有关会计分录。

3. 资料：某厂20××年年末进行清查，发现以下事项。

（1）经检查其他应收款600元，属某运输公司造成的损失，确定由该公司赔偿，但该合同已撤销，无法收回，批准作为坏账处理。

（2）长期无法支付的应付账款5 000元，因该单位已宣告破产而不存在，批准作为营业外收入处理。

（3）职工李某生病住院时领导批准借款3 500元，该人病故，此款项确实无法收回，经批准从职工福利费报销。

（4）查明无法收回的应收账款1 000元，报请有关部门同意作为坏账处理。

要求：根据以上相关资料编制会计分录。

（三）案例题

A企业出纳员张峰收到B单位签发的一张转账支票3 000元后，同时签发了一张金额为3 000元的现金支票，然后一并到银行办理银行存款进账业务和提取现金的业务。

案例要求：

（1）出纳员的这种做法是否属于正常的经济业务范畴?为什么?

（2）对这两笔经济业务如何进行账务处理?

（3）你作为一个审计人员，对这类经济业务应如何查处?

第八章 会计循环与会计记账程序

通过本章学习,应达到以下学习目标:
1. 了解会计循环的概念、会计循环的基本程序;
2. 理解各种账务处理程序的特点;
3. 熟悉账项调整的目的及依据,掌握账项调整方法和结账方法;
4. 掌握各种账务处理程序的优缺点和适用范围;
5. 掌握各种账务处理程序的核算步骤。

李明是 ABC 公司的助理会计师,他刚收到公司 2018 年年报的副本,并为此感到烦恼。原来几周前,他把准备好的年报及说明交给了财务经理、公司总裁和董事会,在说明中他指出公司 2018 年度的净收益比上一年度降低了 6.3%。但是现在他发现在公司总裁给股东的对外年报中净收益被宣布为比去年增长了 4.3%,这是因为年报把 14 500 000 元的预收款计为 2018 年的销售收入,而这些预收款本应属于 2019 年第一季度的销售收入。李明的上司告诉他,这是董事会的决定。董事会不希望令股东失望和不安,而且 2019 年对公司来说会是一个好年景。财务经理告诉李明不要担心,因为明年的预期收入会补上这个差额,股东们不会失去任何东西。李明应该怎么办?

第一节 会 计 循 环

一、会计循环概述

作为一个经济信息系统,会计工作的目的是为信息需求者提供与决策有关的信息。它对企业经济交易与事项所进行的确认、计量、记录和报告实际上是一个连续不断、周而复始的过程这一信息处理过程在会计上称为会计循环。

会计循环也称会计程序,是企业将一定时期发生的所有经济业务,依据一定的步骤和方法,加以确认、记录、分类、汇总直至编制会计报告的会计处理全过程。即在经济业务事项发生后,从填制和审核会计凭证开始,到登记账簿,直至编制财务会计报告,完成一个会计期间会计核算工作的过程。由于会计分期的原因,在连续的会计期间,这些工作周而复始地不断循环进行。

会计分期这一前提，把企业延续不断的经营过程划分为会计期间（年度、半年度、季度和月份），会计期间规定了会计工作的时间范围。如果企业以一年为一个会计期间，则会计循环历时一年；如果企业按月（或季）结账和编制会计报表，则会计循环历时一个月（或季）。

应该指出的是，除了记录所发生的明显交易外，会计循环还包括对隐含交易作出调整，如对一些应计未付的费用作出处理等。

会计循环是资金运动的链条和纽带，建立高效良好的会计循环机制是资本营运的客观要求。

知识链接

会计循环是用一系列程序与方法，按照一定顺序进行依次继起的账务处理过程。

二、会计循环的基本步骤

狭义而言，会计循环是自经济业务发生后填制会计凭证，至会计期末编制会计报表的会计工作过程。它包括如下基本的步骤和程序。

（一）填制和审核原始凭证

根据日常经济业务发生时收集的原始凭证，分析经济业务的内容。对于发生的经济业务进行初步的确认和记录，即填制和审核原始凭证。

（二）编制记账凭证

在审核原始凭证的基础上，通过编制会计分录填制记账凭证。

（三）登记会计账簿

根据每笔会计分录所确定的应借、应贷金额，分别过入有关总分类账户和明细分类账户之中。即根据记账凭证登记有关账簿（过账），包括日记账、总分类账和明细分类账。

（四）期末账项调整

根据权责发生制和配比性的要求，按照收入、费用的归属期，对账本记录进行必要的调整，从而正确地计算出当期损益和反映企业会计期末的财务状况。即编制调整分录，其目的是将收付实现制转换为权责发生制。

（五）结账

根据一定时期内全部入账的经济业务的内容，将各种账簿记录结算清楚，即结算出本期发生额和期末余额，以便为编制会计报表提供标准的资料。结账，即将有关账户结算出本期总的发生额和期末余额，并结转下期以连续记录。

（六）对账

根据账户提供的会计数据和会计主体财产清查的结果，在每一个会计期末进行对账，以确保账簿所反映的会计资料的正确、真实和可靠。对账包括账证核对、账账核对和账实核对。

（七）试算平衡

根据借贷记账法的基本原理进行全部总分类账户的借方与贷方总额的试算检查。

（八）编制财务报告

根据有关账户的发生额和期末余额，编制会计报表和其他财务报告，从而使得投资者、经营者、债权人及政府的财政、税务、审计等监督部门可以及时地了解报表单位的会计信息，以满足相关部门和个人作出经济决策的需要。

在这个核算体系中，填制和审核会计凭证、登记会计账簿、编制财务会计报告构成了该体系的核心环节。

会计循环基本步骤流程如图 8-1 所示。

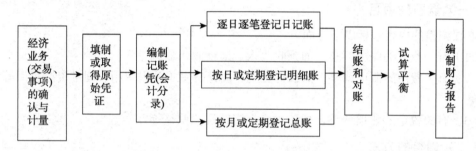

图 8-1　会计循环基本步骤流程

会计作为国际性商业语言，规范各国会计信息生成的会计准则正逐步走向趋同和一致，因此，不同国家的会计循环过程大同小异。

第二节　期末账项调整

期末账项调整即期末结账前，按照权责发生制原则，确定本期的应得收入和应负担的费用，并据以对账簿记录的有关账项作出必要调整的会计处理方法。

一、调整的必要性及依据

账项调整的目的是合理地反映相互连接的各会计期间应得的收入和应负担的费用，使各期的收入和费用能在相互适应的基础上进行配比，从而比较正确地计算各期的损益。值得注意的是，期末进行账项调整，虽然主要是为了在利润表中正确地反映本期的经营成果，但是，在收入和费用的调整过程中，必然会影响到资产负债表有关项目的增减变动。因此，账项调整有助于正确地反映企业期末财务状况。

持续经营和会计分期是会计核算的两个前提条件(会计假设)。基于这两个前提条件，会计核算要求遵循配比原则和权责发生制基础。即将某一会计期间的成本费用与其有关的收入相互配合比较，以正确计算该期的损益。但在日常账簿中，本期实际收到的收入或付出的费用，有些作为本期收入费用入账，有些则因未确定所属期未能入账，而有些本期虽未实际收到的收入或付出的费用，其归属期应属本期，也尚未入账，这就需要按照权责发生制的要求，将应属本期的收入费用调整入账，才能正确确认本期的收入、费用，使之做出有意的配合比较，从而正确地确定本期的损益。

权责发生制下的核算手续比较复杂，但符合配比原则的要求，能比较准确地反映特定会计期的损益，凡是要进行成本计算的企业单位均应采用权责发生制。尽管权责发生制是较为合理的记账基础，但如果企业在日常的会计工作中，对每项业务都按权责发生制来记录，将会带来很多的麻烦，因此部分经济业务平时按现金收支的行为予以入账，到期末按权责发生制进行调整。

二、调整的项目及方法

（一）调整的项目

账项调整的内容包括以下方面。

（1）有关收入的账项调整，如预收收入、应计收入的调整等。

（2）有关费用的账项调整，如预付费用、应计费用（预提费用、固定资产折旧等）等的调整。

（3）有关税金的账项调整，如各种应交流转税的调整等。

（二）调整的方法

1. 属于本期收入，尚未收到款项的账项调整

企业在本期已向其他单位或个人提供商品或劳务，或财产物资使用权，理应获得属于本期的收入，但由于尚未完成结算过程，或延期付款的原因，致使本期的收入尚未收到。按权责发生制原则，凡属于本期的收入，不管其款项是否收到，都应作为本期收入，期末是将尚未收到的款项调整入账。

【例 8-1】 应计收入的调整：属于本期，但期末尚未收到款项的收入。如银行存款利息，本月应得银行利息 2 000 元。

借：应收利息　　　　　　　　　　　　　　　　　　　　　　　2 000
　　贷：财务费用　　　　　　　　　　　　　　　　　　　　　　　2 000

【例 8-2】 某物业公司与本市工业展览馆签订合约，为该馆提供全面物业管理服务，从 2018 年第 4 季度开始，合同期一年。物业管理费全年 60 万元分两次支付。合同约定第一次支付日为 2019 年 4 月 1 日（假定不考虑流转税）。

（1）2018 年第 4 季度各月月末，根据确认的业务收入：

借：应收账款　　　　　　　　　　　　　　　　　　　　　　　50 000
　　贷：主营业务收入　　　　　　　　　　　　　　　　　　　　　50 000

（2）2019 年 4 月 1 日，收到展览馆第一次支付的物业费：

借：银行存款　　　　　　　　　　　　　　　　　　　　　　　300 000
　　贷：应收账款　　　　　　　　　　　　　　　　　　　　　　300 000

2. 属于本期费用，尚未支付款项的账项调整

企业在本期已耗用，或本期已受益的支出，理应归属为本期发生的费用。由于这些费用尚未支付，故在日常的账簿记录中尚未登记入账。按权责发生制的规定，凡属于本期的费用，不管其款项是否支付，都应作为本期费用处理。期末应将那些属于本期费用，而尚未支付的费用调整入账。

【例 8-3】 月末，将本月应承担的水电费 100 元调整入账：

借：管理费用　　　　　　　　　　　　　　　　　　　　　　　　　　100
　　贷：其他应付款　　　　　　　　　　　　　　　　　　　　　　　　100

【例 8-4】 20××年 1 月 4 日，与某传媒服务公司签订一项服务合同，该传媒服务公司为本企业进行广告宣传，为期两年，到期一次性支付全部广告费 12 000 元。

（1）20××年 12 月 31 日，确认本年度应负担的广告费。

借：销售费用　　　　　　　　　　　　　　　　　　　　　　　　　　500
　　贷：其他应付款　　　　　　　　　　　　　　　　　　　　　　　　500

（2）服务期满，实际支付全部广告费时：

借：其他应付款　　　　　　　　　　　　　　　　　　　　　　　　12 000
　　贷：银行存款　　　　　　　　　　　　　　　　　　　　　　　　12 000

3. 本期已收款，而不属于或不完全属于本期收入款项的账项调整

本期已收款入账，因尚未向付款单位提供商品或劳务，或财产物资使用权，不属于本期收入的预收款项，是一种负债性质的预收收入。在计算本期收入时，应将这部分预收收入进行账项调整，记入"预收账款"科目，待确认为本期收入后，再从"预收账款"科目转入有关收入科目。

【例 8-5】 已经收到款项，随着企业提供产品或服务而在收益期转化为当期的收入的预收款项。如预收某企业半年的咨询费 6 000 元，本月提供的服务价值 2 000 元。

（1）预收半年的咨询费时：

借：银行存款　　　　　　　　　　　　　　　　　　　　　　　　　6 000
　　贷：预收账款　　　　　　　　　　　　　　　　　　　　　　　　6 000

（2）确认归属本月的收入时：

借：预收账款　　　　　　　　　　　　　　　　　　　　　　　　　2 000
　　贷：其他业务收入　　　　　　　　　　　　　　　　　　　　　　2 000

4. 本期已付款，而不属于或不完全属于本期费用的账项调整

本期已付款入账，但应由本期和以后各期分别负担的费用，在计算本期费用时，应该将这部分费用进行调整。预付的各项支出既不属于或不完全属于本期费用，就不能直接全部记入本期有关费用账户，应先记入有关资产类账户。

【例 8-6】 已经支付用于购买商品或劳务，但收益期较长，应由各个收益期分别承担的费用。如预交全年杂志费 120 元，每月应分摊 100 元：

借：管理费用　　　　　　　　　　　　　　　　　　　　　　　　　　100
　　贷：预付账款　　　　　　　　　　　　　　　　　　　　　　　　　100

【例 8-7】某企业为增设一处零售点签订了一份房屋租赁合同，租约的条款内容是：租期自20××年11月1日起，为期一年，年租金60 000元，分两期支付，每期支付50%，第一期租金20××年11月1日支付。

（1）20××年11月1日支付首期租金时：

借：预付账款——预付房租费　　　　　　　　　　　　　　30 000
　　贷：银行存款　　　　　　　　　　　　　　　　　　　　　　30 000

（2）20××年11月末、12月末，结转应由当年分摊的房租费：

借：销售费用　　　　　　　　　　　　　　　　　　　　　　5 000
　　贷：预付账款——预付房租费　　　　　　　　　　　　　　　5 000

5. 属于本期支出，尚未支付税金的账项调整

企业应根据本期的营业收入或税前利润，按规定的税率计算本期应缴纳的税金。税金一般是分期计算，定期缴纳。这就形成了负债性质的应付款项。为了正确计算本期的损益，需要把凡属于本期支出而尚未支付的税金，通过期末账项调整全部登记入账。是本期支出能与本期收入在相互适应的基础上进行配比。以正确确定本期损益。

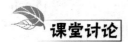

为什么会需要进行账项调整呢？

第三节　结　　账

一、结账的必要性

按照《会计工作基础规范》的要求，为了正确反映一定时期内的经营成果和期末的财务状况，以便为编制会计报表提供真实、可靠的数据资料，各企业单位必须按照规定定期结账。

结账是指在把一定时期内发生的全部经济业务登记入账的基础上，计算并记录本期发生额和期末余额，并将其余额结转下期或者转入新账的过程。具体地说，结账工作主要由两部分构成：一是结出总分类账和明细分类账的本期发生额和期末余额（包括本期累计发生额），并将余额在本期和下期之间进行结转；二是损益类账户，即收入、成本费用类账户的结转，并计算本期利润或亏损（利润的确定一般在年结时进行）。

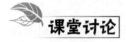

结账前的准备工作是什么？

二、结账的程序

《会计基础工作规范》规定的结账程序如下。

（1）结账前，必须将本期内所发生的各项经济业务全部登记入账。

（2）在本期经济业务全面入账的基础上，按照权责发生制原则的要求，将收入和费用归属于各个相应的会计期间，即进行账项调整。

（3）在有关经济业务都已经登记入账的基础上，要将各种收入、成本和费用等账户的余额进行结转，编制各种转账分录，结转到利润账户，再编制利润分配的分录，从而结束各有关收入和费用类账户，以便在这些损益类账簿上重新记录下一个会计期间的业务。

（4）计算发生额和余额。计算出各账户的发生额和余额，并进行结转，最终计算出资产、负债和所有者权益类账户的本期发生额和余额。

（5）结账的方法。结账时，应当结出每个账户的期末余额。需要结出当月发生额的，应当在摘要栏内注明"本月合计"字样，并在下面通栏划单红线。需要结出本年累计发生额的，应当在摘要栏内注明"本年累计"字样，并在下面通栏划单红线；12月末的"本年累计"就是全年累计发生额，全年累计发生额下应当通栏划双红线，年度终了结账时，所有总账账户都应当结出全年发生额和年末余额。

结账划线的目的是突出本月合计数及月末余额，表示本会计期的会计记录已经截止或结束，并将本期与下期的记录明显分开。根据《会计基础工作规范》规定，月结划单线，年结划双线。划线时，应划红线；划线应划通栏，不应只在本账页中的金额部分划线。

①对于不需要按月结计本期发生额的账户（如各项应收款明细账和各项财产物资明细账等），每次记账以后，都要随时结出余额，每月最后一笔余额即为月末余额。也就是说，月末余额就是本月最后一笔经济业务记录的同一行内的余额。月末结账时，只需要在最后一笔经济业务记录之下划一单红线，不需要再结计一次余额。

②库存现金、银行存款日记账和需要按月结计发生额的收入、费用等明细账，每月结账时，要在最后一笔经济业务记录下面划一单红线，结出本月发生额和余额，在摘要栏内注明"本月合计"字样，在下面再划一条单红线。

③需要结计本年累计发生额的某些明细账户，如主营业务收入、成本明细账等，每月结账时，应在"本月合计"行下结计自年初起至本月末止的累计发生额，登记在月份发生额下面，在摘要栏内注明"本年累计"字样，并在下面再划一单红线。12月末的"本年累计"就是全年累计发生额，并在全年累计发生额下划双红线。

④总账账户平时只需结计月末余额。年终结账时，为了反映全年各项资产、负债及所有者权益增减变动的全貌，便于核对账目，要将所有总账账户结计全年发生额和年末余额，在摘要栏内注明"本年合计"字样，并在合计数下划一双红线。采用棋盘式总账和科目汇总表代替总账的单位，年终结账，应当汇编一张全年合计的科目汇总表和棋盘式总账。

⑤需要结计本月发生额的某些账户，如果本月只发生一笔经济业务，由于这笔记录的金额就是本月发生额，结账时，只要在此行记录下划一单红线，表示与下月的发生额分开就可以了，不需另结出"本月合计"数。

（6）年度终了，要把各账户的余额结转到下一会计年度，并在摘要栏注明"结转下年"字样；在下一会计年度新建有关会计账簿的第一余额栏内填写上年结转的余额，并在摘要栏注明"上年结转"字样。

根据会计分期的不同，结账工作相应地可以在月末、季末、年末进行，但不能为减少本期的工作量而提前结账，也不能将本期的会计业务推迟到下期或编制报表之后再进行结账。对资产、负债和所有者权益等实账户可以在会计期末直接结账，而对那些收入、费用等虚账户，因为它们在结账前应按权责发生制要求先进行调整，所以，应在调整之后再结账。另外，企业因撤销、合并而办理账务交接时，也需要办理结账手续。

第四节　账务处理程序

一、账务处理程序的概念

账务处理程序也称会计记账程序或会计核算组织程序，是我国会计工作者所习惯使用的一个概念，它是一个会计主体采用的会计凭证、会计账簿、会计报表的种类和格式与记账程序有机结合的方法和步骤。严格来讲，它与会计循环（会计程序）不能等同。会计循环包含确认、计量、记录、报告的全过程，而账务处理程序主要体现会计记录的实务操作过程。

不同种类与格式的会计凭证、会计账簿、会计报表与一定的记账程序相结合，就形成了在做法上有着一定区别的账务处理程序。账务处理程序模式的选择是否科学合理，会对整个会计核算工作产生诸多方面的影响。确定科学合理的账务处理程序，对于保证能够准确、及时提供系统而完整的会计信息具有十分重要的意义，也是会计部门和会计人员的一项重要工作。它会对会计机构和人员的合理分工、信息质量、核算工作的成本和效率产生直接影响。所以企业应从特定会计主体的实际情况出发，以保证会计核算质量为立足点，来设计和选择有利于建立会计工作岗位责任制和有利于降低核算成本的账务处理程序。

鉴于会计要素的确认、计量等主要应在其他会计类课程介绍，作为基础会计课程，下面主要介绍重点体现会计记录和报告过程的几种常见账务处理程序模式。

一个单位由于性质、规模和业务的繁复程度不同决定了其会计凭证、会计账簿、会计报表之间的结合方式不同，就形成了不同的账务处理程序。

二、记账凭证账务处理程序

（一）记账凭证账务处理程序的特点和核算要求

记账凭证账务处理程序是会计核算中最基本的一种账务处理程序。它的特点是根据记账凭证逐笔登记总分类账。

采用记账凭证处理程序，一般设置现金日记账、银行存款日记账、总分类账和明细分类账。现金日记账、银行存款日记账、总分类账和明细分类账均可用三栏式；明细分类账可根据需要用三栏式或数量金额式或多栏式；记账凭证可用一种通用格式，也可将收款凭证、付款凭证和收款凭证同时应用。在这种核算形式下，总分类账一般是按户分页。

（二）记账凭证账务处理程序的核算步骤

记账凭证账务处理程序如图 8-2 所示。

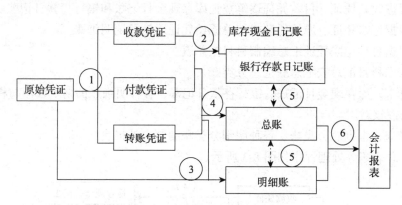

图 8-2　记账凭证账务处理程序

图 8-2 中：①根据原始凭证或原始凭证汇总表填制记账凭证；②根据收款凭证、付款凭证逐步登记现金日记账、银行存款日记账；③根据记账凭证和原始凭证（或原始凭证汇总表）逐笔登记各种明细分类账；④根据记账凭证逐笔登记总分类账；⑤月终，根据现金日记账、银行存款日记账的余额，及各种明细分类账余额的合计数，分别与总分类账中有关账户的余额核对相符；⑥月终，根据总分类账和明细分类账编制会计报表。

（三）记账凭证账务处理程序的优缺点和适用范围

记账凭证账务处理程序的优点是简单明了，总分类账可详细记录和反映经纪业务状况，对经济业务发生较少的科目，总账可代替明细账。但是登记分类总账工作量较大，也不便于会计分工。因此，一般只适用于规模较小、经济业务量较少的单位。

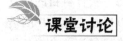

记账凭证账务处理程序的特点是什么？为什么说它是最简单的？

三、科目汇总表账务处理程序

（一）科目汇总表账务处理程序的特点和核算要求

科目汇总表账务处理程序的特点是先定期根据每张记账凭证按会计科目汇总编制科目汇总表，然后根据科目汇总表登记总分类账。科目汇总表账务处理程序是在记账凭证账务处理程序的基础上发展和演变而来的。

在科目汇总表账务处理程序下，记账凭证除了采用通用记账凭证，或者采用收款凭证、付款凭证和转账凭证三种专用记账凭证外，还需要设置"科目汇总表"这种具有汇总性质的记账凭证；设置的会计账簿、会计报表与记账凭证账务处理程序下设置的账簿、报表相同。

（二）科目汇总表账务处理程序的核算步骤

（1）根据原始凭证或汇总原始凭证填制各种记账凭证。

（2）根据收款凭证、付款凭证逐笔登记库存现金日记账和银行存款日记账。

（3）根据记账凭证、原始凭证或汇总原始凭证逐笔登记明细账。

（4）根据各种记账凭证汇总编制科目汇总表。

（5）根据科目汇总表汇总登记总分类账。

（6）月末，库存现金日记账、银行存款日记账、各种明细账的期末余额与相应总分类账的期末余额核对。

（7）月末，根据总分类账、各种明细分类账编制会计报表。

科目汇总表账务处理程序如图 8-3 所示。

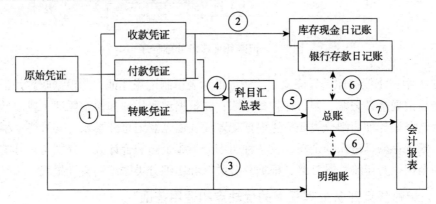

图 8-3　科目汇总表账务处理程序

（三）科目汇总表的编制方法

科目汇总表是根据专用记账凭证或通用记账凭证汇总编制的。编制方法是：定期（如 5 天或 10 天）将该期间内的所有记账凭证按相同会计科目归类，汇总每一会计科目的借方本期发生额和贷方本期发生额，并填写在科目汇总表的相关栏内。用以反映全部账户的借方本期发生额和贷方本期发生额。根据科目汇总表登记总分类账时，将科目汇总表中各科目的借方本期发生额和贷方本期发生额分次记入相应总分类账户的借方或贷方即可。

【例 8-8】　某企业 20××年 12 月上旬发生下列经济业务编制的会计分录如下所示。

（1）借：库存现金　　　　　　　　　　　　　　　500
　　　　贷：其他应收款　　　　　　　　　　　　　500（现收 1）

（2）借：生产成本　　　　　　　　　　　　　　　5 000
　　　　制造费用　　　　　　　　　　　　　　　800
　　　　管理费用　　　　　　　　　　　　　　　200

　　　　贷：原材料　　　　　　　　　　　　　　　　　6 000（转1）
（3）借：制造费用　　　　　　　　　　　　　　　　30 300
　　　　　管理费用　　　　　　　　　　　　　　　　　　400
　　　　贷：银行存款　　　　　　　　　　　　　　　30 700（银付1）
（4）借：生产成本　　　　　　　　　　　　　　　　38 000
　　　　　制造费用　　　　　　　　　　　　　　　　 2 000
　　　　　管理费用　　　　　　　　　　　　　　　　 3 000
　　　　贷：应付职工薪酬——工资　　　　　　　　　43 000（转2）
（5）借：生产成本　　　　　　　　　　　　　　　　 1 120
　　　　　制造费用　　　　　　　　　　　　　　　　　 280
　　　　　管理费用　　　　　　　　　　　　　　　　　 420
　　　　贷：应付职工薪酬——职工福利　　　　　　　 1 820（转3）
（6）借：库存现金　　　　　　　　　　　　　　　　43 000
　　　　贷：银行存款　　　　　　　　　　　　　　　43 000（银付2）
（7）借：应付职工薪酬——工资　　　　　　　　　　43 000
　　　　贷：库存现金　　　　　　　　　　　　　　　43 000（现付1）
（8）借：应付职工薪酬——职工福利　　　　　　　　 1 200
　　　　贷：库存现金　　　　　　　　　　　　　　　 1 200（现付2）
（9）借：制造费用　　　　　　　　　　　　　　　　 1 400
　　　　　管理费用　　　　　　　　　　　　　　　　　 800
　　　　贷：累计折旧　　　　　　　　　　　　　　　 2 200（转4）
（10）借：生产成本　　　　　　　　　　　　　　　　 4 780
　　　　 贷：制造费用　　　　　　　　　　　　　　　 4 780（转5）

根据以上会计分录编制科目汇总表如表8-1所示。

表8-1　　　　　　　　　　科目汇总表
　　　　　　　　　　20××年12月10日　　　　　　　　　　单位：元

会计科目	本期发生额	
	借方	贷方
库存现金	43 500	44 200
银行存款		73 700
其他应收款		500
原材料		6 000
累计折旧		2 200
应付职工薪酬	44 200	44 820
生产成本	48 900	
制造费用	34 780	4 780
管理费用	4 820	
合计	176 20	176 200

科目汇总表账务处理程序下过账的方法，如表8-2所示。

表8-2　　　　　　　　　　　　总 分 类 账

会计科目：银行存款

20××年		凭证号数	摘　要	借方	贷方	借或贷	余额
月	日						
12	1		月初余额			借	200 000
	10	科汇字第1号			73 700	借	126 300
	31		本月发生额及余额				

（四）科目汇总表账务处理程序的优缺点和适用范围

科目汇总表账务处理程序的优点是定期编制科目汇总表科目可以起到试算平衡和纠正错误的作用，同时大大减少总分类账的登记工作。缺点是在科目汇总表和总账中，不能反映科目之间的对应关系，不便于对经济业务的来龙去脉进行分析，也不便于进行会计检查。因此，科目汇总表账务处理程序适用于业务量较大的会计主体。

四、汇总记账凭证账务处理程序

（一）汇总记账凭证账务处理程序的特点和核算要求

汇总记账凭证账务处理程序是指根据各种专用记账凭证定期汇总编制汇总记账凭证，然后根据汇总记账凭证登记总分类账，并定期编制会计报表的一种账务处理程序。

汇总记账凭证是对日常会计核算过程中所填制的专用记账凭证，按照凭证的种类，采用一定的方法定期进行汇总而重新填制的一种记账凭证。在采用汇总记账凭证账务处理程序的情况下，可不必再根据各种专用记账凭证逐笔登记总分类账户，而是根据汇总记账凭证上的汇总数字登记有关的总分类账户，这样可以减少登记总分类账的工作量。由此可见，汇总记账凭证账务处理程序也是在记账凭证账务处理程序的基础上发展演变而来的一种核算形式。

（二）汇总记账凭证账务处理程序的核算步骤

（1）根据有关的原始凭证或原始凭证汇总表填制各种专用记账凭证。
（2）根据收款凭证和付款凭证逐笔登记库存现金日记账和银行存款日记账。
（3）根据记账凭证并参考原始凭证或原始凭证汇总表，逐笔登记各种明细账。
（4）根据各种记账凭证分别编制汇总收款凭证、汇总付款凭证和汇总转账凭证。
（5）根据各种记账凭证汇总登记总分类账。
（6）月末，将日记账、明细分类账的余额与总分类账中相应账户的余额进行核对。
（7）月末，根据总分类账和明细分类账的记录编制会计报表。

汇总记账凭证账务处理程序如图8-4所示：

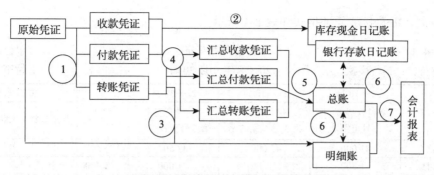

图 8-4 汇总记账凭证账务处理程序

（三）汇总记账凭证的编制方法

采用汇总记账凭证账务处理程序，除需设置记账凭证（收款凭证、付款凭证、转账凭证）之外，还应设置汇总记账凭证（包括汇总收款凭证、汇总付款凭证和汇总转账凭证），作为登记总账的直接依据。在账簿设置时，需要设置日记账（库存现金日记账和银行存款日记账）、总分类账和明细分类账。日记账和总账一般采用三栏式，各种明细账可根据实际情况，采用三栏式、数量金额式或多栏式。由于各种总记账凭证都要求反映账户之间的对应关系，因此总分类账账页需增设"对应科目"栏。

汇总记账凭证的基本格式要求：编制转账凭证和付款凭证时，只能编制一借一贷或一借多贷的凭证，而不能编制一贷多借的凭证；编制收款凭证时，则只能编制一借一贷或一贷多借的凭证，而不能编制一贷多借的凭证。汇总记账凭证一般每隔5天或10天汇总填列一次，每月填制 1 张。月终，根据库存现金、银行存款汇总收款凭证各自的合计数，分别计入总分类账"库存现金"账户和"银行存款"账户的借方以及各对应账户的贷方，根据库存现金、银行存款汇总付款凭证各自的借方。根据汇总转账凭证各科目的汇总合计数登记总分类账各账户。

汇总收款凭证是按"库存现金"和"银行存款"科目的借方分别设置的一种汇总记账凭证，用来汇总一定时期内库存现金和银行存款的收款业务，它按有关对应的贷方科目归类汇总编制，汇总收款凭证格式如表 8-3 所示。

表 8-3　　　　　　　　　　汇总收款凭证　　　　　　　　　　单位：元
借方科目：银行存款　　　　　20××年9月30日　　　　　　汇收第×号

贷方科目	1—10日 收款凭证 第1号至第2号	11—20日 收款凭证 第3号至第5号	21—30日 收款凭证 第6号至第7号	合计	总账账页	
					借方（略）	贷方（略）
应收账款	18 000	16 000	8 000	42 000		
长期借款	25 000			25 000		
主营业务收入		40 000	30 000	70 000		
其他应收款		440		440		
合计	43 000	56 440	38 000	137 440		

汇总付款凭证是按"库存现金"和"银行存款"科目的贷方分别设置的一种汇总记账凭证，用来汇总一定时期内库存现金和银行存款的付款业务，它按有关对应的借方科目归

类汇总编制，汇总付款凭证格式如表 8-4 所示。

表 8-4　　　　　　　　　　　汇总付款凭证　　　　　　　　　单位：元
贷方科目：银行存款　　　　　20××年 9 月 30 日　　　　　　汇付第×号

借方科目	1—10 日 付款凭证 第 1 号至第 2 号	11—20 日 付款凭证 第 3 号至第 5 号	21—30 日 付款凭证 第 6 号至第 7 号	合计	总账账页	
					借方（略）	贷方（略）
应付账款	41 000	43 000	42 500	126 500		
其他应付款	1 800		1 600	3 400		
管理费用	440	330	220	990		
制造费用	1 300	900	840	3 040		
合计	44 540	44 230	45 160	133 930		

汇总转账凭证是按照除"库存现金""银行存款"以外的每一贷方科目分别设置，而按相应的借方科目进行归类汇总的一种汇总记账凭证，用来汇总一定时期内的全部转账业务，汇总转账凭证格式如表 8-5 所示。

表 8-5　　　　　　　　　　　汇总转账凭证　　　　　　　　　单位：元
贷方科目：原材料　　　　　　20××年 9 月 30 日　　　　　　汇转第×号

借方科目	1—10 日 转款凭证 第 1 号至第 2 号	11—20 日 转款凭证 第 3 号至第 5 号	21—30 日 转款凭证 第 6 号至第 7 号	合计	总账账页	
					借方（略）	贷方（略）
生产成本	24 000	16 000	11 500	51 500		
制造费用	920	1 800	1 300	4 020		
管理费用	290	130	230	650		
合计	25 210	17 930	13 030	56 170		

现以表 8-3 汇总收款凭证和表 8-4 汇总付款凭证为依据登记银行存款总分类账，简要说明汇总记账凭证账务处理程序的应用方法，如表 8-6 所示。

表 8-6　　　　　　　　　　　总 分 类 账
会计科目：银行存款　　　　　　　　　　　　　　　　　　　　单位：元

20××年		汇收第×号	摘要	对应账户	借方	贷方	借或贷	余额
月	日							
9	1		期初余额				借	100 000
	30	汇收第×号		应收账款	42 000		借	142 000
		汇收第×号		长期借款	25 000		借	167 000
		汇收第×号		主营业务收入	70 000		借	237 000
		汇收第×号		其他应收款	440		借	237 440
		汇收第×号		应付账款		126 500	借	110 940
		汇收第×号		其他应付款		3 400	借	107 540
		汇收第×号		管理费用		990	借	106 550
		汇收第×号		制造费用		3 040	借	103 510
9	30	汇收第×号	本月发生额及余额		137 440	133 930	借	103 510

（四）汇总记账凭证账务处理程序的优缺点和适用范围

汇总记账凭证账务处理程序的优点是可以大大简化总分类账的登记工作，且既易于及时掌握资金运动状况又简便了记账凭证的整理归类。但是由于记账凭证的汇总是按有关账户的借方或贷方而不是按经济业务性质归类汇总的，因此不利于会计核算分工。这种账务处理程序一般适用于规模较大、业务较多的企业。

五、日记总账账务处理程序

（一）日记总账账务处理程序的特点和核算要求

日记总账账务处理程序是指对一切经济业务都根据记账凭证在日记总账中同时进行序时和分类登记的一种核算形式。日记总账账务处理程序的主要特点是所有经济业务都要根据记账凭证直接登记日记总账。

采用该核算形式时，其凭证和账簿，除了设置日记总账外，其余部分与上述各种账务处理程序基本相同。

（二）日记总账账务处理程序的核算步骤

（1）根据原始凭证或汇总原始凭证填制各种记账凭证。

（2）根据收款凭证、付款凭证逐笔登记库存现金日记账和银行存款日记账。

（3）根据记账凭证、原始凭证或汇总原始凭证逐笔登记明细账。

（4）根据记账凭证逐笔登记日记总账。

（5）月末，库存现金日记账、银行存款日记账、各种明细账的期末余额与日记总账的期末余额核对。

（6）月末，根据日记总账、各种明细分类账编制会计报表。

日记总账账务处理程序如图8-5所示。

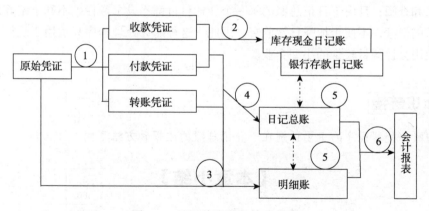

图8-5 日记总账账务处理程序

（三）日记总账的格式和登记方法

日记总账是将日记账与总分类账合并在一起的多栏式账簿，它具有日记账和分类账的双重作用,所以这种账簿也称为联合账簿。它是日记账,要根据经济业务发生的时间顺序进行序时记录;它同时又是总分类账,要把所有的总账科目集中开设在每一张账页上,根据经济业务的性质,按科目的对应关系进行总分类登记。账页采用多栏式的格式,即将经济业务发生后可能涉及的所有会计账户,分设专栏集中列示在同一张账页上,每一账户分设借方栏和贷方栏。

登记日记总账时,根据记账凭证逐笔登记在有关科目栏的借方栏和贷方栏内,并将发生额记入日记总账的发生额栏。

日记总账的格式如表 8-7 所示。

表 8-7　　　　　　　　　　　　日　记　总　账

20××年		凭证号数	摘要	发生额	银行存款		固定资产		应付账款			
月	日				借方	贷方	借方	贷方	借方	贷方	借方	贷方
				本月合计								
				月末余额								

(四) 日记总账账务处理程序的优缺点和适用范围

采用日记总账账务处理程序时,记账凭证不需要汇总,手续简单;所有总账科目都集中在一张账页上,并且全部科目都设置专栏,因而可以全面反映各个账户之间的对应关系,便于了解经济业务的来龙去脉。但是,由于会计科目全部集中在一张账页上,因而不便于分工记账;如果企业的业务量较大,运用的科目较多,势必造成日记总账的账页过长,不便于记账和查阅;且由于日记总账的每一个会计科目都不设余额栏,不利于结算出账户每日记账后的余额,不便于加强日常监督。因此,这种账务处理程序只适用于规模小、业务简单、使用会计科目较少的小型企业。

知识链接

各种账务处理程序的主要区别在于登记总账的依据和方法不同。

【本章小结】

每一个会计主体为了有条不紊地进行会计核算工作,保证取得经营管理所需的核算资料,必须遵循一定的会计程序,会计人员将一定时期内所发生的经济业务按照一定的步骤、方法加以记录、归类、汇总直至编制会计报告的整个过程,在连续的会计期间里周而复始地不断循环的工作就是会计循环。会计循环是会计人员进行会计工作的基本步骤。会计循环从时间上看始于会计期初，终于会计期末；从工作内容上看，会计循环以原始的会计记录——原始凭证开始，经过登记记账凭证、登记账簿、试算、期末调整、结账，最后以正式的财务报告结束。

账务处理程序也称会计核算组织程序或会计核算形式，是指会计凭证、会计账簿、财务报表相结合的方式，包括会计凭证和账簿的种类、格式，会计凭证与账簿之间的联系方法，由原始凭证到编制记账凭证、登记明细分类账和总分类账、编制财务报表的工作程序和方法等。

账务处理程序可以分为记账凭证账务处理程序、科目汇总表账务处理程序、汇总记账凭证账务处理程序和日记总账账务处理程序。这四种账务处理程序的主要区别在于登记总账的依据不同。企业应采用什么账务处理程序，主要取决于企业的规模、性质和业务繁简程度。一般情况下，规模大、收发业务频繁的企业应选择科目汇总表和汇总记账账务处理程序，其目的是简化登记总账的工作量，提高会计工作效率；而规模小、业务量少的企业则应选择记账凭证账务处理程序和日记总账账务处理程序。

【自 测 题】

一、客观题

二、主观题

（一）思考题

1. 会计循环的基本步骤包括哪些？
2. 什么是结账？如何进行结账？
3. 什么是期末账项调整？
4. 什么是记账凭证账务处理程序？其特点是什么？
5. 记账凭证账务处理程序有哪些优缺点？适用于哪些单位？
6. 科目汇总表账务处理程序有哪些优缺点？适用于什么样的企业单位？
7. 简述科目汇总表账务处理程序的账务处理步骤。

（二）业务和计算题

1. 惠丰工厂采用科目汇总表账务处理程序。有关资料如下：

（1）惠丰工厂采用科目汇总表账务处理程序进行会计核算，20××年10月1日总分类科目及有关明细分类科目余额如表8-8所示。

表8-8　　　　　　　　总分类科目及明细分类科目余额表　　　　　　　金额：元

会计科目	借方余额	贷方余额
库存现金	1 340	
银行存款	106 000	
应收账款	2 000	
其中：子工厂	3 000	
丑公司		1 000
原材料	44 000	
其中：甲材料	20 000（1000千克）	
乙材料	24 000（2400千克）	
生产成本	6 000	
其中：A产品	2 000（假设为原材料项目）	
B产品	4 000（假设为原材料项目）	
库存商品	10 000	
其中：A产品	4 000	
B产品	6 000	
固定资产	249 000	
累计折旧		30 000
长期待摊费用	1 660	
其他应付款		500
应交税费		5 000
实收资本		244 500
本年利润		140 000
合计	420 000	420 000

（2）惠丰工厂20××年10月发生下列经济业务。

① 4日，从天津红星工厂购入甲材料1 000千克，每千克20元，计20 000元，材料已验收入库，材料款已从银行支付。

② 6日，从上海浦江工厂购入乙材料8 000千克，每千克10元，计80 000元，材料已验收入库，材料款已从银行支付。

③ 10日，车间及行政管理部门领用各种材料汇总表。汇总表如表8-9所示。

表 8-9　　　　　　　　　　　　　领料汇总表　　　　　　　　　计量单位：千克

用途 制造产品耗用	甲材料			乙材料			金额合计
	数量	单价	金额	数量	单价	金额	
A 产品	500	20	10 000	3 000	10	30 000	40 000
B 产品	700	20	14 000	5 000	10	50 000	64 000
车间一般耗用	100	20	2 000	1 500	10	15 000	17 000
管理部门耗用	200	20	4 000	500	10	5 000	9 000
合计	1500		30 000	10 000		100 000	130 0000

④ 10 日，售出 A 产品 20 台，每台售价 4 000 元，售出 B 产品 30 台，每台售价 5 000 元，计收货款 230 000 元，存入银行。

⑤ 13 日，计算出本月应付职工工资和应付福利费，其中生产 A 产品工人工资为 20 000 元，职工福利费 2 800 元，生产 B 产品工人工资 30 000 元，职工福利费 4 200 元；车间管理人员工资 4 000 元，职工福利费 560 元；行政管理人员工资 6 000 元，职工福利费 840 元。

⑥ 14 日，从银行提取现金 60 000 元，备发工资。

⑦ 15 日，以现金 60 000 元支付本月工资。

⑧ 16 日，向丑公司售出 A 产品 5 台，每台售价 4 000 元，计 20 000 元，货款尚未收到。

⑨ 17 日，以现金 200 元支付售出 A 产品运费。

⑩ 18 日，以银行存款支付本月水电费 10 000 元，其中：生产 A 产品耗用 3 000 元；生产 B 产品耗用 5 000 元；生产车间照明耗用 500 元；行政管理部门耗用 1 500 元。

⑪ 19 日，售出 B 产品 10 台给子工厂，单价 5 000 元，计 50 000 元，货款尚未收到。

⑫ 20 日，以银行存款 1 060 元，支付行政管理部门办公费。

⑬ 21 日，收到子工厂通过银行转来的前欠货款 53 000 元。

⑭ 22 日，以银行存款支付广告费 1 300 元。

⑮ 23 日，以现金 440 元支付车间修理费。

⑯ 24 日，以银行存款 3 600 元支付下一年度报刊费。

⑰ 25 日，从银行取得短期借款 50 000 元，存入银行。

⑱ 31 日，按规定的折旧率，计提本月固定资产折旧费 8 000 元，其中生产车间使用固定资产计提折旧 6 000 元，行政管理部门使用固定资产计提折旧 2 000 元。

⑲ 31 日，职工李昕交回用工厂电话打私事长途电话费 60 元，收到现金 60 元。

⑳ 31 日，按计划应付固定资产租赁费 4 000 元，其中生产车间本月应付 3 000 元，行政管理部门本月应付 1 000 元。

㉑ 31 日，摊销应由本月负担的长期待摊费用 1 660 元，其中生产车间应负担的长期待摊费用为 500 元，行政管理部门应负担的长期待摊费用为 1 160 元。

㉒ 31 日，计算出本月发生的制造费用总额为 32 000 元，其中应由 A 产品负担 14 200 元，B 产品负担 17 800 元。

㉓ 31 日，A 产品完工 35 台，已验收入库，其单位成本为 2 300 元，总成本为 80 500

元；B产品完工40台，已验收入库，其单位成本为3 000元，总成本为120 000元。

㉔ 31日，本月售出A产品25台，单位成本为2 300元，结转A产品销售成本57 500元；本月售出B产品40台，单位成本为3 000元，结转B产品销售成本为120 000元。

㉕ 31日，按本月主营业务收入300 000元的5%计算出增值税15 000元。

㉖ 31日，结转本月主营业务收入300 000元。

㉗ 31日，结转本月主营业务成本177 500元，税金及附加15 000元，销售费用1 500元，管理费用22 500元。

㉘ 31日，计算出本月应纳所得税20 875元。

㉙ 将本月应交所得税费用20 875元转入"本年利润"账户。

㉚ 31日，计算出本月计提盈余公积6 262.5元。

要求：（1）根据经济业务编制原始记账凭证（以会计分录代替）。

（2）根据收款凭证、付款凭证登记库存现金和银行存款日记账。

（3）根据原始凭证和记账凭证登记各种明细分类账。只登记原材料明细账（采用数量金额式）、应收账款明细账（采用三栏式）、生产成本明细账（采用多栏式），其他从略。

（4）根据各种记账凭证编制科目汇总表（按月汇总）。

（5）根据科目汇总表登记总分类账（只登记库存现金、银行存款、应收账款、原材料、生产成本总分类账，其他从略）。

（6）对账。

（7）编制会计报表（编制资产负债表和利润表）。

2. 东海有限责任公司采用记账凭证账务处理程序。

有关资料如下：

（1）东海有限责任公司 20××年 2 月末的总分类账户和明细分类账户科目余额如表8-10 和表 8-11 所示。

表 8-10　　　　　　　　　　　　总分类账户余额表　　　　　　　　　　　　金额：元

账户名称	金额	账户名称	金额
库存现金	6 000	累计折旧	50 000
银行存款	50 000	短期借款	50 000
原材料	4 000	长期借款	80 000
生产成本	20 000	实收资本	200 000
库存商品	40 000	盈余公积	40 000
固定资产	300 000		
合计	420 000	合计	420 000

表 8-11　　　　　　　　　　　　明细分类账户余额表

总账科目	明细科目	金额
原材料	A 材料	4 000（500 千克，单价 8 元）
生产成本	甲产品	20 000
库存商品	甲产品	40 000

（2）东海有限责任公司20××年3月发生的经济业务如下（假定除下列经济业务外，该公司未发生其他经济业务事项）。

① 3月2日，购入A材料2 000千克，单价8元，价款共计16 000元，增值税税率13%，材料已验收入库，价税款以银行存款支付。

② 3月8日，李某出差预借差旅费5 000元。

③ 3月10日，销售甲产品1 000件，单位售价50元，共计价款50 000元，增值税税率为13%，货物已发出，价税款收到存入银行。

④ 3月15日，用现金支付销售甲产品的运费800元。

⑤ 3月20日，为生产甲产品领用甲材料500千克，单价8元，共计4 000元。

⑥ 3月25日，李某出差回来，报销差旅费4 500元，归还多余款500元。

⑦ 3月31日，以银行存款支付本月保险费用1 200元。

⑧ 3月31日，以银行存款支付借款利息1 800元。

⑨ 3月31日，计提本月应交城市维护建设税1 000元，应交教育费附加500元。

⑩ 3月31日，结转已售甲产品成本，已知甲产品单位成本30元，成本共计30 000元。

⑪ 3月28日，将本月主营业务收入50 000元转入"本年利润"账户贷方。

⑫ 3月31日，将本月主营业务成本30 000元、税金及附加1 500元、销售费用800元、财务费用1 800元、管理费用5 700元转入"本年利润"账户借方。

⑬ 3月31日，计算本月应交所得税3 060元。

⑭ 3月31日，将本月所得税3 060元转入"本年利润"账户借方。

⑮ 3月31日，结转本年利润7 140元。

要求：（1）根据经济业务编制原始记账凭证（以会计分录代替）。

（2）根据收款凭证、付款凭证登记库存现金和银行存款日记账。

（3）根据原始凭证和记账凭证登记各种明细分类账。只登记原材料明细账（采用数量金额式）、其他应收账款明细账（采用三栏式），其他从略。

（4）根据记账凭证逐笔登记总分类账（只登记库存现金、银行存款、其他应收账款、原材料总分类账，其他从略）。

（5）对账。

（6）编制会计报表（编制资产负债表和利润表）。

（三）案例题

某公司是一家民营企业，一年半前注册成立，注册资金300万元人民币。该企业主要对某种植物利用高科技进行组苗培育、种植、加工和销售，形成产、供、销一体化的高档保健品，并对一些农作物产品进行组苗培育。在经过一年半的努力后，不断扩大生产基地，资产也增加到500万元人民币，在职职工110人，一年半实现净利润85万元。

要求：根据以上资料判断该企业的规模，确定企业应该选择哪种账务处理程序，设置哪些凭证和账簿、报表？

第九章 财务报告

通过本章学习，应达到以下学习目标：
1. 了解财务报告的作用及编制要求。
2. 理解财务报告的相关基础知识。
3. 熟悉资产负债表、利润表的基本编制方法。
4. 掌握资产负债表、利润表和现金流量表的结构及基本内容。

永安公司成立后的第一个会计年末，有关人员就会计报表送给哪些人争论不休。董事长讲：公司是由出资人创办的，与其他有关方面和部门无关，会计报表只报送投资者即可；总经理说：会计报表报送给投资人我没有意见，但由于公司的日常生产经营活动是在我的指挥下进行的，会计报表必须报送一份给我；公司内部审计部门讲：内部审计对内向管理当局提供的服务，需要对会计资料进行审计，以保证会计信息的真实性，以便于管理者使用正确的信息决策，保护企业的资产安全，因此会计部门必须向内部审计部门提供会计报表。到底会计报表应报送给谁？真可谓"公说公有理，婆说婆有理"，莫衷一是。最后董事长问财务部经理：你怎么看这个问题？财务部经理说：这个问题很简单，就是要分析与公司有利益关系的方面包括哪些？只要是与公司有关，人家就有权利获得一定的会计信息，我们就有必要向他们提供会计报表。大家同意财务部经理的看法。

通过以上案例资料，我们要思考：在现代社会中，需要会计信息的使用者包括哪些人？他们需要什么会计信息？利用这些会计信息能够达到什么目的？

由此可见，将企业日常核算资料进行加工、整理，以提供总括、综合、清晰反映某一会计主体财务状况、经营成果及现金流量情况的财务会计报告，满足会计信息使用者提供经济决策等的需要就显得尤为重要。

第一节 财务报告概述

在日常的会计核算中，对会计主体发生的经济业务，利用借贷复式记账法，通过填制会计凭证，登记账簿等一系列的会计核算基本方法，已经将其全面、系统、连续、分类地记录下来。但是，反映在会计凭证、会计账簿中的会计资料还是比较分散，不够集中与概括，难以满足各个方面的会计信息使用者的需求。因此，有必要在日常会计核算的基础上，再根据会计信息使用者的需要，对日常会计核算得到的资料进行再次的加工处理，提供总括、综合、清晰反映会计主体财务状况和经营成果以及现金流量情况的财务会计报告。

一、财务报告的含义

财务报告，又称为财务会计报告，它是企业以书面的形式，对外提供的反映企业某一特定日期的财务状况和某一会计期间的经营成果、现金流量等会计信息的文件。它是会计人员根据日常会计核算资料进行收集、加工、汇总而形成的结果，是会计核算的最终产物，也是会计核算工作的总结。

从国际范围来看，"财务报告"是一个比较通用的术语，但在我国现行有关法律、行政法规中使用的是"财务会计报告"一词，为了保持法规体系上的一致性，我国《企业会计准则》(2006)在基本准则中仍沿用了"财务会计报告"的提法，同时也引入了"财务报告"这一国际通用概念，指出"财务会计报告"又称"财务报告"，并在所有具体准则中统一使用了"财务报告"术语。

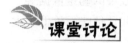

你认为"某一特定日期"与"某一会计期间"的含义是否相同？为什么？

二、财务报告的构成

按照我国《企业会计准则》中的要求，企业财务会计报告应当包括财务报表和其他应当在财务会计报告中披露的相关信息和资料。财务报表是对企业财务状况、经营成果和现金流量的结构性表述。一般来说，财务报表是企业财务会计报告的主体和核心。一套完整的财务报表至少应当包括资产负债表、利润表、现金流量表、所有者权益（或股东权益）变动表和附注。

（一）财务报表

1. 财务报表的构成体系

财务报表是以日常会计核算资料为主要依据，按照一定的格式加以汇总、整理，用来总括地反映企业财务状况、经营成果和现金流量等会计信息文件。财务报表包括资产负债表、利润表、现金流量表及所有者权益（或股东权益）变动表。这些会计报表是相互联系的，它们从不同的角度说明公司、企业的财务状况，经营业绩和现金流量情况。资产负债表、利润表、现金流量表和所有者权益（或股东权益）变动表是公司、企业对外报送的四大基本会计报表，它们所反映的是财务会计报告使用者所共同关心的一些信息。

2. 财务报表的一般结构

财务报表一般由表首、正表和补充资料组成。

（1）表首。表首在报表的上端，应标明报表的名称、编制单位、编制时间、计量单位、报表的编号等。

（2）正表。正表是会计报表的主体，通过一定的结构格式排列呈现出某一特定报表所反映的基本内容。

（3）补充资料。补充资料是对表内某些项目内容的详细补充或说明，一般列在正表的下端。

（二）财务报表附注及其构成

财务报表附注是对财务报表的补充说明，也是财务会计报告的重要组成部分。财务报表附注是对财务报表中列示项目的文字描述或明细资料，以及对未能在这些报表中列示项目的说明等。《企业会计准则第 30 号——财务报表列报》中规定，财务报表附注应当披露以下内容。

（1）财务报表的编制基础。

（2）遵循企业会计准则的声明。

（3）重要会计政策的说明，包括财务报表项目的计量基础和会计政策的确定依据等。

（4）重要会计估计的说明，包括下一会计期间内很可能导致资产和负债账面价值重大调整的会计估计的确定依据等。

（5）会计政策和会计估计变更以及差错更正的说明。

（6）对已在资产负债表、利润表、现金流量表和所有者权益变动表中列示的重要项目的进一步说明，包括终止经营税后利润的金额及其构成情况等。

（7）或有事项和承诺事项、资产负债表日后非调整事项、关联方关系及其交易等需要说明的事项。

会计报表主表与会计报表附注之间有何关系？为什么？

三、财务报告的种类

财务报表是财务会计报告的核心内容，按不同的标准，主要有以下几种分类。

（一）按财务报表服务的对象分类

按照财务报表服务对象的不同，可以分为外部报表和内部报表。外部报表是企业定期向外部报表使用者报送的财务报表，它通常有统一的格式和规定的指标体系。如资产负债表、利润表、现金流量表、所有者权益变动表和附注，这类报表往往是企业根据国家会计规范的要求所必须编制和报送的。内部报表是企业根据内部经营管理的需要，自行设计、编制，不对外公布的会计报表。它一般不需规定统一的格式，也没有统一的指标体系，如产品成本明细表等。

（二）按财务报表编报的期间分类

按财务报表编报期间的不同，可以分为中期财务报表和年度财务报表。中期财务报表是以短于一个完整会计年度的报告期间为基础编制的财务报表，包括月报、季报、半年报等。月报要求简明扼要，反映及时；年报要求列示完整，反映全面；而季报、半年报在会计信息的详细程度方面，则介于二者之间。目前，我国股份有限公司还需要编制中期财务会计报告向外报送，这里股份有限公司编制的中期财务会计报告仅指半年报。

（三）按财务报表编制范围分类

按照财务报表编制的范围不同，可以分为个别财务报表和合并财务报表。个别财务报表是指独立核算的企业用来反映其本身财务状况、经营成果及现金流量等情况的财务报表。合并财务报表是指以母公司和子公司组成的企业集团为会计主体，以母公司和子公司单独编制的个别财务报表为基础，由母公司编制的综合反映企业集团财务状况、经营成果及其现金流量情况的财务报表。

（四）按财务报表所反映的内容分类

按财务报表反映内容的不同，可以分为静态报表和动态报表。静态报表是指综合反映企业某一特定日期资产、负债和所有者权益状况的报表，一般根据各个账户的"期末余额"填列，如资产负债表。动态报表是指综合反映企业在一定时期的经营情况或现金流动情况的报表，一般根据有关账户的"发生额"填列，如利润表或现金流量表。

（五）按财务报表编报主体分类

按财务报表的编报主体分类，可以分为单位财务报表和汇总财务报表。单位财务报表是指由企业在自身会计核算基础上，对账簿记录进行加工后而编制的财务报表，主要用以反映企业自身的财务状况、经营成果及现金流量的情况。汇总财务报表是由企业主管部门或上级机关，根据所属单位报送的财务报表，连同本单位的会计报表简单汇总编制的综合性财务报表。汇总财务报表通常采用按上下级隶属关系逐级汇总的办法编制，用来反映一个部门或一个地区的经济情况。

四、编制财务报告的基本要求

财务报告是会计主体对外传递会计信息的基本形式，为了保证财务会计报告所提供的信息能够及时、准确、完整地反映企业的财务状况和经营成果，最大限度地满足各有关方面的需要，企业在编制财务会计报告时，应严格遵守企业会计准则和会计制度的规定，并应遵循以下原则和要求。

（一）真实可靠

财务报表中的各项数据必须真实可靠，如实地反映企业的财务状况和经营成果。由于日常的会计核算以及编制财务报表过程中，涉及大量的数字计算，因此只有准确认真地计算，才能保证数字的真实。这就要求编制财务报表必须以核对无误后的账簿记录和其他有关资料为依据，不能使用估计或推算的数据，更不能以任何方式弄虚作假。如果财务报表所提供的资料不真实或者可靠性很差，则不仅不能发挥财务报表的应有作用，而且错误的信息，还会导致财务报表使用者对企业的财务状况、经营成果和现金流动情况做出错误的评价与判断，致使报表使用者做出错误的决策。所以，企业在填列一些会计指标内容时，所采用的计算方法必须符合会计准则及会计制度的规定，计算范围和口径要保持一致。

（二）相关可比

企业财务报表所提供的财务会计信息必须与报表使用者进行决策所需要的信息相关，并且便于报表使用者在不同企业之间及同一企业前后各期之间进行横向和纵向的比较。只有提供相关并且可比的信息，才能使报表使用者分析企业在整个社会特别是同业中的地位，了解、判断企业过去、现在的情况，预测企业未来的发展趋势，进而为报表使用者的决策服务。

（三）全面完整

财务报表应当反映企业经济活动的全貌，全面反映企业的财务状况和经营成果，才能满足各方面对会计信息的需要。在我国，现行会计制度对财务报表的种类、各报表的内容和格式以及计算方法都作出了统一规定。凡是国家要求提供的财务报表，各企业必须全部编制并报送，不得漏编和漏报；对于应当填列的报表指标，无论是表内项目还是表外补充资料，必须全部填列，不得随意取舍。

（四）编报及时

及时性是信息的重要特征，财务报表信息只有及时地传递给信息使用者，才能为使用者的决策提供依据。否则，即使是真实可靠和内容完整的财务报表，由于编制、报送不及时，对报表使用者来说，也是没有任何价值的。所以财务会计报告必须按规定的期限，如期编报，及时逐级汇总，不得提前或延后编报。这就要求企业在平时认真做好日常核算工作，做到日清月结；期末，有关会计人员协作配合，及时编制财务报表并及时报送。随着市场经济和信息技术的迅速发展，财务报表的及时性要求将变得日益重要。

为了确保财务会计报告的及时性，根据国家统一的会计制度的规定，财务会计报告的提供期限分别规定为：月度财务会计报告应于月份终了后 6 天内对外提供；季度财务会计报告应当于季度终了后 15 天内对外提供；半年度财务会计报告应当于半年度终了后 60 天内对外提供；年度财务会计报告应当于年度终了后的 4 个月内对外提供。

（五）便于理解

可理解性是指财务报表提供的信息可以为使用者所理解。企业对外提供的财务报表是为广大财务报表使用者提供企业过去、现在和未来的有关资料，为企业目前或潜在的投资者和债权人提供决策所需的会计信息，因此，编制的财务报表应清晰明了。如果提供的财务报表晦涩难懂，不可理解，使用者就不能据以做出准确的判断，所提供的财务报表也会毫无用处。当然，财务报表的这一要求是建立在财务报表使用者具有一定的阅读报表能力基础上的。

（六）手续完备

对外提供的财务会计报告，应当依次编定页码，加具封面，装订成册，加盖公章，封面上应当注明：单位名称、单位地址、财务会计报告所属年度、季度、月度、送出日期，由单位负责人、总会计师、会计机构负责人签名并盖章。

第二节 资产负债表

一、资产负债表的作用

资产负债表是反映企业某一特定日期（如月末、季末、半年末、年末）财务状况的会计报表，是根据"资产=负债+所有者权益"这一会计恒等式，依照一定的分类标准和顺序，将企业在特定日期的全部资产、负债和所有者权益项目进行适当分类、汇总、排列后编制而成的。

资产负债表的作用主要表现在以下几个方面。

（1）资产负债表可以反映企业在某一特定日期所拥有的经济资源及其分布情况，有助于经营者分析企业资产的构成及其状况并判断企业的资产分布是否合理。

（2）资产负债表可以反映企业某一特定日期的负债总额及其结构，有助于经营者分析企业目前与未来需要支付的债务数额，投资者和债权人可以据此分析企业面临的财务风险。

（3）资产负债表可以反映企业所有者权益的情况，了解企业现有的投资者在企业资产总额中所占的份额等会计信息，并以此来判断企业的资本结构是否合理。

（4）资产负债表可以帮助报表使用者全面了解企业的财务状况，分析企业的债务偿还能力，从而为未来的经济决策提供参考信息。

总之，通过资产负债表，企业管理者和企业外部的报表使用者，可以全面了解企业编表日的资产、负债和所有者权益的静态状况，总括评价和分析企业财务状况的好坏，预测企业未来财务状况的变动趋势，从而做出相应的决策。

二、资产负债表的内容与格式

资产负债表是根据"资产=负债+所有者权益"这一会计恒等式编制而成的。持续经营的企业，其资产负债表反映各个期末（月末、季末、年末）企业拥有的或者控制的经济资源，企业所承担的债务和企业所有者所享有的权益。资产负债表是企业主要会计报表之一，每个独立核算的企业都应按期单独编制，并及时对外报送。目前，国际上流行的资产负债表格式主要有两种：报告式和账户式。

（一）报告式资产负债表

报告式资产负债表将报表所要反映的资产、负债和所有者权益三个部分内容采用垂直的形式在表中逐项、顺序排列。这种格式的缺点是不能直观地反映资产和权益的恒等关系。

（二）账户式资产负债表

账户式资产负债表分左右两方，左方为资产项目，大体按资产的流动性大小排列，流动性大的资产如"货币资金""交易性金融资产"等排在前面，流动性小的资产如"长期股权投资""固定资产"等排在后面。右方为负债及所有者权益项目，一般按要求清偿时间的先后顺序排列："短期借款""应付票据""应付账款"等需要在一年以内或者长于一年的一个正常营业周期内偿还的流动负债排在前面；"长期借款"等在一年以上才需偿还的非流动负债排在中间；在企业清算之前不需要偿还的所有者权益项目排在后面。

通过账户式资产负债表，可以反映资产、负债、所有者权益之间的内在关系，即"资产=负债+所有者权益"。其简化格式如表 9-1 所示，这种格式将资产与权益的恒等关系一目了然地反映出来。

表 9-1　　　　　　　　　　资产负债表（账户式）

编制单位：　　　　　　　　年　月　日　　　　　　　　单位：元

资产	年初数	期末数	负债和所有者权益	年初数	期末数
流动资产			**流动负债**		
货币资金			短期借款		
交易性金融资产			交易性金融负债		
衍生金融资产			衍生金融负债		
应收票据			应付票据		
应收账款			应付账款		
预付款项			预收款项		
其他应收款			合同负债		
存货			应付职工薪酬		
合同资产			应交税费		
持有待售资产			其他应付款		
一年内到期的非流动资产			持有待售负债		
其他流动资产			一年内到期的非流动负债		
流动资产合计			其他流动负债		
非流动资产：			**流动负债合计**		
债券投资			**非流动负债：**		
其他债权投资			长期借款		
长期应收款			应付债券		
长期股权投资			其中：优先股		
其他权益工具投资			永续债		
其他非流动金融资产			长期应付款		
投资性房地产			预计负债		
固定资产			递延收益		
在建工程			递延所得税负债		

续表

资产	年初数	期末数	负债和所有者权益	年初数	期末数
工程物资			其他非流动负债		
固定资产清理			非流动负债合计		
生产性生物资产			负债合计		
油气资产			所有者权益（或股东权益）：		
无形资产			实收资本（或股本）		
开发支出			其他权益工具		
商誉			其中：优先股		
长期待摊费用			永续债		
递延所得税资产			资本公积		
其他非流动资产			减：库存股		
非流动资产合计			其他综合收益		
			盈余公积		
			未分配利润		
			所有者权益（或股东权益）合计		
资产合计			负债及所有者权益合计		

注：以上报表格式为一般企业财务报表格式，且适用于已执行新金融准则或新收入准则的企业

报告式资产负债表和账户式资产负债表在国外都被广泛采用。在我国，根据《企业会计准则第30号——财务报表列报》的有关规定，资产负债表采用账户式结构。

三、资产负债表的编制方法与实例

（一）资产负债表的资料来源

资产负债表的各项目均需填列"年初数"和"期末数"两栏。其中，"年初数"栏内各项数字，可以直接根据上年末资产负债表的"期末数"栏内所列数字填列。"期末数"则可为月末、季末或年末的数字，资产负债表的"期末余额"栏内各项数字的填列方法如下。

（1）根据总账科目的余额填列。资产负债表中的大多数项目，可直接根据有关总账科目的余额填列，如"交易性金融资产""短期借款""应付票据""应付职工薪酬"等项目。

（2）根据有关明细科目的余额计算填列。资产负债表中的有些项目，需要根据明细科目余额计算填列，如"应付账款"项目，需要分别根据"应付账款"和"预付账款"两科目所属明细科目的期末贷方余额计算填列；反之，如"预付账款"项目，需要分别根据"预付账款"和"应付账款"两科目所属明细科目的期末借方余额计算填列；与之类似的还有"预收账款"和"应收账款"项目的填列。

（3）根据总账科目和明细科目的余额分析计算填列。资产负债表的有些项目，需要依据总账科目和明细科目两者的余额分析填列，如"长期借款"项目，应根据"长期借款"总账科目余额扣除"长期借款"科目所属的明细科目中将在资产负债表日起一年内到期、且企业不能自主地将清偿义务展期的长期借款后的金额填列。

（4）根据有关科目余额减去其备抵科目余额后的净额填列。如资产负债表中的"应收账款""长期股权投资"等项目，应根据"应收账款""长期股权投资"等科目的期末余额减去"坏账准备""长期股权投资减值准备"等科目余额后的净额填列；"固定资产"项目，应根据"固定资产"科目期末余额减去"累计折旧""固定资产减值准备"科目余额后的净额填列；"无形资产"项目，应根据"无形资产"科目期末余额减去"累计摊销""无形资产减值准备"科目余额后的净额填列。

（5）根据几个总账科目的期末余额计算填列，如"货币资金"项目，需根据"库存现金""银行存款""其他货币资金"三个总账科目期末余额合计填列。如资产负债表中的"存货"项目，需根据"原材料""库存商品""委托加工物资""周转材料""材料采购""在途物资""发出商品""材料成本差异"等总账科目期末余额的分析汇总数，再减去"存货跌价准备"备抵科目余额后的净额填列。

（二）资产负债表各项目的具体填列方法

资产负债表中资产、负债和所有者权益主要项目的填列说明如下。

1. 资产项目的填列说明

（1）"货币资金"项目，反映企业库存现金、银行结算户存款、外埠存款、银行汇票存款、银行本票存款、信用卡存款、信用证保证金存款等的合计数。本项目应根据"库存现金""银行存款""其他货币资金"科目期末余额的合计数填列。

（2）"交易性金融资产"项目，反映资产负债表日企业分类为以公允价值计量且其变动计入当期损益的金融资产，以及企业持有的直接指定为以公允价值计量且其变动计入当期损益的金融资产的期末账面价值。该项目应根据"交易性金融资产"科目的相关明细科目期末余额分析填列。自资产负债表日起超过一年到期且预期持有超过一年的以公允价值计量且其变动计入当期损益的非流动金融资产的期末账面价值，在"其他非流动金融资产"行项目反映。

（3）"应收票据"项目，反映企业因销售商品、提供劳务等而收到的商业汇票，包括银行承兑汇票和商业承兑汇票。本项目应根据"应收票据"科目的期末余额，减去"坏账准备"科目中有关应收票据计提的坏账准备期末余额后的金额填列。

（4）"应收账款"项目，反映企业因销售商品、提供劳务等经营活动应收取的款项。本项目应根据"应收账款"和"预收账款"科目所属各明细科目的期末借方余额合计减去"坏账准备"科目中有关应收账款计提的坏账准备期末余额后的金额填列。如"应收账款"科目所属明细科目期末有贷方余额的，应在本表"预收款项"项目内填列。

课堂讨论

为什么"应收账款"项目要根据"应收账款"和"预收账款"科目所属各明细科目的期末借方余额合计填列？

（5）"预付款项"项目，反映企业按照购货合同规定预付给供应单位的款项等。本项目应根据"预付账款"和"应付账款"科目所属各明细科目的期末借方余额合计数，减去"坏账准备"科目中有关预付款项计提的坏账准备期末余额后的金额填列。如"预付账款"科目所属各明细科目期末有贷方余额的，应在资产负债表"应付账款"项目内填列。

（6）"其他应收款"项目，反映企业除应收票据、应收账款、预付款项、应收股利、应收利息等经营活动以外的其他各种应收、暂付的款项。本项目应根据"其他应收款"科目的期末余额，减去"坏账准备"科目中有关其他应收款计提的坏账准备期末余额后的金额填列。

（7）"存货"项目，反映企业期末在库、在途和在加工中的各种存货的可变现净值。本项目应根据"材料采购""原材料""材料成本差异""库存商品""周转材料""委托加工物资""委托代销商品""生产成本"等科目的期末余额合计，减去"代销商品款""存货跌价准备"科目期末余额后的金额填列。

"生产成本"账户属于资产类性质，其余额在借方，表示尚未完工的期末在产品成本，在填列资产负债表时，应在"存货"项目中列示。材料采用计划成本核算，以及库存商品采用计划成本核算或售价核算的企业，还应按加或减材料成本差异、商品进销差价后的金额填列。

（8）"一年内到期的非流动资产"项目，反映企业将于一年内到期的非流动资产项目金额。本项目应根据有关科目的期末余额填列。

（9）"债权投资"项目，反映资产负债表日企业以摊余成本计量的长期债权投资的期末账面价值。该项目应根据"债权投资"科目的相关明细科目期末余额，减去"债权投资减值准备"科目中相关减值准备的期末余额后的金额分析填列。自资产负债表日起一年内到期的长期债权投资的期末账面价值，在"一年内到期的非流动资产"行项目反映。企业购入的以摊余成本计量的一年内到期的债权投资的期末账面价值，在"其他流动资产"行项目反映。

（10）"其他债权投资"项目，反映资产负债表日企业分类为以公允价值计量且其变动计入其他综合收益的长期债权投资的期末账面价值。该项目应根据"其他债权投资"科目的相关明细科目期末余额分析填列。自资产负债表日起一年内到期的长期债权投资的期末账面价值，在"一年内到期的非流动资产"行项目反映。企业购入的以公允价值计量且其变动计入其他综合收益的一年内到期的债权投资的期末账面价值，在"其他流动资产"行项目反映。

（11）"长期股权投资"项目，反映企业持有的对子公司、联营企业和合营企业的长期股权投资。本项目应根据"长期股权投资"科目的期末余额，减去"长期股权投资减值准备"科目的期末余额后的金额填列。

（12）"其他权益工具投资"项目，反映资产负债表日企业指定为以公允价值计量且其变动计入其他综合收益的非交易性权益工具投资的期末账面价值。该项目应根据"其他权益工具投资"科目的期末余额填列。

（13）"固定资产"项目，反映企业各种固定资产原价减去累计折旧和累计减值准备后的净额。本项目应根据"固定资产"科目的期末余额，减去"累计折旧"和"固定资产减值准备"科目期末余额后的金额填列。

（14）"在建工程"项目，反映企业期末各项未完工程的实际支出，包括交付安装的设备价值、未完建筑安装工程已经耗用的材料、工资和费用支出、预付出包工程的价款等的可收回金额。本项目应根据"在建工程"科目的期末余额，减去"在建工程减值准备"科目期末余额后的金额填列。

（15）"工程物资"项目，反映企业尚未使用的各项工程物资的实际成本。本项目应根据"工程物资"科目的期末余额填列。

（16）"无形资产"项目，反映企业持有的无形资产，包括专利权、非专利技术、商标权、著作权、土地使用权等。本项目应根据"无形资产"的期末余额，减去"累计摊销"和"无形资产减值准备"科目期末余额后的金额填列。

（17）"开发支出"项目，反映企业开发无形资产过程中能够资本化形成无形资产成本的支出部分。本项目应当根据"研发支出"科目中所属的"资本化支出"明细科目期末余额填列。

（18）"长期待摊费用"项目，反映企业已经发生但应由本期和以后各期负担的分摊期限在1年以上的各项费用。长期待摊费用中在一年内（含一年）摊销的部分，在资产负债表"一年内到期的非流动资产"项目填列。本项目应根据"长期待摊费用"科目的期末余额减去将于一年内（含一年）摊销的数额后的金额填列。

（19）"其他非流动资产"项目，反映企业除长期股权投资、固定资产、在建工程、工程物资、无形资产等以外的其他非流动资产。本项目应根据有关科目的期末余额填列。

2. 负债项目的填列说明

（1）"短期借款"项目，反映企业向银行或其他金融机构等借入的期限在1年以下（含1年）的各种借款。本项目应根据"短期借款"科目的期末余额填列。

（2）"交易性金融负债"项目，反映资产负债表日企业承担的交易性金融负债，以及企业持有的直接指定为以公允价值计量且其变动计入当期损益的金融负债的期末账面价值。该项目应根据"交易性金融负债"科目的相关明细科目期末余额填列。

（3）"应付票据"项目，反映企业购买材料、商品和接受劳务供应等而开出、承兑的商业汇票，包括银行承兑汇票和商业承兑汇票。本项目应根据"应付票据"科目的期末余额填列。

（4）"应付账款"项目，反映企业因购买材料、商品和接受劳务供应等经营活动应支付的款项。本项目应根据"应付账款"和"预付账款"科目所属各明细科目的期末贷方余额合计数填列。如"应付账款"科目所属明细科目期末有借方余额的，应在资产负债表"预付款项"项目内填列。

课堂讨论

为什么"应付账款"项目要根据"应付账款"和"预付账款"科目所属各明细科目的期末贷方余额合计数填列？

（5）"预收款项"项目，反映企业按照销货合同规定预收客户的款项。本项目应根据"预收账款"和"应收账款"科目所属各明细科目的期末贷方余额合计数填列。如"预收账款"科目所属各明细科目期末有借方余额，应在资产负债表"应收账款"项目内填列。

（6）"合同资产"和"合同负债"项目。企业应按照《企业会计准则第14号——收入》（2017年修订）的相关规定根据本企业履行履约义务与客户付款之间的关系在资产负债表中列示合同资产或合同负债。"合同资产"项目、"合同负债"项目，应分别根据"合同资产"科目、"合同负债"科目的相关明细科目期末余额分析填列，同一合同下的合同资产和合同负债应当以净额列示，其中净额为借方余额的，应当根据其流动性在"合同资产"或"其他非流动资产"项目中填列，已计提减值准备的，还应减去"合同资产减值准备"科目中相关的期末余额后的金额填列；其中净额为贷方余额的，应当根据其流动性在"合同负债"或"其他非流动负债"项目中填列。

（7）按照《企业会计准则第14号——收入》（2017年修订）的相关规定确认为资产的合同取得成本，应当根据"合同取得成本"科目的明细科目初始确认时摊销期限是否超过一年或一个正常营业周期，在"其他流动资产"或"其他非流动资产"项目中填列，已计提减值准备的，还应减去"合同取得成本减值准备"科目中相关的期末余额后的金额填列。

（8）按照《企业会计准则第14号——收入》（2017年修订）的相关规定确认为资产的合同履约成本，应当根据"合同履约成本"科目的明细科目初始确认时摊销期限是否超过一年或一个正常营业周期，在"存货"或"其他非流动资产"项目中填列，已计提减值准备的，还应减去"合同履约成本减值准备"科目中相关的期末余额后的金额填列。

（9）按照《企业会计准则第14号——收入》（2017年修订）的相关规定确认为资产的应收退货成本，应当根据"应收退货成本"科目是否在一年或一个正常营业周期内出售，在"其他流动资产"或"其他非流动资产"项目中填列。

（10）按照《企业会计准则第14号——收入》（2017年修订）的相关规定确认为预计负债的应付退货款，应当根据"预计负债"科目下的"应付退货款"明细科目是否在一年或一个正常营业周期内清偿，在"其他流动负债"或"预计负债"项目中填列。

（11）"应付职工薪酬"项目，反映企业根据有关规定应付给职工的工资、职工福利、社会保险费、住房公积金、工会经费、职工教育经费、非货币性福利、辞退福利等各种薪酬。外商投资企业按规定从净利润中提取的职工奖励及福利基金，也在本项目列示。

（12）"应交税费"项目，反映企业按照税法规定计算应交纳的各种税费，包括增值税、消费税、所得税、资源税、土地增值税、城市维护建设税、房产税、土地使用税、车船税、教育费附加、矿产资源补偿费等。企业代扣代交的个人所得税，也通过本项目列示。企业所交纳的税金不需要预计应交数的，如印花税、耕地占用税等，不在本项目列示。本项目应根据"应交税费"科目的期末贷方余额填列；如"应交税费"科目期末为借方余额，应以"-"号填列。

为什么印花税和耕地占用税不在"应交税费"项目中列示？你认为应在哪个项目列示？

（13）"其他应付款"项目，反映企业除应付票据、应付账款、预收款项、应付职工薪酬、应付股利、应付利息、应交税费等经营活动以外的其他各项应付、暂收的款项。本项目应根据"其他应付款"科目的期末余额填列。

（14）"一年内到期的非流动负债"项目，反映企业非流动负债中将于资产负债表日后一年内到期部分的金额，如将于一年内偿还的长期借款。本项目应根据有关科目的期末余额填列。

（15）"长期借款"项目，反映企业向银行或其他金融机构借入的期限在1年以上（不含1年）的各项借款。本项目应根据"长期借款"科目的期末余额填列。

（16）"应付债券"项目，反映企业为筹集长期资金而发行的债券本金和利息。本项目应根据"应付债券"科目的期末余额填列。

（17）"其他非流动负债"项目，反映企业除长期借款、应付债券等项目以外的其他非流动负债。本项目应根据有关科目的期末余额填列。其他非流动负债项目应根据有关科目期末余额减去将于1年内（含1年）到期偿还数后的余额填列。非流动负债各项目中将于1年内（含1年）到期的非流动负债，应在"一年内到期的非流动负债"项目内单独反映。

3. 所有者权益项目的填列说明

（1）"实收资本（或股本）"项目，反映企业各投资者实际投入的资本（或股本）总额。本项目应根据"实收资本"（或"股本"）科目的期末余额填列。

（2）"资本公积"项目，反映企业资本公积的期末余额。本项目应根据"资本公积"科目的期末余额填列。

（3）"盈余公积"项目，反映企业盈余公积的期末余额。本项目应根据"盈余公积"科目的期末余额填列。

（4）"未分配利润"项目，反映企业尚未分配的利润。本项目应根据"本年利润"科目和"利润分配"科目的余额计算填列。未弥补的亏损在本项目内以"-"号填列。

（三）资产负债表编制方法举例

宏达公司20××年6月30日全部总分类科目和所属明细分类科目余额如表9-2所示，

由此来编制宏达公司20××年6月30日的资产负债表,如表9-3所示。

表9-2　　　　　　　　　　　　　科目余额表　　　　　　　　　　　　单位:元

科目名称	借方余额	科目名称	贷方余额
库存现金	5 000	短期借款	123 000
银行存款	60 000	应付账款——A公司	14 600
交易性金融资产	58 000	——B公司	-20 000
应收账款——甲公司	26 000	——C公司	16 000
——乙公司	-12 000	应付职工薪酬	99 400
——丙公司	30 000	应交税费	150 000
其他应收款	2 000	应付股利	40 000
原材料	54 000	其他应付款	18 000
库存商品	40 000	应付利息	6 000
生产成本	16 000	长期借款	60 000
待摊费用	4 000	其中:一年内到期的长期借款	20 000
长期股权投资	300 000	实收资本	560 000
固定资产	900 000	盈余公积	44 160
累计折旧	-120 000	利润分配——未分配利润	319 840
无形资产	6 0000		
长期待摊费用	8 000		

表9-3　　　　　　　　　　　　　　资产负债表

编制单位:宏达公司　　　　　　20××年6月30日　　　　　　　　　单位:元

资产	年初数	期末数	负债和所有者权益	年初数	期末数
流动资产			流动负债		
货币资金		65 000	短期借款		123 000
交易性金融资产		58 000	交易性金融负债		
应收票据			应付票据		
应收账款		56 000	应付账款		30 600
预付款项		20 000	预收款项		12 000
应收利息			应付职工薪酬		99 400
应收股利			应交税费		150 000
其他应收款		2 000	应付利息		6 000
存货		110 000	应付股利		40 000
一年内到期的非流动资产		4 000	其他应付款		18 000
其他流动资产			一年内到期的非流动负债		20 000
流动资产合计		315 000	其他流动负债		
非流动资产:			流动负债合计		499 000
可供出售金融资产			非流动负债:		
持有至到期投资			长期借款		40 000

续表

资产	年初数	期末数	负债和所有者权益	年初数	期末数
长期应收款			应付债券		
长期股权投资		300 000	长期应付款		
投资性房地产			专项应付款		
固定资产		780 000	预计负债		
在建工程			递延所得税负债		
工程物资			其他非流动负债		
固定资产清理			非流动负债合计		40 000
生产性生物资产			负债合计		539 000
油气资产			所有者权益（或股东权益）：		
无形资产		60 000	实收资本（或股本）		560 000
开发支出			资本公积		
商誉			减：库存股		
长期待摊费用		8 000	盈余公积		44 160
递延所得税资产			未分配利润		319 840
其他非流动资产			所有者权益（或股东权益）合计		924 000
非流动资产合计		1 148 000			
资产合计		1 463 000	负债及所有者权益合计		1 463 000

第三节 利润表

一、利润表的作用

利润表是反映企业在一定会计期间经营成果的报表。利润表是根据"收入－费用＝利润"这一公式编制的。

利润表的作用表现在以下几个方面。

（1）利润表提供企业一定时期的利润总额，通过此表可以考核企业利润计划的执行完成情况，评价企业经营者的业绩。

（2）通过利润表可以从总体上了解企业收入、成本和费用及净利润（或亏损）的实现及构成情况，利用表中数据可以查明利润增减变动原因，为企业管理人员改善经营管理提供帮助。

（3）通过利润表提供的不同时期的比较数字（本月数、本年累计数、上年数），可以分析评价企业的资本在经营过程中是否得到了保全，分析企业的经济效益和盈利能力，预测企业未来的盈利趋势，为其决策提供依据。

二、利润表的内容与格式

利润表的格式主要有单步式和多步式两种，我国企业的利润表一般采用多步式。如表9-4所示。

表 9-4　　　　　　　　　利润表（多步式）

编制单位：　　　　　　　　　　年　月　　　　　　　　　　单位：元

项　目	本期数	上期金额
一、营业收入		
减：营业成本		
税金及附加		
销售费用		
管理费用		
研发费用		
财务费用		
其中：利息费用		
利息收入		
资产减值损失		
信用减值损失		
加：其他收益		
投资收益（损失以"－"填列）		
其中：对联营企业和合营企业的投资收益		
净敞口套期收益（损失以"－"号填列）		
公允价值变动收益（损失以"－"填列）		
资产处置收益（损失以"－"填列）		
二、营业利润（亏损以"－"填列）		
加：营业外收入		
减：营业外支出		
三、利润总额（亏损总额以"－"填列）		
减：所得税费用		
四、净利润（净亏损以"－"填列）		
（一）持续经营净利润（净亏损以"－"号填列）		
（二）终止经营净利润（净亏损以"－"号填列）		
五、其他综合收益的税后净额		
（一）不能重分类进损益的其他综合收益		
1. 重新计量设定受益计划变动额		
2. 权益法下不能转损益的其他综合收益		
3. 其他权益工具投资公允价值变动		
4. 企业自身信用风险公允价值变动		
…		
（二）将重分类进损益的其他综合收益		
1. 权益法下可转损益的其他综合收益		
2. 其他债权投资公允价值变动		
3. 金融资产重分类计入其他综合收益的金额		
4. 其他债权投资信用减值准备		

续表

项　　目	本期数	上期金额
5. 现金流量套期储备		
6. 外币财务报表折算差额		
…		
六、综合收益总额		
七、每股收益：		
（一）基本每股收益		
（二）稀释每股收益		

注：以上报表格式为一般企业财务报表格式，且适用于已执行新金融准则或新收入准则的企业

（一）单步式利润表

单步式利润表是将本期发生的所有收入汇集在一起，将所有的成本、费用也汇集在一起，然后将收入合计减成本费用合计，计算出本期净利润。单步式利润表编制简单，易于理解，但不能反映利润的形成情况。

（二）多步式利润表

多步式利润表是将利润表的内容作多项分类，即从营业收入到本期净利润，要做多步计算，以便形成几种损益信息。多步式利润表按照主营业务利润、营业利润、利润总额和净利润进行分类，列示企业的利润总额和净利润的情况。多步式利润表的优点在于，它比单步式利润表能提供更为丰富的有关企业盈利能力方面的信息，也便于对企业生产经营情况进行分析，有利于不同企业之间的比较。因此，多步式利润表被世界各国广泛采用。如表9-4所示。

利润表中有关重要项目的明细资料以及有助于理解和分析利润表的事项，如有关会计政策的变化、有关具体项目的补充说明、难以在利润表内反映的内容或业务情况、在报告期内由于会计方法发生变更而产生的影响等，应在会计报表附注中说明。

另外，月度利润表的"本期数"栏反映各项目的本月实际发生数；"上期金额"栏的数字，可根据上月利润表的"本期数"栏的数字，填入相应的项目内。年度利润表中，"本期数"栏，反映各项目自年初起至本月末止的累计发生数。"上期金额"填列上年全年累计实际发生数，从而与"本期数"各项目进行比较。如果上年度的利润表的项目名称和内容与本年度不一致，应对上年度的报表项目的名称和数字按本年度的规定进行调整，填入"上期金额"栏内。

三、利润表的编制方法与实例

（一）利润表项目的编制方法

我国企业的利润表采用多步式格式，分以下三个步骤编制。

第一步，以营业收入为基础，减去营业成本、税金及附加、销售费用、管理费用、研

发费用、财务费用、资产减值损失,加上其他收益、投资收益(减去投资损失)、净敞口套期收益(减去投资损失)、公允价值变动收益(减去公允价值变动损失)和资产处置收益(减去投资损失),计算出营业利润。

第二步,以营业利润为基础,加上营业外收入,减去营业外支出,计算出利润总额。

第三步,以利润总额为基础,减去所得税费用,计算出净利润(或净亏损)。

(二)利润表项目的填列说明

(1)"营业收入"项目,反映企业经营主要业务和其他业务所确认的收入总额。本项目应根据"主营业务收入"和"其他业务收入"科目的发生额分析填列。

(2)"营业成本"项目,反映企业经营主要业务和其他业务所发生的成本总额。本项目应根据"主营业务成本"和"其他业务成本"科目的发生额分析填列。

(3)"税金及附加"项目,反映企业经营业务应负担的消费税、城市维护建设税、资源税、土地增值税和教育费附加等。本项目应根据"税金及附加"科目的发生额分析填列。

(4)"销售费用"项目,反映企业在销售商品过程中发生的包装费、广告费等费用和为销售本企业商品而专设的销售机构的职工薪酬、业务费等经营费用。本项目应根据"销售费用"科目的发生额分析填列。

(5)"管理费用"项目,反映企业为组织和管理生产经营发生的管理费用。本项目应根据"管理费用"科目的发生额分析填列。

(6)"财务费用"项目,反映企业筹集生产经营所需资金等而发生的筹资费用。本项目应根据"财务费用"科目的发生额分析填列。

(7)"资产减值损失"项目,反映企业各项资产发生的减值损失。本项目应根据"资产减值损失"科目发生额分析填列。

(8)"信用减值损失"项目,反映企业按照《企业会计准则第22号——金融工具确认和计量》(2017年修订)的要求计提的各项金融工具减值准备所形成的预期信用损失。该项目应根据"信用减值损失"科目的发生额分析填列。

(9)"净敞口套期收益"项目,反映净敞口套期下被套期项目累计公允价值变动转入当期损益的金额或现金流量套期储备转入当期损益的金额。该项目应根据"净敞口套期损益"科目的发生额分析填列;如为套期损失,以"-"号填列。

(10)"公允价值变动收益"项目,反映企业应当计入当期损益的资产或负债公允价值变动收益。本项目应根据"公允价值变动损益"科目的发生额分析填列,如为净损失,本项目以"-"号填列。

(11)"投资收益"项目,反映企业以各种方式对外投资所取得的收益。本项目应根据"投资收益"科目的发生额分析填列。如为投资损失,本项目用"-"号填列。

(12)"营业利润"项目,反映企业实现的营业利润。如为亏损,本项目以"-"号填列。

(13)"营业外收入"项目,反映企业发生的与经营业务无直接关系的各项收入。本项目应根据"营业外收入"科目的发生额分析填列。

(14)"营业外支出"项目,反映企业发生的与经营业务无直接关系的各项支出。本项目应根据"营业外支出"科目的发生额分析填列。

（15）"利润总额"项目，反映企业实现的利润。如为亏损，本项目以"－"号填列。

（16）"所得税费用"项目，反映企业应从当期利润总额中扣除的所得税费用。本项目应根据"所得税费用"科目的发生额分析填列。

（17）"净利润"项目，反映企业实现的净利润。如为亏损，本项目以"－"号填列。

（18）"每股收益"项目，反映上市公司盈利能力最重要的财务指标，是指本年净收益与年末普通股股份总数的比值。包括："基本每股收益"和"稀释每股收益"在内项目计算，参照《企业会计准则第34号——每股收益》填列。

（19）"其他权益工具投资公允价值变动"项目，反映企业指定为以公允价值计量且其变动计入其他综合收益的非交易性权益工具投资发生的公允价值变动。该项目应根据"其他综合收益"科目的相关明细科目的发生额分析填列。

（20）"企业自身信用风险公允价值变动"项目，反映企业指定为以公允价值计量且其变动计入当期损益的金融负债，由企业自身信用风险变动引起的公允价值变动而计入其他综合收益的金额。该项目应根据"其他综合收益"科目的相关明细科目的发生额分析填列。

（21）"其他债权投资公允价值变动"项目，反映企业分类为以公允价值计量且其变动计入其他综合收益的债权投资发生的公允价值变动。企业将一项以公允价值计量且其变动计入其他综合收益的金融资产重分类为以摊余成本计量的金融资产，或重分类为以公允价值计量且其变动计入当期损益的金融资产时，之前计入其他综合收益的累计利得或损失从其他综合收益中转出的金额作为该项目的减项。该项目应根据"其他综合收益"科目下的相关明细科目的发生额分析填列。

（22）"金融资产重分类计入其他综合收益的金额"项目，反映企业将一项以摊余成本计量的金融资产重分类为以公允价值计量且其变动计入其他综合收益的金融资产时，计入其他综合收益的原账面价值与公允价值之间的差额。该项目应根据"其他综合收益"科目下的相关明细科目的发生额分析填列。

（23）"其他债权投资信用减值准备"项目，反映企业按照《企业会计准则第22号——金融工具确认和计量》（2017年修订）第十八条分类为以公允价值计量且其变动计入其他综合收益的金融资产的损失准备。该项目应根据"其他综合收益"科目下的"信用减值准备"明细科目的发生额分析填列。

（24）"现金流量套期储备"项目，反映企业套期工具产生的利得或损失中属于套期有效的部分。该项目应根据"其他综合收益"科目下的"套期储备"明细科目的发生额分析填列。

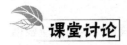

本期应交所得税金额如何计算？应税所得（应纳税所得额）与利润总额是否相等？为什么？

（三）利润表的编制实例

以宏达公司20××年6月的有关资料为例，表9-5为各账户的发生额，根据资料编制宏达公司20××年6月的利润表（表9-6）。

表9-5　　　　　　　　　　　　各账户的发生额

单位：元

账户名称	借方发生额	贷方发生额
主营业务收入		500 000
主营业务成本	225 000	
税金及附加	75 000	
其他业务收入		120 000
其他业务成本	70 000	
销售费用	60 000	
管理费用	40 000	
财务费用	10 000	
投资收益		140 000
营业外收入		30 000
营业外支出	7 500	
所得税费用	75 625	

表9-6　　　　　　　　　　　　利　润　表

编制单位：宏达公司　　　　20××年6月　　　　　　　　　单位：元

项　　目	本期数	上期金额
一、营业收入	620 000	
减：营业成本	295 000	
税金及附加	75 000	
销售费用	60 000	
管理费用	40 000	
财务费用	10 000	
资产减值损失		
加：公允价值变动收益（损失以"－"填列）		
投资收益（损失以"－"填列）	140 000	
其中：对联营企业和合营企业的投资收益		
二、营业利润（损失以"－"填列）	280 000	
加：营业外收入	30 000	
减：营业外支出	7 500	
三、利润总额（损失以"－"填列）	302 500	
减：所得税费用	75 625	
四、净利润（净亏损以"－"填列）	226 875	
五、每股收益		
（一）基本每股收益		
（二）稀释每股收益		

第四节　现金流量表

一、现金流量表的作用

现金流量表是反映企业在一定会计期间现金和现金等价物流入和流出的报表。

编制现金流量表的目的是为报表使用者提供一定会计期间内现金流入与流出的有关信息，汇总说明企业在一定会计期间内经营、投资和筹资活动的情况。其主要表现在以下几个方面。

（1）现金流量表提供企业一定会计期间内现金和现金等价物流入和流出的信息，以便于报表使用者了解和评价企业获取现金和现金等价物的能力，并据以预测企业未来现金流量，进而评价企业偿债、支付股利能力。

（2）评价企业盈利的质量。利润表反映的利润是按权责发生制计算的，但利润不代表真正实现的收益，不代表企业手中真正可以运用的现金数量。高质量的盈利必须能提供较多的现金流入，从而保证企业购买材料、支付费用和偿还债务的资金需要。

（3）现金流量表提供企业一定会计期间内投资和筹资方面的信息，便于会计报表使用者分析企业投资活动和筹资活动对经营成果和财务状况的影响。

（4）现金流量表是反映企业经营全貌、揭示企业现金来源和运用的报表，是连接资产负债表和利润表的纽带和桥梁。

前述的利润表和资产负债表，在提供会计信息方面都具有十分重要的作用，但是也有一定局限性。例如，利润表中提供的净利润，是按照权责发生制原则而不是按照收付实现制原则确认收入和费用而得到的计算结果，所以利润表虽然能够反映企业一定期间营业活动的成果，显示企业的盈利能力，但它不能说明企业从营业活动中获得了多少可供周转使用的现金；虽然能够反映报告期内筹资活动和投资活动的损益，但不能说明筹资活动和投资活动提供了多少或运用了多少现金。至于那些不涉及现金收支的投资和筹资活动，利润表根本不予反映。资产负债表主要是反映企业某一特定日期的财务状况，说明某一特定日期资产和权益变动的结果，并显示了企业的偿债能力，但它不能反映企业财务状况的变动情况。虽然通过不同时期资产负债表的比较，在一定程度上反映了企业财务状况的变动情况，但不能说明财务状况的变动原因，很难从期末和期初金额的比较中直接提供企业投资和筹资活动提供现金流量的信息。而现金流量表的编制可以弥补这两种会计报表的不足，它不仅综合地反映了企业净利润与现金净流量的关系，而且通过经营活动和投资、筹资业务对现金流入、流出的影响，揭示了企业财务状况变动的原因。因而，现金流量表是反映企业经营全貌、揭示企业现金来源和运用的报表，是连接资产负债表和利润表的纽带和桥梁。

二、现金流量表的编制基础

现金流量表的编制基础是现金及现金等价物。

现金是指企业库存现金以及可以随时用于支付的存款，包括库存现金、银行存款和其他货币资金（如外埠存款、银行汇票存款、银行本票存款）等。不能随时用于支付的存款不属于现金。

现金等价物是指企业持有的期限短、流动性强、易于转换为已知金额现金、价值变动风险很小的投资。期限短一般是指从购买日起三个月内到期。现金等价物，通常包括三个月内到期的债券投资等。权益性投资变现的金额通常不确定，因而不属于现金等价物。企业应当根据具体情况确定现金等价物的范围，一经确定不得随意变更。

现金流量是指一定会计期间内企业现金和现金等价物的流入和流出。企业从银行提取现金、用现金购买短期到期的国库券等现金和现金等价物之间的转换不属于现金流量。

企业产生的现金流量分为以下三类。

（一）经营活动产生的现金流量

经营活动是指企业投资活动和筹资活动以外的所有交易和事项。经营活动产生的现金流量主要包括销售商品、提供劳务、购买商品、接受劳务、支付工资和交纳税款等现金和现金等价物的流入和流出。

（二）投资活动产生的现金流量

投资活动是指企业长期资产的购建和不包括在现金等价物范围内的投资及其处置活动。投资活动产生的现金流量主要包括购建固定资产、处置子公司及其他营业单位等现金和现金等价物的流入和流出。

（三）筹资活动产生的现金流量

筹资活动是指导致企业资本及债务规模和构成发生变化的活动。筹资活动产生的现金流量主要包括吸收投资、发行股票、分配利润、发行债券、偿还债务等现金和现金等价物的流入和流出。偿付应付账款、应付票据等商业应付款等属于经营活动，不属于筹资活动。

需要注意的是，并不是所有的现金转换都会引起现金流量净额的变化。例如，现金流量表只需反映同时使现金项目与非现金项目产生增减变动的业务，对于现金形式之间的转换（如企业从银行提现）和仅涉及非现金各项目之间增减变动的业务，不影响现金流量净额，一般不予反映。但是，有些涉及投资和筹资活动的业务，如用固定资产进行长期投资等，尽管不涉及当期的现金收支，却会对以后各期的现金流量产生影响，故也需要在现金流量表的补充资料中予以披露（对于涉及现金收支的投资与筹资活动，应当直接在现金流量表内的"投资活动产生的现金流量"或"筹资活动产生的现金流量"中予以反映）。

三、现金流量表的内容与格式

现金流量表主要由正表和补充资料两大部分构成。现金流量表的基本格式如表 9-7 所示。

表 9-7　　　　　　　　　现 金 流 量 表

填制单位：　　　　　　　　　××年度　　　　　　　　　　　　单位：元

项　　目	本期金额	上期金额
一、经营活动产生的现金流量：		
销售商品、提供劳务收到的现金		
收到的税费返还		
收到的其他与经营活动有关的现金		
经营活动现金流入小计		
购买商品、接受劳务支付的现金		
支付给职工以及为职工支付的现金		
支付的各项税费		
支付的其他与经营活动有关的现金		
经营活动现金流出小计		
经营活动产生的现金流量净额		
二、投资活动产生的现金流量		
收回投资所收到的现金		
取得投资收益所收到的现金		
处置固定资产、无形资产和其他长期资产所收回的现金净额		
收到的其他与投资活动有关的现金		
投资活动现金流入小计		
购建固定资产、无形资产和其他长期资产所支付的现金		
投资所支付的现金		
支付其他与投资活动有关的现金		
投资活动现金流出小计		
投资活动产生的现金流量净额		
三、筹资活动产生的现金流量：		
吸收投资所收到的现金		
借款所收到的现金		
收到的其他与筹资活动有关的现金		
筹资活动现金流入小计		
偿还债务所支付的现金		
分配股利、利润或偿付利息所支付的现金		
支付的其他与筹资活动有关的现金		
现金流出小计		
筹资活动产生的现金流量净额		
四、汇率变动对现金及现金等价物的影响额		
五、现金及现金等价物净增加额		
加：期初现金及现金等价物余额		
六、期末现金及现金等价物余额		

补充资料：

补充资料	本期金额	上期金额
一、将净利润调节为经营活动现金流量		
净利润		
加：计提的资产减值准备		
固定资产折旧		
无形资产摊销		
长期待摊费用摊销		
处置固定资产、无形资产和其他长期资产的损失（减：收益）		
固定资产报废损失（减：收益）		
公允价值变动损失（减：收益）		
财务费用		
投资损失（减：收益）		
递延所得税款资产减少金额（减：增加金额）		
递延所得税负债增加金额（减：减少金额）		
存货的减少（减：增加）		
经营性应收项目的减少（减：增加）		
经营性应付项目的增加（减：减少）		
其他		
经营活动产生的现金流量净额		
二、不涉及现金收支的投资和筹资活动		
债务转为资本		
一年内到期的可转换公司债券		
融资租入固定资产		
三、现金及现金等价物净增加情况：		
现金的期末余额		
减：现金的期初余额		
加：现金等价物的期末余额		
减：现金等价物的期初余额		
现金及现金等价物增加额		

在现金流量表中，现金流量是按照经营活动、投资活动和筹资活动的现金流量分类分项列示。其中，经营活动的现金流量是按照其经营活动的现金流入和流出的性质分项列示；投资活动的现金流量是按照其投资活动的现金流入和流出的性质分项列示；筹资活动的现金流量是按照其筹资活动的现金流入和流出的性质分项列示。

现金流量表的补充资料部分，主要提供将净利润调节为经营活动的现金流量和不涉及现金收支的投资和筹资活动等方面的信息。

以上正表的内容和补充资料的关系是：

（1）正表中的第一项经营活动产生的现金流量净额与补充资料中的第一项经营活动产生的现金流量净额，应当核对相符。

第九章　财务报告

（2）正表中的第五项与补充资料中的第三项存在钩稽关系，金额应当一致。

四、现金流量表的编制

现金流量表的编制依据主要是资产负债表、利润表以及有关账户记录资料。

现金流量表的编制基础是收付实现制，因此编制现金流量表的过程就是将权责发生制下的会计资料调整为收付实现制下的现金流量。

（一）现金流量表的编制方法

现金流量表的编制方法有直接法和间接法两种。

1. 直接法

直接法，是通过现金收入和现金支出的主要类别列示经营活动的现金流量。在直接法下，表中各项目的数据可从会计记录中直接获得，或在利润表主营业务收入、主营业务成本等数据的基础上，通过调整获得。在实际工作中，可以通过工作底稿法和 T 形记账法这两种技术方法来进行调整获得所需数据。采用直接法编制的现金流量表，便于分析企业经营活动现金流量的来源和用途，预测企业未来现金流量的前景。而投资活动和筹资活动均采用直接法列报现金流量。

2. 间接法

间接法是以净利润为基础，调整不涉及现金的收入、费用项目以及其他有关项目，据以确定经营活动的现金流量。表 9-9 的补充资料部分就是采用间接法填列经营活动现金流量。采用间接法编制的现金流量表，便于对净利润与经营活动现金净流量进行比较，了解净利润与经营活动现金流量差异的原因，从现金流量的角度分析净利润的质量。

我国《企业会计制度》规定，企业应采用直接法报告企业经营活动的现金流量。采用直接法报告经营活动的现金流量时，企业有关现金流量的信息可从会计记录中直接获得，也可以在利润表营业收入、营业成本等数据的基础上，通过调整存货和经营性应收应付项目的变动，以及固定资产折旧、无形资产摊销等项目后获得。

（二）现金流量表主要项目说明

现金流量表的编制将在本系列《中级财务会计》教材中讲述。

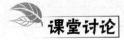

现金流量表与资产负债表和利润表之间有何关系？其编制与资产负债表和利润表的编制是否相同？为什么？

第五节　所有者权益变动表

一、所有者权益变动表的概念和作用

所有者权益变动表是反映构成所有者权益的各组成部分当期的增减变动情况的报表。

所有者权益变动表应当全面反映一定时期所有者权益变动的情况，不仅包括所有者权益总量的增减变动，还包括所有者权益增减变动的重要结构性信息，特别是要反映直接计入所有者权益的利得和损失，让报表使用者准确理解所有者权益增减变动的根源。

二、所有者权益变动表的内容和结构

在所有者权益变动表上，企业至少应当单独列示反映下列信息的项目。
（1）净利润。
（2）直接计入所有者权益的利得和损失项目及其总额。
（3）会计政策变更和差错更正的累积影响金额。
（4）所有者投入资本和向所有者分配利润等。
（5）提取的盈余公积。
（6）实收资本、资本公积、盈余公积、未分配利润的期初、期末余额及其调节情况。

三、所有者权益变动表的编制

所有者权益变动表的编制将在本系列《中级财务会计》教材中讲述。

第六节 会计报表附注

一、附注的概念和作用

附注是对在资产负债表、利润表、现金流量表和所有者权益变动表等报表中列示项目的文字描述或明细资料，以及对未能在这些报表中列示项目的说明等。

会计报表中所规定的内容具有一定的固定性和稳定性，只能提供定量的财务信息，其所能反映的财务信息受到一定限制。会计报表附注是会计报表的补充，主要是对会计报表不能包括的内容，或者披露不详尽的内容做进一步的解释说明。

企业编制会计报表附注，可以提高会计信息的可比性、增进会计信息的可理解性、促使会计信息充分披露，从而提高会计信息的质量，使报表使用者对企业的财务状况、经营成果和现金流动情况获得更充分的了解，并有利于报表使用者作出正确的决策。

二、附注的主要内容

会计报表附注应包括以下内容。
（1）不符合基本会计假设的说明。
（2）重要会计政策和会计估计的说明。会计政策是指企业核算时所遵循的具体原则及企业所采用的具体会计处理方法。包括编制合并会计报表所采用的原则；外币折算时所采用的方法；收入的确认原则；所得税的会计处理方法；短期投资的期末计价方法；存货的计价方法；长期股权投资的核算方法；长期债券投资的溢折价的摊销方法；坏账损失的具体会计处理方法；借款费用的处理方法；无形资产的计价及摊销方法；应付债券溢折价的摊销方法等。会计估计，指企业对其结果不确定的交易或事项以最近可利用的信息为基础所作的判断。

（3）或有事项的说明。会计核算中经常面临某些不确定的情形，需要会计人员作出分析和判断。其中，有些事项的最终结果依赖于未来事实加以证实。只有在未来发生或不发生某个事件时，才能最后证实企业的损失或收益已经产生。

（4）资产负债表日后事项的说明。资产负债表事项定义为：自年度资产负债表日至财务报告批准报出日之间发生的需要调整或说明的事项。

（5）关联方关系及其交易的说明。关联方关系及其交易是会计报表附注中要披露的重要内容。企业对外提供的财务报告一般认为是建立在公平交易的基础上的，但在存在关联方关系时，关联方之间的交易可能不是建立在公平交易的基础上。在某些情况下，关联方之间通过虚假交易可以达到提高经营业绩的假象。即便是关联方交易是在公平交易基础上进行的，重要关联方交易的披露也是有用的，因为它提供了未来可能再发生，而且很可能以不同形式发生交易类型的信息。

（6）重要资产转让及其出售说明。

（7）企业合并、分立的说明。

（8）会计报表主要项目的说明。会计报表主要项目的说明，是对会计报表主要项目的进一步注释，如应收款项计提坏账准备的方法、存货核算方法、长期股权投资各明细项目的增减变化、固定资产计价和折旧方法、长期待摊费用的性质及其摊销额、所有者权益（或股东权益）变动情况等。

【本章小结】

编制财务会计报告是会计核算的一项专门方法。财务会计报告是会计核算的最终成果，编制财务会计报告是会计循环的最后一个步骤。编制财务报表对报表使用者进行决策有重要意义。

企业财务报告应当包括财务报表和其他应当在财务报告中披露的相关信息和资料。会计报表由会计报表主表和会计报表附表组成。会计报表主表包括资产负债表、利润表、现金流量表和所有者权益变动表。

资产负债表是反映企业在某一待定日期财务状况报表，其结构一般有报告式和账户式两种，主要根据反映企业财务状况的资产类、负债类和所有者权益类等账户的期末余额编制。

利润表是反映企业在一定会计期间经营成果的报表，其格式有两种：单步式利润表和多步式利润表，主要反映企业收入和费用情况的收入类账户、费用类账户的本期发生额编制。

现金流量表是反映企业一定会计期间现金和现金等价物流入和流出的报表，主要依据资产负债表、利润表和利润分配表以及有关账户记录资料编制。

编制财务报表时应做到内容完整、数字真实、计算准确和编报及时等。

【自 测 题】

一、客观题

自学自测　扫描此码

二、主观题

（一）思考题

1. 编制财务会计报告有何意义？
2. 财务会计报告体系由哪几部分构成？
3. 编制财务会计报告有哪些基本要求？
4. 资产负债表各项目的数据资料采用哪些填列方法获取？
5. 多步式利润表分为哪几个步骤？各个步骤如何计算？
6. 现金流量表的编制基础是什么？
7. 编制资产负债表有何作用？
8. 编制利润表有何作用？
9. 编制现金流量表有何作用？

（二）计算题

1. 甲公司20××年12月31日结账后有关科目余额如表所示。金额：元

科目名称	借方余额	贷方余额
应收账款——甲公司	600	
应收账款——乙公司		40
坏账准备——应收账款		80
预收账款——A工厂	100	
预收账款——B工厂		800
应付账款——甲公司	20	
应付账款——乙公司		400
预付账款——丙公司	320	
预付账款——丁公司		60

要求：根据上述资料，计算资产负债表中下列项目的金额。

（1）"应收账款"项目。

（2）"预付款项"项目。

（3）"应付账款"项目。

（4）"预收款项"项目。

2. 乙公司2018年12月31日长期借款有关资料如下表所示。

借款起始日期	借款期限/年	金额/万元
2018年1月1日	3	300
2016年1月1日	5	600
2015年6月1日	4	450

其他资料："长期待摊费用"项目的期末余额为50万元，将于一年内摊销完毕的金额为20万元。

要求：根据上述资料，计算资产负债表中下列项目的金额。

（1）"长期借款"项目。

（2）长期借款中应列入"一年内到期的非流动负债"项目。

（3）"长期待摊费用"项目。

（4）长期待摊费用中应该列入"一年内到期的非流动资产"项目。

3. 某企业20××年相关项目的金额资料如下：

"主营业务收入"科目贷方发生额为1 990 000元，

"主营业务成本"科目借方发生额为630 000元，

"其他业务收入"科目贷方发生额为500 000元，

"其他业务成本"科目借方发生额为150 000元，

"税金及附加"科目借方发生额为780 000元，

"销售费用"科目借方发生额为60 000元，

"管理费用"科目借方发生额为50 000元，

"财务费用"科目借方发生额为170 000元，

"资产减值损失"科目借方发生额为50 000元，

"公允价值变动损益"科目为借方发生额450 000元（无贷方发生额），

"投资收益"科目贷方发生额为850 000元（无借方发生额），

"营业外收入"科目贷方发生额为100 000元，

"营业外支出"科目借方发生额为40 000元，

"所得税费用"科目借方发生额为171 600元。

要求：根据上述资料，计算该企业20××年度利润表中下列项目的金额。

（1）营业利润项目。

（2）利润总额项目。

（3）净利润项目。

（三）案例题

案例1：资料：甲企业 2018 年 12 月 31 日的有关资料如下表所示。

（1）科目余额表。

单位：元

科目名称	借方余额	贷方余额
库存现金	10 000	
银行存款	57 000	
应收票据	60 000	
应收账款	80 000	
预付账款		30 000
坏账准备——应收账款		5 000
原材料	70 000	
低值易耗品	10 000	
发出商品	90 000	
材料成本差异		55 000
库存商品	100 000	
固定资产	800 000	
累计折旧		300 000
在建工程	40 000	
无形资产	150 000	
短期借款		10 000
应付账款		70 000
预收账款		10 000
应付职工薪酬	4 000	
应交税费		11 000
长期借款		80 000
实收资本		500 000
盈余公积		200 000
未分配利润		200 000

（2）债权债务明细科目余额。

应收账款明细资料如下：

应收账款——A 公司 借方余额 100 000 元
应收账款——B 公司 贷方余额 20 000 元

预付账款明细资料如下：

预付账款——C 公司 借方余额 20 000 元
预付账款——D 公司 贷方余额 50 000 元

应付账款明细资料如下：

应付账款——E 公司 贷方余额 100 000 元
应付账款——F 公司 借方余额 30 000 元
预收账款明细资料如下：
预收账款——G 公司 贷方余额 40 000 元
预收账款——H 公司 借方余额 30 000 元

（3）长期借款共 2 笔，均为到期一次性还本付息。金额及期限如下。

①从工商银行借入 30 000 元，期限从 2017 年 6 月 1 日至 2019 年 6 月 1 日。

②从建设银行借入 50 000 元，期限从 2018 年 8 月 1 日至 2020 年 8 月 1 日。

要求：编制甲企业 2018 年 12 月 31 日的资产负债表。

资产负债表

编制单位：甲企业　　　　　2018 年 12 月 31 日　　　　　单位：元

资　产	期末余额	负债和所有者权益	期末余额
流动资产：		流动负债：	
货币资金		短期借款	
应收票据		应付账款	
应收账款		预收款项	
预付款项		应付职工薪酬	
存货		应交税费	
一年内到期的非流动资产		一年内到期的非流动负债	
流动资产合计		流动负债合计	
固定资产		长期借款	
无形资产		负债合计	
在建工程		所有者权益：	
非流动资产合计		实收资本	
		盈余公积	
		未分配利润	
		所有者权益合计	
资产总计		负债及所有者权益总计	

案例 2：资料：甲公司为增值税一般纳税企业，适用的增值税税率为 13%，适用的企业所得税税率为 25%。商品销售价格中均不含增值税额。按每笔销售业务分别结转销售成本，2019 年 6 月，甲公司发生的经济业务及相关资料如下：

（1）向 A 公司销售商品一批。该批商品的销售价格为 600 000 元，实际成本为 350 000 元。商品已经发出，开具了增值税专用发票，并收到购货方签发并承兑的不带息商业承兑汇票一张，面值 678 000 元。

（2）计提本月行政管理部门使用固定资产折旧 600 元。

（3）预提本月短期借款利息 200 元。

（4）除上述经济业务外，甲公司 6 月有关损益类账户的发生额如下表所示。

单位：元

账户名称	借方发生额	贷方发生额
其他业务收入		30 000
其他业务成本	20 000	
税金及附加	15 000	
管理费用	60 000	
财务费用	22 000	
营业外收入		70 000
营业外支出	18 000	

（5）计算本月应交所得税（假定甲公司不存在纳税调整事项）。

要求：

（1）编制甲公司上述（1）项至（3）项和（5）项经济业务相关的会计分录（"应交税费"科目要求写出明细科目及专栏）。

（2）编制甲公司6月的利润表。

利润表（简表）

编制单位：甲公司　　　　　2019年6月　　　　　　　　　单位：元

项目	本期金额
一、营业收入	
减：营业成本	
税金及附加	
销售费用	
管理费用	
财务费用	
资产减值损失	
加：公允价值变动收益（损失以"－"号填列）	
其中：对联营企业和合营企业的投资收益	
二、营业利润（亏损以"－"号填列）	
加：营业外收入	
减：营业外支出	
三、利润总额（亏损总额以"－"号填列）	
减：所得税费用	
四、净利润（亏损以"－"号填列）	

第十章 会计工作组织

通过本章学习,应达到以下学习目标:
1. 了解会计机构设置及会计机构内部的组织形式。
2. 理解组织会计工作所应遵循的基本原则。
3. 熟悉会计人员的职责和权限。
4. 了解会计人员从业资格及会计专业技术职务要求。
5. 熟悉规范会计活动的法律制度。
6. 熟悉会计档案管理要求;理解会计职业道德与会计法律规范的关系。
7. 了解会计职业道德的基本内容。

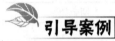

2002年4月15日,在由中共中央组织部和国家会计学院联合举办的国有重要骨干企业总会计师培训班上提到的"会计快乐指数",引起了与会人员的极大兴趣。

参加会议的中国人民大学的一位博士提出,应当研究快乐、诚信与人的寿命三者之间的关系。其总结归纳出一个计算快乐指数的具体表达公式。大量事实告诉我们,诚信与市场占有成正比。因此,诚信不仅在 CPA(注册会计师)行业,而且在全社会都具有巨大的经济价值,对整个人类也都具有巨大的延续生命的社会价值。不诚信的钱,拿了不愉快,会让人"愁煞",缩短寿命;诚信的钱,拿了"开心",延长生命。

会计职业的快乐是一种怎样的境界?

第一节 会计工作组织概述

一、会计工作组织的内容及意义

(一)会计工作组织的内容

为了更好地完成会计工作的任务,发挥会计在经济管理中的积极作用,每一个单位都必须结合本单位的特点和会计工作的具体情况,合理组织本单位的会计工作。会计工作组织就是根据会计工作的特点,制定会计法规制度,设置会计机构,配备与教育会计人员,以保证合理、有效地进行会计工作。会计工作组织,包括会计机构的设置、会计人员的配备及岗位责任、会计法规及会计制度的制定与执行、会计档案的保管。正确地组织会计工作，对完成会计任务，充分发挥会计在经济管理中的职能作用具有重要的意义。

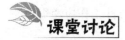

会计在经济管理中的职能是什么？

（二）会计工作组织的意义

会计是一项复杂、细致的综合性微观经济管理活动，科学的组织会计工作具有十分重要的意义。

（1）正确地组织会计工作，有利于保证会计工作的质量，提高会计工作的效率。会计反映的是以货币表现的经济活动，会计工作要把这些财务收支和经济活动，从凭证到账簿再到报表，连续地进行收集、记录、分类、汇总和分析等。这不但涉及复杂的计算，而且包括一系列的程序和手续，各个程序之间，各种手续之间密切联系，任何一个步骤脱节、一个手续遗漏或一项数据错记，往往会使会计信息不正确、不及时，进而影响整个经济管理、预测和决策。

正确地组织会计工作，使会计工作按照事先规定的手续和处理程序有条不紊地进行，可以防止错漏，即使发生错漏，也易于纠正。这样，就有利于保证会计工作的质量，提高会计工作的效率。

（2）正确地组织会计工作，可以保证会计工作与其他经济管理工作协调一致，共同完成经济管理任务。会计是经济管理的一个重要组成部分，它既有独立的职能，又与其他经济管理工作有着密切的联系。会计工作不但与宏观经济如国家财政、税收、金融等密切相关，而且与各单位内部的计划、统计等工作密切相关。会计工作一方面能促进其他经济管理工作，另一方面也需要其他经济管理工作配合。会计工作必须首先服从国家的宏观经济政策，要与之保持口径一致，同时也要与各单位的计划、统计工作之间保持协调关系。它们在共同的目标下相互补充、相互促进又相互影响。这一特点要求我们在组织会计工作的过程中，注意处理好财会部门与其他经济管理部门的关系，使得各个部门在分工的基础上进行配合，进而开展协作，共同实现经济管理目标。

（3）正确地组织会计工作，可以促使单位内部各部门更好地履行自己的经济责任，加强微观经济管理，提高企业的经济效益。实行内部经济责任制是经济管理的有效形式。正确地组织会计工作，可以促使单位内部各部门更好地履行经济责任，按照经济核算的原则行事，提高经济管理水平，取得最佳经济效益。

（4）有利于贯彻执行有关法律法规，维护财经纪律。科学组织会计工作，将遵纪守法和良好的职业道德作为会计从业人员的基本条件，有利于国家各项相关法规在会计工作中得以贯彻执行，从而维护财经法律。

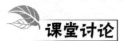

如果你是一家公司的管理者，你将如何组织本公司的会计工作？

第十章　会计工作组织

二、会计工作组织的原则

会计工作组织的原则其实是指组织会计工作必须遵循的管理工作的一般规律。它是做好会计工作,提高会计工作质量和效率所必须遵循的原则。正确组织会计工作应遵循以下基本原则。

(1)必须符合国家对会计工作的统一规定。各个会计主体必须依据国家的有关法规、制度的统一要求,设置会计机构、配备会计人员、组织会计工作。企业、组织都是社会主义市场经济的组成部分,其会计工作只有在《中华人民共和国会计法》(以下简称《会计法》)、《会计基础工作规范》等法律法规的指导下,严格按照这些法律法规的要求办理,才能提供具有可比性的会计信息,满足社会各方面的组织和人员对会计信息的要求。

(2)必须适应各单位经济活动的特点,满足经济管理的要求。各个会计主体可在不违背有关会计法律、行政法规和会计制度的前提条件下,结合单位的具体情况,制定本企业的核算办法。各单位必须按照本单位业务特点和经营规模大小等具体情况,作出贯彻国家统一规定的具体安排,诸如会计机构的设置和人员配置的多少等。只有从实际出发,满足实际需要,才能充分发挥会计应用的作用。

(3)符合精简节约的原则。各个会计主体既要保证核算工作的质量,又要节约人力物力以提高工作效率。在组织会计工作时,应尽量节约进行会计工作所耗费的时间和所需的费用,防止、杜绝机构设置重复、人员配合冗余,努力提高会计工作的效率和效益。

第二节 会 计 机 构

一、会计机构的设置

根据《会计法》的要求,企业、事业、行政机关等单位应当根据会计业务的需要,设置会计机构;会计机构内部应建立稽核制度和内部牵制制度,以便防止会计核算工作上的差错和有关会计人员的舞弊。

会计机构是执行会计制度,负责组织、领导和处理会计工作的职能部门,是由会计人员组成的。在我国,由于会计机构往往行使会计工作和财务工作的全部职权,因此,会计机构又可以称为财务会计机构。

(一)国家管理部门所设置的会计机构

财政部门所属的会计机构负责统一会计准则的制定,其他各主管部门将根据会计准则及统一会计制度,对本部门会计工作中出现的一些问题作出解释。同时,还负责会计准则的制定、修订与解释等。目前,这一任务主要由财政部下设的会计司完成;会计人员的资格考试工作主要由各级财政部门组织完成。

(二)企业、行政事业单位设置的会计机构

由于各企事业单位规模和经营管理的特点不同,会计机构的设置不可能完全相同。《会

计法》规定:"各单位应当根据会计业务的需要,设置会计机构,或者在有关机构中设置会计人员并指定会计主管人员;不具备设置条件的,应当委托经批准设立从事会计代理记账业务的中介机构代理记账。"一个单位是设置财务会计机构,还是在有关机构中设置专职的会计人员,由各单位根据实际需求确定。一般来说,会计机构的设置既要考虑"精兵简政"的原则,又要满足加强经营管理的要求。如果机构设置过于庞大,会计工作分工过于精细,容易造成工作中相互牵扯;机构设置过于精简,会计工作分工过于粗略,又会影响各种会计工作之间的内部牵制,不利于会计内部监督。

会计机构的设置不仅要与国家的经济管理体制相适应,而且要视企业、行政事业单位的规模大小而定。中央和地方各级主管部门一般设置会计事务管理司(局)、处、科等会计机构,其主要任务是:负责组织指导和监督检查所属单位的会计工作;审核、分析和批复所属单位上报的会计报表,并编制汇总会计报表;核算本单位与财政机关的上下级之间款项缴拨;对所属单位进行定期或不定期的会计检查;组织和领导系统内会计人员的业务培训和会计人员专业技术资格考试及评定工作等。基层单位一般设置财务会计处、科、组,在企业负责人及会计机构负责人的领导下,负责办理本单位的财务会计工作。

企业单位为了满足对经济活动有效地进行会计核算,以及进行合理的会计监督,制定并执行本单位的会计制度的需要,必须设置有效的会计机构;应该在会计机构内进行适当的分工,按照会计核算的流程设置责任岗位,并制定岗位责任制,配置人员。同时,在会计机构内部的岗位分工上,应符合内部控制制定要求。

会计机构的岗位责任是指会计机构内部按照会计工作的内容和会计人员的配备情况,将会计机构的工作划分为若干个岗位,按岗位规定职责并进行考核的责任制度。会计工作岗位一般分为:会计主管、稽核、总账、报表、资金核算、财产物资核算、往来结算、收入利润核算、出纳、会计档案保管等。

大中型企事业单位和业务主管部门应当建立总会计师负责制,总会计师应当是本单位的领导成员和财务负责人,通常应由具有会计师以上专业技术职称的人员担任。小型企业要指定一名副厂长或副经理行使总会计师的职权。总会计师的基本职责是:直接领导本单位的会计机构人员,组织会计核算,对本单位的财务状况负责;审核、批准会计部门编制的各种会计报表;参与拟定经营决策,负责编制财务计划、单位预算;审查重大开支项目;贯彻执行国家的各项财经政策、法规、制度、纪律。总之,总会计师不仅要领导财务会计工作,而且要参与计划决策等,对经济工作全面负责。

在有关机构中设置专职的会计人员,由各单位根据实际需求确定。可以一人一岗、一人多岗、一岗多人。

二、会计机构的组织形式

企事业单位的会计机构内部组织形式包括集中核算和分散核算两种。

（一）集中核算

集中核算是通过集中设置会计机构，使整个单位各部门的经济业务的会计处理均集中在财务部门统一进行，由财务部门全面进行各项经济业务的核算，包括经济业务的总分类核算、明细分类核算、会计报表的编制以及分析、检查等工作。单位内部的各个部门、组织只对发生的经济业务进行原始记录，并对原始凭证进行初步的审核与汇总，为进行集中核算提供原始材料。

集中核算的优点是有利于集中分析研究并统一口径解决问题，同时可以节省人力、物力，减少核算环节，简化核算手续，提高工作效率，有利于及时掌握全面的经营情况和精简人员；但不利于各部门了解自身的经济活动和各项经济指标的完成情况，也不利于加强员工的责任感和调动员工的工作积极性。一般适合于规模较小的企业和行政事业单位采用。

（二）分散核算

分散核算又称非集中核算，是指在单位财会部门的指导下，会计核算工作一部分集中进行；另一部分分散在各职能部门。各部门对发生的经济业务通过各类明细的核算、编制内部会计报表等进行比较全面的核算，而财务会计部门只根据各部门报送的资料进行总分类核算、编制对外报表等，同时对各部门会计核算进行全面的指导和监督工作。

分散核算有利于单位内部各部门及时了解自己的经营成果和成本费用的开支情况，从而将经济责任和经济利益挂钩，有利于加强员工的责任感，从而调动员工的积极性，不断提高企业的经济效益；但这种组织形式会使人力、物力、财力的耗费加大。这种方式一般适用于规模较大的企业和要求划小经济核算范围的企业。

一个企业实行集中核算还是分散核算，应视企业规模大小和经营管理的要求而决定。但是，一般认为，无论采用哪种组织形式，企业的库存现金、银行存款的收支以及债权、债务的结算都应由单位财会部门集中核算。即使在非集中核算的情况下，单位财会部门也应贯彻遵循"统一领导，分级管理"的原则，对内部各单位、各部门的会计核算工作进行指导、监督。

集中核算和非集中核算各有什么优点？

第三节 会 计 人 员

一、会计人员和工作岗位

会计人员，是指根据《会计法》的规定，在国家机关、社会团体、企业、事业单位和其他组织中从事会计核算、实行会计监督等会计工作的人员。

会计人员包括从事下列具体会计工作的人员：①出纳；②稽核；③资产、负债和所有者权益（净资产）的核算；④收入、费用（支出）的核算；⑤财务成果（政府预算执行结果）的核算；⑥财务会计报告（决算报告）编制；⑦会计监督；⑧会计机构内会计档案管理；⑨其他会计工作。

担任单位会计机构负责人（会计主管人员）、总会计师的人员，属于会计人员。

二、会计人员从业的基本要求

会计人员从事会计工作，应当符合下列要求。

（1）遵守《会计法》和国家统一的会计制度等法律法规。

（2）具备良好的职业道德。

（3）按照国家有关规定参加继续教育。

（4）具备从事会计工作所需要的专业能力。

会计人员具有会计类专业知识，基本掌握会计基础知识和业务技能，能够独立处理基本会计业务，表明会计人员具备从事会计工作所需要的专业能力。

单位应当根据国家有关法律法规和本办法有关规定，判断会计人员是否具备从事会计工作所需要的专业能力。单位应当根据《会计法》等法律法规和本办法有关规定，结合会计工作需要，自主任用（聘用）会计人员。单位任用（聘用）的会计机构负责人（会计主管人员）、总会计师，应当符合《会计法》《总会计师条例》等法律法规和本办法有关规定。单位应当对任用（聘用）的会计人员及其从业行为加强监督和管理。

因发生与会计职务有关的违法行为被依法追究刑事责任的人员，单位不得任用（聘用）其从事会计工作。因违反《会计法》有关规定受到行政处罚五年内不得从事会计工作的人员，处罚期届满前，单位不得任用（聘用）其从事会计工作。单位应当根据有关法律法规、内部控制制度要求和会计业务需要设置会计岗位，明确会计人员职责权限。依法成立的会计人员自律组织，应当依据有关法律法规和其章程规定，指导督促会员依法从事会计工作，对违反有关法律法规、会计职业道德和其章程的会员进行惩戒。

三、会计人员的主要权限

为了保障会计人员能够很好地履行自己的职责，国家赋予了会计人员必要的工作权限。其主要权限有以下几个方面。

（1）会计人员有权要求本单位有关部门、人员认真执行本单位制定的计划和预算；有权督促本单位负责人和内部各有关部门、人员严格遵守国家财经法纪和财务会计制度。

（2）会计人员有权参与本单位编制计划、制定定额、对外签订经济合作，有权参加有关的生产、经营管理会议和业务会议，了解企业的生产经营情况和计划、预算及定额的执行情况，并有权提出自己的建议。

（3）会计人员有权对本单位所有会计事项进行会计监督，对本单位各业务部门和业务人员经办的业务进行监督和检查，各业务部门应大力支持和协助会计人员履行其监督职责，以确保会计工作的顺利进行和会计信息质量的提高。

四、会计专业技术职务

按照国家劳动人事制度的规定，会计人员是从事经济管理工作的专业技术人员，应当按照工作需要和本人的条件，分别任命和聘任一定的专业技术职务。会计专业技术职务也称为会计职称，会计职称是衡量一个人会计业务水平高低的标准。我国现有的会计职称有初级、中级和高级。初级职称有助理会计师；中级职称有会计师；高级职称有高级会计师。

会计人员除必须遵守《会计法》和国家统一的会计制度等法律法规；具备良好的职业道德，无严重违反财经纪律的行为；热爱会计工作，具备相应的会计专业知识和业务技能；按照要求参加继续教育以外，还应分别具备以下标准条件。

（一）助理会计师

（1）基本掌握会计基础知识和业务技能。

（2）能正确理解并执行财经政策、会计法律法规和规章制度。

（3）能独立处理一个方面或某个重要岗位的会计工作。

（4）具备国家教育部门认可的高中毕业（含高中、中专、职高、技校）以上学历。

（二）会计师

（1）系统掌握会计基础知识和业务技能。

（2）掌握并能正确执行财经政策、会计法律法规和规章制度。

（3）具有扎实的专业判断和分析能力，能独立负责某领域会计工作。

（4）具备博士学位；或具备硕士学位，从事会计工作满1年；或具备第二学士学位或研究生班毕业，从事会计工作满2年；或具备大学本科学历或学士学位，从事会计工作满4年；或具备大学专科学历，从事会计工作满5年。

（三）高级会计师

高级职称分设副高级和正高级。副高级职称名称为高级会计师，正高级职称名称为正高级会计师。

（1）系统掌握和应用经济与管理理论、财务会计理论与实务。

（2）具有较高的政策水平和丰富的会计工作经验，能独立负责某领域或一个单位的财务会计管理工作。

（3）工作业绩较为突出，有效提高了会计管理水平或经济效益。

（4）有较强的科研能力，取得一定的会计相关理论研究成果，或主持完成会计相关研究课题、调研报告、管理方法或制度创新等。

（5）具备博士学位，取得会计师职称后，从事与会计师职责相关工作满2年；或具备硕士学位，或第二学士学位或研究生班毕业，或大学本科学历或学士学位，取得会计师职称后，从事与会计师职责相关工作满5年；或具备大学专科学历，取得会计师职称后，从事与会计师职责相关工作满10年。

（四）正高级会计师

（1）系统掌握和应用经济与管理理论、财务会计理论与实务，把握工作规律。

（2）政策水平高，工作经验丰富，能积极参与一个单位的生产经营决策。

（3）工作业绩突出，主持完成会计相关领域重大项目，解决重大会计相关疑难问题或关键性业务问题，提高单位管理效率或经济效益。

（4）科研能力强，取得重大会计相关理论研究成果，或其他创造性会计相关研究成果，推动会计行业发展。

（5）一般应具有大学本科及以上学历或学士及以上学位，取得高级会计师职称后，从事与高级会计师职责相关工作满 5 年。

第四节　会计档案管理

一、会计档案的意义

（一）会计档案的修订

会计档案是指单位在进行会计核算等过程中接收或形成的，记录和反映单位经济业务事项的，具有保存价值的文字、图表等各种形式的会计资料，包括通过计算机等电子设备形成、传输和存储的电子会计档案。

为规范会计档案管理工作，提高会计档案现代化管理水平，财政部、国家档案局对原《会计档案管理办法》（财会字〔1998〕32 号）进行修订，《会计档案管理办法》已经由财政部部务会议、国家档案局局务会议修订通过，修订后的《会计档案管理办法》公布，自 2016 年 1 月 1 日起施行。国家机关、社会团体、企业、事业单位和其他组织（以下统称单位）管理会计档案适用本办法。

（二）会计档案的内容

会计档案是我国档案体系的重要组成部分，是各单位的重要档案之一。

（1）会计凭证，包括原始凭证、记账凭证。

（2）会计账簿，包括总账、明细账、日记账、固定资产卡片及其他辅助性账簿。

（3）财务会计报告，包括月度、季度、半年度、年度财务会计报告。

（4）其他会计资料，包括银行存款余额调节表、银行对账单、纳税申报表、会计档案移交清册、会计档案保管清册、会计档案销毁清册、会计档案鉴定意见书及其他具有保存价值的会计资料。

二、会计档案的保管

（一）定期整理、立卷

各单位每年形成的会计档案，应当由会计机构按照归档要求，负责整理立卷，装订成册，编制会计档案保管清册。

当年形成的会计档案，在会计年度终了后，可暂由会计机构保管 1 年，期满之后，应当由会计机构编制移交清册，移交本单位统一保管；未设立档案机构的应当在会计机构指定专人保管。单位会计管理机构临时保管会计档案最长不超过 3 年。临时保管期间，会计档案的保管应当符合国家档案管理的有关规定，且出纳人员不得兼管会计档案。

移交本单位档案机构保管的会计档案，原则上应当保持原卷册的封装。个别需要拆封重新整理的，档案机构应当会同会计机构和经办人员共同拆封整理，以分清责任。

采用电子计算机进行会计核算的单位，应当保存打印出的纸质会计档案。具备采用磁带、磁盘、光盘、微缩胶片等磁性介质保存会计档案条件的，由国务院业务主管部门统一规定，并报财政部、国家档案局备案。

（二）制定使用及借阅手续

各单位应妥善保管会计档案，做到有序存放、方便查阅，严防毁损、散失和泄密。调阅会计档案，需经会计主管人员同意。带单位人员调阅会计档案，要有正式的介绍信，并经本单位负责人批准。调阅时，应在"会计档案调阅登记簿"中详细登记调阅日期、调阅人、调阅理由等内容。

单位保存的会计档案一般不得对外借出。确因工作需要且根据国家有关规定必须借出的，应当严格按照规定办理相关手续。

会计档案借用单位应当妥善保管和利用借入的会计档案，确保借入会计档案的安全完整，并在规定时间内归还。

  知识链接

各单位保存的会计档案不得借出，如有特殊需要，经本单位负责人批准，只能借出复制件，不能借出原件。

（三）严格遵守保管期限

《会计档案管理办法》第十四条规定：会计档案的保管期限分为永久、定期两类。定期保管期限一般分为 10 年和 30 年。

会计档案的保管期限，从会计年度终了后的第一天算起。

（四）按规定程序予以销毁

单位档案管理机构编制会计档案销毁清册，列明拟销毁会计档案的名称、卷号、册数、起止年度、档案编号、应保管期限、已保管期限和销毁时间等内容。

单位负责人、档案管理机构负责人、会计管理机构负责人、档案管理机构经办人、会计管理机构经办人在会计档案销毁清册上签署意见。单位档案管理机构负责组织会计档案销毁工作，并与会计管理机构共同派员监销。监销人在会计档案销毁前，应当按照会计档案销毁清册所列内容进行清点核对，在会计档案销毁后，应当在会计档案销毁清册上签名或盖章。

电子会计档案的销毁还应当符合国家有关电子档案的规定，并由单位档案管理机构、会计管理机构和信息系统管理机构共同派员监销。

保管期满但未结清的债权债务会计凭证和涉及其他未了事项的会计凭证不得销毁，纸质会计档案应当单独抽出立卷，电子会计档案单独转存，保管到未了事项完结时为止。单独抽出立卷或转存的会计档案，应当在会计档案鉴定意见书、会计档案销毁清册和会计档案保管清册中列明。

三、会计档案的移交

单位因撤销、解散、破产或其他原因而终止的，在终止或办理注销登记手续之前形成的会计档案，按照国家档案管理的有关规定处置。

单位分立后原单位存续的，其会计档案应当由分立后的存续方统一保管，其他方可以查阅、复制与其业务相关的会计档案。单位分立后原单位解散的，其会计档案应当经各方协商后由其中一方代管或按照国家档案管理的有关规定处置，各方可以查阅、复制与其业务相关的会计档案。

单位分立中未结清的会计事项所涉及的会计凭证，应当单独抽出由业务相关方保存，并按照规定办理交接手续。单位因业务移交其他单位办理所涉及的会计档案，应当由原单位保管，承接业务单位可以查阅、复制与其业务相关的会计档案。对其中未结清的会计事项所涉及的会计凭证，应当单独抽出由承接业务单位保存，并按照规定办理交接手续。

单位合并后原各单位解散或者一方存续其他方解散的，原各单位的会计档案应当由合并后的单位统一保管。单位合并后原各单位仍存续的，其会计档案仍应当由原各单位保管。

建设单位在项目建设期间形成的会计档案，需要移交给建设项目接受单位的，应当在办理竣工财务决算后及时移交，并按照规定办理交接手续。

单位之间交接会计档案时，交接双方应当办理会计档案交接手续。移交会计档案的单位，应当编制会计档案移交清册，列明应当移交的会计档案名称、卷号、册数、起止年度、档案编号、应保管期限和已保管期限等内容。交接会计档案时，交接双方应当按照会计档案移交清册所列内容逐项交接，并由交接双方的单位有关负责人负责监督。交接完毕后，交接双方经办人和监督人应当在会计档案移交清册上签名或盖章。

电子会计档案应当与其原数据一并移交，特殊格式的电子会计档案应当与其读取平台一并移交。档案接受单位应当对保存电子会计档案的载体及其技术环境进行检验，确保所接收电子会计档案的准确、完整、可用和安全。

单位因撤销、解散、破产或者其他原因而终止的，在终止和办理注销登记手续之前形成的会计档案，应当由终止单位的业务主管部门或财产所有者代管或移交有关档案馆代管。

单位分立后原单位续存的，其会计档案应当由分立后的存续方统一保管；单位分立后原单位解散的，其会计档案应当经各方协商后有其中一方代管或移交档案馆代管。单位合并后原各单位解散或一方存续其他方解散的，原各单位的会计档案应由合并后的单位统一管理；单位合并后原各单位仍续存的，其会计档案仍由原各单位保管。

单位之间交接会计档案的,交接双方应当办理会计档案交接手续,按照会计档案移交清册所列内容逐项交接,并由交接双方的单位负责人负责监交。交接完毕后,交接双方经办人和监交人应当在会计档案移交清册上签名或者盖章。

第五节　会计法规与会计职业道德

目前,我国会计规范体系主要由会计法规体系、会计职业道德规范、单位内部会计制度规范构成。本节主要介绍我国的会计法规体系与会计职业道德。

一、我国的会计法规体系

会计法律规范是国家政权以法律、法规形式调整会计关系的行为规范的总称,按照强制力强弱程度可进一步分为会计法律、行政法规和部门规章三个层次,会计法、会计准则和会计制度是其最基本的组成部分。

我国现行的会计法规体系是由有关会计的不同法律规范组成的有机联系的整体,其构成主要是按照制定主体和法的效力层次划分的。法的效力层次的一般规则是:不同等级的主体制定的法有不同的法的效力,等级高的主体制定的法,效力自然高于等级低的主体制定的法。

(一)会计法律

由于有关会计的各项法律均是由我国最高权力机关全国人民代表大会及其常务委员会制定并发布的,因此会计法律在我国现行的会计法规体系中处于最高层次,具有全面性、稳定性和指导性等特点,其他机关制定的行政法规、部门规章和地方性法规均不得与之相抵触。

由全国人民代表大会及其常务委员会制定的会计法律有《会计法》和《中华人民共和国注册会计师法》两部。其中,《会计法》是指导全国会计工作的基本法,其权威性最高,是制定其他会计法规的法律依据。制定和实施《会计法》对保障会计人员依法行使职权,规范会计行为,保证会计资料真实、完整,加强经济管理和财务管理,提高经济效益,维护社会主义市场经济秩序具有重要作用。

我国现行的《会计法》最初于 1985 年颁布,1993 年进行过第一次修订,1999 年进行第二次修订,从 2000 年 7 月 1 日起实施,共七章五十二条,主要就《会计法》的立法宗旨和适应范围,会计工作管理体制,会计核算,会计监督,会计机构和人员,违反《会计法》应承担的行政责任等方面作出了基本规定。

知识链接

《会计法》是会计工作中的最高法律。现行《会计法》于 1985 年颁布,1993 年第一次修订,1999 年第二次修订,现执行的是第二次修订的《会计法》。

（二）会计行政法规

我国会计行政法规是由国务院制定并颁布的，其法律效力仅次于会计法律。会计行政法规是调整经济生活中某些方面会计关系的法律规范。我国现行会计行政法规主要有国务院于1990年发布的《总会计师条例》、2000年发布的《企业财务会计报告条例》等。

《总会计师条例》主要规定了单位总会计师的职责、权限、任免、奖惩等；《企业财务会计报告条例》主要规定了企业财务会计报告的构成、编制和对外提供的要求、法律责任等。《企业财务会计报告条例》是对《会计法》中有关财务会计报告的规定的细化。

（三）会计部门规章

会计部门规章是负责全国会计、审计、财务等工作的主管部门财政部制定的，其法律效力处于第三层次，由于该层次涉及的内容最多，法规数量所占比例最大，因而属于我国会计法规体系的主体部分，对直接指导我国会计主体的实际会计核算工作起了积极的作用。主要有：

（1）会计核算制度。包括企业及其他类型会计主体适用的基本会计准则和具体会计准则、会计制度、核算暂行规定等。如《企业会计准则——基本准则》《企业会计准则第9号——职工薪酬》《高等学校会计制度》等。

（2）会计监督制度。如《会计基础工作规范》《财政部门实施会计监督办法》等。

（3）会计机构和会计人员管理制度。如《会计人员继续教育规定》《会计从业资格管理办法》《会计专业职务试行条例》等。

（4）会计工作管理制度。如《会计档案管理办法》《高级会计师资格考评结合试点考试考务工作规则》等。

应该指出的是，国务院有关部门根据其职责制定的会计方面的规范性文件，如实施国家统一的会计制度的具体办法等，也属于会计规章，但必须报财政部审核批准。

另外，地方性会计法规是各省、自治区、直辖市、计划单列市、经济特区的人民代表大会及其常委会在与会计法律、会计行政法规不相抵触的前提下制定的地方性会计法规。地方政府和行业主管部门的会计规章虽然只在本辖区内或本行业内指导会计工作，但也是我国会计法规体系的重要组成部分。

二、企业会计准则的制定与企业会计准则体系

会计准则又称会计标准，是制定会计核算制度和组织会计核算的基本规范。它是由我国主管会计工作的行政部门——财政部就会计工作中的某些方面的内容制定的规范性文件，或者财政部与国务院有关部委联合制定并发布的一些规范性文件，包括基本准则、具体准则、应用指南等。2006年2月15日，财政部发布了包括1项基本准则、38项具体准则和相关应用指南构成的新企业会计准则体系。其后，准则体系不断地修订、完善、补充至今。

我国企业会计准则体系由基本准则、具体准则、应用指南和解释组成。

第一，基本准则。在整个准则体系中起统驭作用，是指导具体准则的制定和为尚无具

体准则规范的会计实务问题提供处理原则;第二,具体准则。主要规范企业发生的具体交易或事项的会计处理,是按照基本准则的指导原则要求对有关业务或报告作出的具体规定;第三,应用指南。主要包括具体准则解释和会计科目、主要账务处理等,为企业执行会计准则提供操作性规范。这三项内容既相互独立,又互为关联,构成统一整体,如《企业会计准则——基本准则》《企业会计准则第 1 号——存货》等具体准则。第四,解释。解释是对具体准则实施过程中出现的问题、具体准则条款规定不清楚或者尚未规定的问题作出的补充说明。

1. 基本准则

基本准则是规范企业会计确认、计量、报告的会计准则,是进行会计核算工作必须共同遵守的基本要求,体现了会计核算的基本规律。它是对会计核算要求所作的原则性规定,具有覆盖面广、概括性强等特点。

1992 年 11 月,财政部发布了我国第一部《企业会计准则——基本准则》,于 1993 年 7 月 1 日开始执行;2006 年财政部再次修订并颁布了《企业会计准则——基本准则》,于 2007 年 1 月 1 日开始执行。它主要规范了会计目标、会计基本前提、会计信息的质量要求、会计要素的确认和计量,为具体会计准则和应用指南的制定提供依据。

2. 具体准则

具体会计准则是根据《企业会计准则——基本准则》制定的,是用来指导企业各类经济业务确认、计量、记录和报告的具体规范。我国的具体会计准则从 1997 年开始陆续发布,在总结、修订已颁布具体准则的基础上,2006 年财政部发布了 38 项具体准则。2012 年,财政部又印发了《企业会计准则第 X 号——公允价值计量(征求意见稿)》《企业会计准则第 30 号——财务报表列报(征求意见稿)》《企业会计准则第 9 号——职工薪酬(修订)(征求意见稿)》等。

我国的具体会计准则具体规范三类经济业务或会计事项的处理。

(1)一般业务处理准则。主要规范各类企业普遍适用的一般经济业务的确认与计量。如存货核算、长期股权投资、固定资产、无形资产、投资性房地产、职工薪酬、收入、建造合同、所得税、股份支付、政府补助、外币折算、借款费用、资产减值、每股收益、企业合并、企业年金基金、财务报表列报、现金流量表、中期财务报告、分部报告、资产负债表日后事项、会计政策、会计估计变更和前期差错更正等。

(2)特殊行业会计准则。主要规范特殊行业的会计业务或事项的处理,如生物资产、石油天然气开采等。

(3)特定业务准则。主要规范特定业务的确认与计量,如债务重组、非货币性资产交换、租赁、或有事项、金融工具确认与计量、金融资产转移、金融工具列报、套期保值、原保险合同、再保险合同等。

3. 应用指南

会计准则应用指南是根据基本准则和具体准则制定的,指导会计实务操作的细则。主要解决在运用会计准则处理经济业务时所涉及的会计科目、账务处理、会计报表格式及其编制说明，类似于以前的会计制度。《企业会计准则——应用指南》由两部分组成，第一部分为会计准则解释；第二部分为会计科目和主要账务处理。应用指南是企业会计准则体系的组成部分，有助于会计人员完整、准确地理解和掌握新准则，确保新准则的贯彻实施。

4. 解释

会计准则的解释包括两部分内容：一是准则解释部分，主要对各项准则的重点、难点和关键点进行具体解释和说明；二是会计科目和财务报表部分，主要根据企业会计准则规定应当设置的会计科目及主要账务处理、报表格式和编制要求等。准则应用指南的两部分内容从不同角度对企业会计准则进行了细化，以解决实务操作问题。

我国企业会计准则体系在整体框架、内涵和实质上实现了国际趋同，并得到了有效实施，将我国会计提升到了国际先进水平的行列，从而有利于促进企业实现精细化管理，建立健全内部控制制度，改进信息系统，全面提升会计信息质量和企业形象，有助于企业可持续健康发展，同时为实现中国会计准则与其他国家或者地区会计准则等奠定了基础。

应指出的是，近年来，财政部在对上述会计制度不断进行修订完善的同时，顺应国际惯例，有利用会计准则来取代会计制度作为会计核算规范的趋势。例如，2011年10月，财政部推出了《小企业会计准则》，自2013年1月1日起施行，2004年发布的《小企业会计制度》同时予以废止。《小企业会计准则》的发布与实施，标志着我国涵盖所有企业的会计准则体系的建成。

三、会计职业道德

道德是由一定社会的经济基础所决定的，用以调整人们之间以及个人和社会关系的行为规范及准则的总和。职业道德则是调整一定执业活动关系的执业行为准则和规范，是道德在职业活动中的具体体现，是从业人员在职业活动中应该遵循的行为准则。

（一）会计职业道德的含义

会计行业肩负为社会提供会计信息和鉴证服务的重任，其工作质量的好坏直接影响着广大经营者、投资人和千千万万社会公众的利益，进而影响整个社会经济的运行与发展。随着市场经济的发展与经济全球化进程的加快，会计改革不断深入，会计专业性和技术性日益加强。因而，讲求会计诚信、加强会计职业道德建设已成为当前一项必要而紧迫的任务。

会计职业道德是指会计职业活动中应当遵循的、体现会计职业特征的、调整会计职业关系的执业行为准则和规范。会计职业道德是会计法律的重要补充，对规范会计人员的执业行为、提高会计人员素质、保证会计目标的实现具有重要作用。

（二）会计职业道德与法律制度的关系

正确认识和处理会计职业道德与法律制度关系，对于规范会计行为、提高会计工作质量、保证会计目标实现具有重要意义。

1. 会计职业道德与会计法律制度的联系

会计职业道德是会计法律制度正常运行的社会基础和思想基础；会计法律制度是促进

会计职业道德规范形成和遵守的制度保障。两者有着共同的目标、相同的调整对象，承担着同样的职责，在作用上相互补充；在内容上相互渗透、相互重叠；在地位上相互转化、相互吸收；在实施上相互作用、相互促进。

2. 会计职业道德与会计法律制度的区别

（1）性质不同。会计职业道德多是源自职业习惯和约定俗成，依靠会计从业人员自觉、自愿的执行，并依靠良心和社会舆论监督来实现，基本上是非强制执行的，具有很强的自律性。会计法律制度是国家会计政策法律化的表现形式，通过国家机器强制执行，具有很强的他律性。

（2）作用范围不同。会计职业道德不仅调整会计人员的外在行为，还调整会计人员内在的精神世界，具有较强的主观性。会计法律制度是对会计从业人员行为的最低限度的要求；侧重于调整会计人员的外在行为和结果的合法化，具有较强的客观性。

（3）表现形式不同。会计职业道德表现形式既有明确的成文规定，也有不成文的规范。而会计法律制度一般是禁止性规范和命令性规范，其表现形式是具体的、明确的、正式形成文字的成文条例。

（4）实施保障机制不同。会计职业道德更多地需要会计人员自觉遵守。而会计法律制度是由国家强制力保障实施的，不仅在法律规范中有明确的制裁和处罚条款，而且还设有与之相配合的权威的制裁和审判机关。

（三）会计职业道德的主要内容

我国财政部在《会计从业资格考试大纲》中，规定了我国会计职业道德的八项主要内容：爱岗敬业、诚实守信、廉洁自律、客观公正、坚持准则、提高技能、参与管理、强化服务。

（1）爱岗敬业。要求会计人员正确认识会计职业，树立爱岗敬业精神，安心工作，忠于职守，尽职尽责，切实对单位、对社会公众、对国家负责。

（2）诚实守信。要求会计人员不搞虚假，保守秘密，不为利益所诱惑。

（3）廉洁自律。要求会计人员树立正确的人生观和价值观，公私分明、不贪不占；遵纪守法、清正廉洁，自觉抵制行业不正之风。

（4）客观公正。要求会计人员端正态度，依法办事，实事求是，不偏不倚，保持应有的独立性。

（5）坚持准则。要求会计人员熟悉国家法律、法规和国家统一的会计制度，始终坚持按法律、法规和国家统一的会计制度的要求，进行会计核算，实施会计监督。

（6）提高技能。要求会计人员增强提高专业技能的自觉性和紧迫感，努力提高业务水平。

（7）参与管理。要求会计人员在做好本职工作的同时，全面熟悉本单位经营活动和业务流程，主动提出合理化建议，协助领导决策，积极参与管理。

（8）强化服务。要求会计人员树立服务意识，提高服务质量，努力维护和提升会计职业的良好社会形象。

怎样认识职业道德规范与法律约束的不同？会计职业道德规范包括的内容是什么？

（四）会计职业道德的检查与奖惩

1. 财政部门的监督与检查

加强会计队伍职业道德教育和诚信建设，是身为会计工作主管部门的财政部门的工作重点之一。财政部门对会计职业道德教育进行监督检查主要有三个途径。

（1）将《会计法》执行检查与会计职业道德检查相结合。对检查中发现违反会计职业道德的会计人员可采取通报批评、责令参加一定学时的继续教育、暂停从业资格、行政处分等道德制裁。

（2）将会计从业资格证书注册登记管理与会计职业道德检查相结合。

（3）将会计专业技术资格考评、聘用与会计职业道德检查相结合。经审查发现有不遵循会计职业道德记录的初级、中级资格的报考人员，考试管理机构应取消其报名资格。会计职业道德的记录也是高级会计师考评的一个重要内容。

2. 会计行业组织的自律与约束

在会计行业自律组织比较健全的情况下，可以由职业团体对会计职业道德的执行情况进行自律性监管。会计行业自律组织应对违反会计职业道德的行为进行惩戒，对自觉遵守会计职业道德规范的先进单位和个人进行表彰。

【本章小结】

会计规范是指人们在从事与会计有关的活动时，所应遵循的约束性或指导性的行为准则。我国会计规范体系主要由会计法律规范、会计职业道德规范、单位内部会计制度规范构成。本章主要讲解会计机构设置和会计人员管理、会计档案管理及会计法律规范与会计职业道德规范。

为做好会计工作，单位必须合理设置会计机构、配备相应的会计人员，并从内部会计控制、会计档案管理等方面加强会计工作管理。

会计法、会计准则和会计制度是会计法律规范最基本的组成部分。会计法是指导全国会计工作的基本法，其权威性最强，是制定其他会计规范的法律依据。会计准则是由国务院财政部门在会计法的指导下制定的会计部门规章，是进行会计工作的标准和指导思想。企业会计准则又包括基本准则、具体准则、应用指南三个层次。会计制度是依据会计法和会计准则所制定的具体规章、方法、程序等。

会计职业道德是指会计职业活动中应当遵循的、体现会计职业特征的、调整会计职业关系的职业行为准则和规范。具体包括爱岗敬业、诚实守信、廉洁自律、客观公正、坚持准则、提高技能、参与管理、强化服务。

【自测题】

一、客观题

自学自测 扫描此码

二、主观题

（一）思考题

1. 会计工作组织包括哪些基本内容？
2. 会计人员的职责权限有哪些？
3. 会计岗位如何确定？一般有哪些会计岗位？
4. 企业会计工作的组织形式有哪几种？
5. 我国会计法规体系的构成如何？
6. 会计工作组织有什么意义？
7. 会计职业道德规范的内容是什么？
8. 会计人员从业的基本要求是什么？

（二）案例题

案例1：20××年3月，某市财政局派出检查组对市属某国有企业的会计工作进行检查。检查中了解到以下情况：

（1）20××年10月，公司领导调换，新的负责人上任后，将其儿子调入该厂会计科任出纳，兼任会计档案保管工作。其儿子没有会计从业资格证书。

（2）20××年11月，会计张某申请调离该厂，厂人事部门在其没有办清会计工作交接手续的情况下，即为其办理了调动手续。

（3）20××年1月6日，该厂档案科会同会计科编制会计档案销毁清册，经厂长签字后，按规定程序进行了监销。经核实，销毁的会计档案中有一些是保管期满但未结清债务的原始凭证。

要求：说明这些情况是否符合有关规定，并说明理由。

案例2：某公司为获得一项工程合同，拟向工程发包方有关人员支付"好处费"5万元。公司市场部经理王某持公司董事长的指示到财务部申领该笔款项。财务部经理李某认为，该项支出不符合有关规定，但考虑到公司主要领导已作了指示，即同意拨付该笔款项。李某的行为违背了哪些会计职业道德要求？

案例3：赵某，23岁，大学专科毕业后分配到某市一国债服务部，担任柜台出纳兼任金库保管员。2018年5月11日，赵某偷偷从金库中取出2017年国库券30万元，4个月后，赵某见无人知晓，胆子开始大了起来，又取出50万元，通过证券公司融资回购方法，拆借人民币89.91万元，用来炒股，没想到赔了钱。赵某在无力返还单位债券的情况下，索性于2018年12月14日、15日，将金库里剩余的14.03万元国库券和股市上所有的73.7万元人民币全部取出后潜逃，用化名在该市一处民房租住隐匿。至此，赵某共贪污2017年国库券94.03万元，折合人民币118.51万元。案发后，当地人民检察院立案侦查，赵某迫于各种压力，于2019年1月8日投案自首，检察院依法提起公诉。

根据上述案例回答下列问题：

（1）上述案例中犯罪嫌疑人赵某年轻、有学历，在比较重要的岗位工作，但胆大妄为，从学校刚刚走上工作岗位就犯罪。这说明什么？

（2）结合上述案例简述会计职业道德教育的意义？

（3）简述会计职业道德教育的层次及具体内容？

案例4：2002年11月19日，朱镕基在第16届世界会计师大会闭幕式上的演讲时指出"在现代市场经济中，会计师的执业准则和职业道德极为重要。诚信是市场经济的基石，也是会计执业机构和会计人员安身立命之本"。

请结合近年来国内外出现的会计造假事件，谈谈你对这段话的理解。

答题要求：

（1）简述会计职业道德规范的主要内容？

（2）简述"诚实守信""坚持准则"的基本要求？

（3）为什么说"诚信是市场经济的基石，也是会计执业机构和会计人员安身立命之本"？

案例5：资料：20××年11月，因产品销售不畅，某公司新产品研发受阻。公司财务部预测公司本年度将发生1 000万元亏损。刚刚上任的公司总经理责成总会计师王某千方百计实现当年盈利目标，并说："实在不行，可以对会计报表做一些会计技术处理。"总会计师很清楚公司本年度亏损已成定局，要落实总经理的盈利目标，只能在财务会计报告上做手脚。总会计师感到左右为难：如果不按总经理的意见去办，自己以后在公司不好待下去；如果照总经理意见办，对自己也有风险。为此，总会计师思想负担很重，不知如何是好。

要求：根据《会计法》和会计职业道德的要求，分析总会计师王某应如何处理，并简要说明理由。

案例6：某汽车制造公司是国有控股企业。李某是公司总经理。会计师事务所对公司20××年的财务报表进行了审计。并出具了无保留意见的审计报告。不久，检察机关接到举报，有人反映李经理与财务经理勾结，侵吞国家财产。为此，检察机关传讯了李经理。李经理到了检察机关后，李经理辩解道："会计师事务所已出具了审计报告，证明我没有经济问题。如果不信，你们可以去问注册会计师。"

思考分析：
（1）李经理的话是否有道理，如果有错，错在哪里？
（2）如果你是那家会计师事务所的负责人，你将如何回答这一问题？
（3）谁应当对单位的财务报告资料的真实性负责呢？
（4）如果公司财务经理是总经理的妻子，这样的安排可以吗？为什么？
（5）这一事件给你什么启示？

第十一章 会计信息化概述

 学习目标

通过本章学习,应达到以下学习目标:
1. 理解会计信息化的概念及基本内容。
2. 了解国内外会计信息化发展的历史沿革。
3. 了解我国会计信息化未来发展趋势。
4. 了解会计软件的概念和演进。
5. 了解会计软件的分类。
6. 掌握会计软件的功能模块及各功能模块间的联系。
7. 理解会计信息化与手工会计核算的异同。

 引导案例

我原以为创业搭档越多越好

"每一家企业的成长都离不开合理、高效的管理,特别是竞争异常激烈,并想让企业发展壮大的今天。"王者塑封有限公司是一家专业生产塑封膜产品的企业,产品远销东南亚及欧美各国。去年,面对压力越来越大的外销市场,王者塑封和其他同行一样陷入了订单减少、利润降低等发展困境中。经过艰难选择,企业决定转战内销市场。由于塑封膜的生产大部分是根据客户需要进行的,依照订单生产产生的大量剩余原料只能放到库存里作为下一个订单的原材料。虽然塑封膜产品种类不多,但是规格尺寸成千上万,而且每个产品需求千差万别,给企业库存管理带来极大难度。王者塑封总经理认为,"靠手写,靠纸笔登记,用不了多久就乱了,虽然花了大力气盘点,但是维持不了几个月数据就失真了,因为成品的规格实在太多,很容易错乱,发展到后来也没有人愿意去盘点了。"在对外部客户的管理上,外销业务与内销也有很大的不同。绝大部分外销客户都是先将全额订金打到账里,然后企业才安排生产和发货;而内销客户是一些大小不一的零散经营部和批发商,商业信用很难保证。在原有的管理模式下,资金回笼很难保障,严重影响了企业资金运转。因此,在扩大业务之前企业必须引入先进的管理工具,建立完整的客户管控机制和业务管理流程,练好企业管理的"内功"。

智慧管理,企业才能进入"智慧"时代。

观念决定命运,我国的许多企业已进入"智慧管理"时代,中小企业必须改善管理模式,提升决策应变能力,加快新技术应用步伐,打造坚强的核心竞争能力,实现"智慧管理""智慧企业"的目的。经过市场调研,王者塑封选择了用友管理软件。首先,通过用友管理软件提供的"往来资金预测"功能,财务主管可以随时查看往来资金预测表,了解近期原料款、货款以及客户的欠款状态,建立了完善的对账体系。以前编制对账单需要2天的时间,现在2个小时之内就能完成,提高了工作效率的同时,避免了呆坏账给企业造成的损失。其次,该软件还具有清晰的工作流程导航功能,企业可以在管理平台上构建规范的半成品流转制度,规范车间作业人员的书写记录,管控了每个车间的产量以及废品,有效地控制了合格品出品率;通过完善的出入库管理流程,提高了库存核算的准确率,库存积压减少了40%左右。

现在企业掌舵者已经可以随时随地通过互联网访问企业管理系统,了解最新的企业经营状况和市场动态,并根据市场变化快速做出调整,增强企业应对市场的能力。

通过以上案例,我们要思考:什么是会计信息化?如何推进会计信息化?会计信息化是怎样促进管理提升的?

第一节　会计信息化概述

经济越发展,会计越重要。随着人类社会进入信息时代,信息技术快速发展,信息和信息技术对社会生产和生活的影响不断扩大,信息化及其相关问题也得到了社会各方面的高度重视和广泛关注。为了贯彻国家信息化发展战略,全面推进我国会计信息化工作,促进会计事业更好地发展,财政部于2009年4月发布了《财政部关于全面推进我国会计信息化工作的指导意见》,明确了推进会计信息化的意义、目标、任务、措施和要求等。这是我国会计信息化工作的纲领性文件,其贯彻实施必将推动我国会计事业进入一个崭新的时代。

会计信息化,就是会计工作与电子计算机、网络技术的有机融合,即充分利用电子计算机和网络技术,更好地发挥会计的职能作用,极大地提高会计工作的效能和水平。我国会计信息化工作经历了模拟手工账的探索起步阶段、与企业其他业务相结合的推广发展阶段、适应会计准则和制度的发展要求引入会计专业判断的渗透融合阶段、与内部控制相结合建立ERP(企业资源计划)系统的集成管理阶段。其中,会计信息化是会计信息化的初级阶段,是会计信息化的基础工作。掌握会计信息化知识,是对会计从业人员的基本要求。

一、会计信息化的概念

会计信息化就是利用现代信息技术(计算机、网络和通信等),对传统会计模式进行重构,并在重构的现代会计模式上通过深化开发和广泛利用会计信息资源,建立技术与会计高度融合的、开放的现代会计信息系统,以提高会计信息在优化资源配置中的有用性,促进经济发展和社会进步的过程。会计信息化是国民经济信息化和企业信息化的基础和组成部分。

会计信息化的本质是一个过程,利用的手段是现代信息技术,其目标是建立现代会计信息系统,作用是提高会计信息的有用性。

二、会计信息化的基本内容

会计信息化发展的过程是一个从实践应用,到会计实务改变,再到会计理论突破的过程,是会计学科发展的必由之路。会计信息化的内容是比较广泛的,可以从不同的角度进行归纳。

(1)从信息系统的角度看,会计信息化是一个人机相结合的系统。它的基本内容包括计算机硬件、计算机软件、财会人员和会计工作对象。

(2)从会计信息化的发展过程来看,会计信息化主要分为会计核算信息化和会计管理信息化两个阶段。

①会计核算信息化。会计核算信息化是会计信息化的第一个阶段,在这一阶段完成的任务主要利用计算机强大的数据处理功能,替代手工的会计核算工作。

②会计管理信息化。会计管理信息化是在会计核算信息化的基础上,利用会计核算提供的数据和其他经济数据,借助计算机会计管理软件提供的功能,帮助会计管理人员合理地筹措资金、运用资金、控制成本费用开支、编制财务计划、辅助管理者进行投资、筹资、生产、销售、决策分析等。

(3)从会计信息化工作的角度看,随着会计信息化事业的发展,会计信息化工作的内容也大大丰富了,计算机技术在会计工作中应用的有关内容都是会计信息化工作,即单位在实施会计信息化过程中各项工作都是会计信息化工作的内容。会计信息化工作的基本内容主要包括:会计信息化工作的组织和规划、会计信息系统的建立、会计信息化管理制度的建立、会计人员的培训、会计信息系统的管理等。

三、会计信息化发展的历史沿革

(一)国外会计信息化的发展

会计信息化在国外起源于20世纪50年代,1954年10月美国通用电气公司率先将计算机用于企业的工资核算,获得了极大的成功。随后便在公司内部会计核算的各个方面推广计算机的应用。其他大中型企业纷纷仿效,在西方掀起了会计中应用计算机的热潮。欧洲、日本紧随其后也开始推广计算机在会计、企业管理中的应用。

国外计算机在会计领域中的应用,大致经过了以下几个阶段。

第一个阶段是电子数据处理(EDP)阶段,是会计信息化的初级阶段。从20世纪50年代中期开始,计算机主要用来处理数据大、业务简单、重复次数多的经济业务,如工资计算、库存材料物资的收发管理等。它以模拟手工操作为主,主要目的是替代手工劳动,减轻劳动强度,提高工作效率。初期是单项数据处理,60年代中期左右开始进入全面数据处理阶段,由于计算机技术的发展和存储技术的进步,电子数据处理基本上可以实现自动化,计算机几乎完成了手工会计系统的全部业务,为计算机在会计中的应用展示了广阔的前景。

第二个阶段是会计信息系统阶段,称为面向会计管理阶段。20世纪60年代中期以后,随着计算机在会计中应用的不断扩展和各项业务处理之间联系的加强,逐渐形成了会计信息系统。在这个系统中,尽管在会计业务处理原则和会计基本方法方面仍沿袭手工操作的一些内容,但在数据结构和数据处理流程方面发生了较大的变化,计算机应用的重点不再是代替手工劳动,重点转向充分利用计算机的强大处理功能,对会计数据进行综合加工,组织会计信息并及时反馈,以更好地为日常财会管理服务。

第三个阶段是决策支持系统阶段。20 世纪 70 年代以后,计算机本身发生了很大的变化,微机和数据库技术的出现使计算机迅速被普及企业管理的各个方面,网络改变了传统的集中式的数据处理方式。软件方面,出现了专业化的软件厂商和专业软件包,计算机在会计、管理上的应用越来越成熟,并且企业的主要精力从实施过程逐步转移到实施效益上,对会计信息深入、全面的处理成为现实。在此基础上,进一步发展成决策支持系统。会计系统也演变成对企业信息、资金、资源进行反映和控制的财务系统。

第四个阶段是企业资源的全面整合阶段。随着计算机、数据库技术的发展和互联网的普及,计算机在会计上的应用有了新的发展,从信息系统转向企业资源计划(ERP)、供应链管理(SCM)和客户关系管理(CRM)。

从 20 世纪 90 年代中后期开始,为了确立竞争优势,各国企业更加关注进入市场的时间、产品的质量、服务的水平和运营成本。企业不仅需要合理规划和运用自身的各项资源,还需将经营环境的各个方面,如客户、供应商、分销商和代理网络、各地制造工厂和库存等的经营资源紧密结合起来,形成供应链,并准确及时地反映各方面的动态信息,监控经营成本和资金流向,提高企业对市场反应的灵活性和财务效率。与此相对应,一方面企业开始重组组织结构和管理模式,进行业务流程重组(BPR);另一方面重视利用先进信息技术的促进作用,在物资需求计划(MRPⅡ)的基础上,实施企业资源计划(ERP)系统,以求更有效地支持新的供应链和战略决策。供应链和集成财务管理成了企业计算机管理系统的两个核心,如图 11-1 所示。

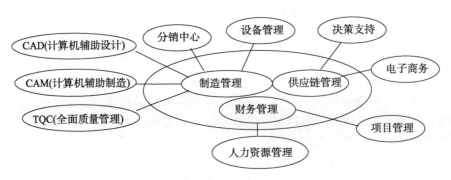

图 11-1　财务系统在 ERP 系统中的位置

这种趋势对财务管理系统提出了新的挑战,要求财务系统能对全球市场信息进行快速反馈,在降低各类经营成本和缩短产品进入市场的周期间寻求平衡,提高对企业内部其他部门和外部组织的财务管理水平,并能提供更丰富的战略性财务信息,以及具有更强的财务分析和决策支持能力。

传统的会计信息系统,包括 MRPⅡ 中的会计和财务模块,主要的特点是用于事后收集和反映会计数据,在管理控制和决策支持方面的功能相对较弱。另外,系统的信息处理一般都是对手工会计职能的自动化,系统的结构是面向任务和职能的,这对满足会计核算的要求来说已经足够,但在业务流程的监控和与其他系统的集成性上还需要加以完善。

新一代 ERP 系统中的财务管理模块已经完成了从事后财务信息的反映,到财务管理信息事前和过程的分析、控制,再到多层次、全球化财务管理支持的转变。

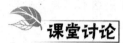

会计信息化在企业资源计划(ERP)系统中的地位与作用是什么?

(二)我国会计信息化的发展历程

第一个阶段是模拟手工记账的探索起步阶段。20 世纪 70 年代中后期,一些大型企事业单位、科研机构、高等院校陆续引进了一些中小型计算机,并将计算机应用于工资计算、总账核算等工作中。1979 年,财政部拨款 500 万元在长春第一汽车制造厂进行会计电算化的试点,标志着我国会计电算化工作开始进入实验试点和理论研究阶段。

1983 年以后,我国会计电算化工作进入新的发展时期。从中央到地方各级都加强了推广电子计算机应用的领导工作。同时,微型计算机在国内市场上大量出现,多数企事业单位已经具备了配备和使用微机的能力,这为计算机在会计领域的应用创造了良好的条件。与此同时,人们对会计电算化的认识不断提高。企业有了开展信息化工作的意愿,纷纷组织力量开发会计软件。在这一时期,多数企业和会计人员对"电算化"的理解是设计一个专门的账务处理程序,模拟替代手工记账算账,即利用电子计算机来处理会计账务。

模拟手工记账阶段对会计信息的处理如图 11-2 所示。此图中数据与信息的关系是:信息是经过加工后有用的数据。请注意以下两点概念:其一是"数据需要处理才能转换为信息";其二是"信息是有用的数据",信息的有用性是相对的,如果被决策者使用了则成为信息,但如果还要继续处理,则应是数据。计算机处理中有"三明治"原则,任何一个信息加工处理都有输入的数据、处理的方法、输出的信息三部分,即 IPO(输入、处理、输出)原则。

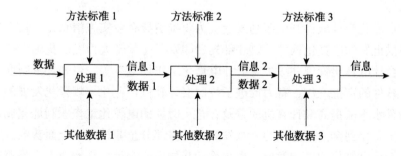

图 11-2 模拟手工记账阶段对会计信息的处理

模拟手工记账阶段的基本特征是"新瓶装旧酒",即使用包括计算机技术与数据库技术的现代化信息技术（新瓶）来模拟比较繁重而简单的手工记账（旧酒）的全过程。此阶段的目标是让会计工作人员从繁杂的手工劳动中解放出来，减轻会计人员的工作量，提高劳动效率和信息输出速度。并没有将会计电算化作为企业信息化建设的重要组成部分，也没有考虑如何充分发挥信息技术的优势，改进会计业务处理流程。这是一个量变的起点，计算机技术先被逐步应用于会计的各个方面，然后再慢慢地将新瓶中的旧酒置换成与新瓶相匹配的新酒（适应于信息技术环境下的会计模式）。这阶段的主要子系统有"账务处理系统""工资计算与核算""固定资产核算"等。

这一时期所开发的会计软件，实质上是将电子计算机作为一个高级的计算工具应用于会计领域。各子系统开发的目的是使会计人员摆脱手工账务处理过程中繁复易错的重复劳动，因而在其应用过程中还不能最大限度地实现数据共享，也因此而容易造成信息化会计数据资源的浪费，无法实现电算化的会计信息与企业其他信息系统的有效融合，从而在企业内部造成一个个信息"孤岛"。原始的电算化会计工作也成为信息"孤岛"之一，无法充分发挥应有的作用。

会计电算化的实施，给会计数据处理技术带来了巨大的变革，也给传统会计管理工作提出了新的要求。为使会计电算化工作走上科学化、规范化的发展轨道，必须对此进行科学的管理。财政部于1989年底和1990年7月先后颁布了《会计核算软件管理的几项规定（试行）》和《关于会计核算软件评审问题的补充规定（试行）》两个文件，确定了商品化会计软件的评审制度和标准。

第二个阶段是与其他业务结合推广发展阶段。进入20世纪90年代后，企业对会计电算化有了更深的理解和更高的要求，信息技术的发展也为会计电算化的推广发展提供了更好更经济的软硬件保证。企业开始将单项会计核算业务信息化统合、扩展为全面信息化，将企业内的信息"孤岛"与企业连接。

在这一阶段，企业积极研究对传统会计组织和业务处理流程的重组，以实现企业内部以会计核算系统为核心的信息集成化，其主要特征为在企业组织内部实现会计信息和业务信息的一体化，并在两者之间实现无缝连接，会计信息和业务信息能够做到你中有我、我中有你。信息集成的结果是信息的有效共享和利用，所有相关原始数据只要输入一次，就能做到共享和多次利用，既减少了数据输入的工作量，又实现了数据的一致性，还保证了数据的共享性。

同期，商品化会计软件开始蓬勃发展。为正确引导企业实施信息化、指引软件开发公司为企业提供更好的电算化软件，财政部先后印发了《关于大力发展我国会计电算化事业的意见》《会计电算化管理办法》《会计电算化工作规范》等一系列规章制度，并启动了商品化会计软件的审批工作，有力推进了我国会计软件产业化、规范化发展的进程。

由于软件水平的提高和计算机的普及，这一时期的电算化工作顺利地完成了由单向会计核算业务信息化到全面信息化的升级发展，并由部分企业推广到全面普及。同时，这一时期商品化会计电算化软件的发展，也为推动我国民族会计软件产业大发展奠定了基础。

第三个阶段是引入会计专业判断的渗透融合阶段。为适应我国社会主义市场经济发展的新要求和经济国际化、全球化的新形势，我国对企业会计准则进行了重大改革，建立了与国际准则趋同的企业会计准则体系。会计准则体系引入了会计专业判断的要求。同时，新准则适度审慎地引入了公允价值计量等新的计量基础，对金融工具、资产减值、合并会计报表等会计业务做出了系统的规范。这对企业的会计信息化工作提出了新的要求。企业以准则为指引、以《会计基础工作规范》等文件为准绳，在前期会计电算化工作成果的基础上，将各种确认、计量、记录、报告要求渗透融合到企业的会计信息系统和管理信息系统。在这一时期，企业纷纷建立了以会计信息系统为核心的企业资源计划（ERP）系统。

借助会计准则与会计信息系统的渗透融合，企业具备了进一步优化重组其管理流程的能力。一些大型企业大幅减少了核算层次，规范了资金账户管理，缩短了提交财务会计报告的时间，甚至改革了内部会计机构的设置，真正使会计人员从烦琐低效的重复劳动中解脱出来，投入加强内部控制等工作中。

企业和会计软件开发商在这一时期紧密围绕会计准则和制度不断调整、渗透、融合会计信息系统。但由于内部控制相关研究刚刚起步，企业在构建自身的 ERP 系统时的指导思想还不清晰，尚不能自觉地围绕内部控制关系理顺其会计信息系统，在实务中出现了很多不同的做法。

第四个阶段是与内部控制相结合建立 ERP 系统的集成管理阶段。随着现代企业制度的建立和内部管理的现代化，内部控制日益成为一个世界性话题，单纯依靠会计控制已难以应对企业面临的内外部风险，会计控制必须向全面控制发展。相应地，传统的会计软件已经不能够完全满足单位会计信息化的需要，逐步向流程管理相结合的 ERP 企业资源计划方向发展。

财政部也先后制定发布了《内部会计控制规范——基本规范（试行）》和 6 项具体内部控制规范，要求单位加强内部会计及与会计相关的控制，以堵塞漏洞、消除隐患，保护财产安全，防止舞弊行为，促进经济健康发展。

2006 年 7 月，财政部、国资委、证监会、审计署、银监会、保监会六部委联合发起成立企业内部控制标准委员会，并于 2008 年 6 月联合发布《企业内部控制基本规范》。这标志着我国企业内部控制规范建设取得了重大突破和阶段性成果，是我国企业内部控制建设的一个重要里程碑。2010 年 4 月，该委员会发布了《企业内部控制配套指引》，包括三部分：《企业内部控制应用指引》《企业内部控制评价指引》和《企业内部控制审计指引》。

为适应建立和实施内部控制制度的新要求，防范风险，加强管理，提升竞争力，企业开始全面系统地依托其既有的会计信息系统，构建与企业内部控制紧密结合的 ERP 系统，将企业的管理工作全面集成，从而实现会计管理和会计工作的信息化。目前，这一阶段正在进行中。有的特大企业已经开始利用与内控相结合的集成会计信息系统，并成功地将全部报表编制工作集中到总部一级。

同时，财政部还积极研究构建会计信息化的社会平台，以方便企业会计信息化所提供的会计信息的再开发和利用。进入 21 世纪，可扩展 XBRL（商业报告语言）作为一种基于互联网、跨平台操作，专门用于财务报告编制、披露和使用的计算机语言，在全球范围内迅速应用。这种语言能从根本上实现数据的集成与最大化利用，会计信息数据资料共享将会成为现实。财政部非常重视 XBRL 对会计信息化的影响，一直密切跟踪国际发展趋势。

经过几年的研究，2006年财政部在中国会计准则委员会下设立了XBRL组织，致力于开发基于中国企业会计准则的XBRL国家分类标准。2008年11月12日，中国会计信息化委员会暨XBRL中国地区组织正式成立，这是深化会计改革、全面推进我国会计信息化建设的重要举措，标志着中国会计信息化建设迈上了一个新台阶。

根据财政部2011年9月9日发布的《会计改革与发展"十二五"规划纲要》（财会〔2011〕19号），"十一五"期间，我国发布了"可扩展商业报告语言（XBRL）技术规范系列国家标准和企业会计准则通用分类标准"。2011年年初，财政部启动了有15家企业和12家大型会计师事务所参加的通用分类标准首批实施工作。2011年下半年，在通用分类标准首批实施尚未完全结束时，财政部又选择石油行业，启动了行业扩展分类标准的研究。通过研究企业会计准则通用分类标准石油行业扩展分类标准（征求意见稿）的反馈意见，2012年1月4日，财政部推出了石油和天然气行业扩展分类标准。与此同时，我国XBRL网站（www.xbrl-cn.org）逐渐活跃。

从会计电算化发展到会计信息化是一次质的飞跃。会计电算化解决的是利用信息技术进行会计核算和报告工作的相关问题。会计信息化则是在会计电算化工作的基础上，以构建和实施有效的企业内部控制为指引，集成管理企业的各种资源和信息。由此可见，会计电算化是会计信息化的初级阶段和基础工作。

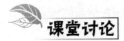

会计信息化为什么要与内部控制相结合？

四、我国会计信息化未来发展趋势

目前，国内会计信息化的发展主要向网络化、决策支持和管理制度的配套与完善等方向发展。

（一）网络化发展

计算机网络技术的发展、性能的提高以及价格的不断降低，为全面、系统地开发、使用会计信息系统提供了技术条件。由于网络技术在安全性、可靠性设计、权限设置等方面比单机提供了更多、更有效的技术措施，为进行权限控制、人机分工、人员分工等方面提供了更有效的方法。自1998年以来兴起的XBRL技术，就是一个网络化发展的明显例证。

（二）决策支持系统（DSS）的发展

会计信息化的发展，沿着从单项应用到系统应用、再到会计决策支持系统的方向发展。近年来许多企业已开发出完整的会计信息系统并在实际中得以应用，已经积累了完整的会计信息数据，如何充分利用这些会计信息数据，参与企业决策，实现决策支持已成为当前及今后会计信息化发展的一个主要方向。

(三) 人工智能在会计领域的应用

会计专家系统是把专家系统引入会计决策过程，将会计专家解决问题的知识、经验等按组织和逻辑判断的形式置于计算机中，从而可以用专家的水平，准确地在不同地点于不同时间解决类似的决策难题。广大会计工作人员可以利用会计专家系统按照专家的水平对各种会计决策作出正确的判断。

第二节 会 计 软 件

会计软件是以会计理论和会计方法为核心，以会计制度为依据，以计算机及其应用技术为基础，以会计数据为处理对象，为实现应用计算机进行会计核算和财务管理，专门研制开发的软件系统。会计软件属于计算机应用软件的范畴。

一、会计软件的概念和演进

简单地说，计算机软件就是指使计算机正常工作的一组程序以及其附属的数据和文档。软件又分为系统软件和应用软件两类，而会计软件是应用软件中的一种。应用软件是采用某种计算机语言编写的，通过系统软件的支持，使计算机帮助人们解决某方面问题的计算机软件。

会计软件指专门用于会计工作的计算机应用软件，包括采用各种计算机语言编制的用于会计工作的计算机程序。凡是具备相对独立完成会计数据输入、处理和输出功能模块的软件，如账务处理、固定资产核算、工资核算软件等，均可视为会计软件。不同软件公司开发的会计软件所包含的功能模块并不完全相同。

会计软件的发展，经历了人工管理、文件管理系统和数据库系统三个阶段。

(一) 人工管理阶段

在将计算机技术应用于会计工作的初期，即人工管理阶段，所开发的会计软件主要用于会计业务的单项处理。此时的会计软件主要是模仿手工会计数据处理的方式和程序，着重解决那些数据量大、计算简便但重复次数多的单项会计业务，如工资计算、固定资产核算等，各单项会计软件并没有有机地集成起来。人工管理阶段的会计数据与会计软件的关系如图 11-3 所示。

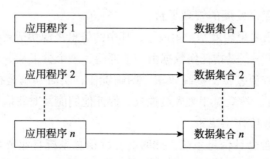

图 11-3 人工管理阶段的会计数据与会计软件的关系

（二）文件管理系统阶段

随着计算机技术的发展和会计信息化工作的深入开展，单项独立的用于某项会计业务的软件，造成会计业务彼此不能连贯执行，会计信息不能共享，会计工作效率不高的状况，已经不能适应企业管理的需要。因此，随后开发的会计软件，都把会计部门内部的所有单项软件进行有机的整合，形成一个处理会计业务的完整的会计信息系统，即文件管理系统阶段。此时，会计软件实现了会计部门内各项工作的集成。但是，它只是企业会计部门专用的信息系统，在物理上独立于企业其他部门的信息系统，被动地依赖业务部门提供数据，它对管理决策的支持只能是提供事后的统计、分析、评价，而无法有效地进行事中控制。此时的会计软件，基本上实现了计算机替代手工会计核算的目标，实现了主要会计核算业务的自动化，文件管理系统阶段的会计数据与会计软件的关系如图 11-4 所示。

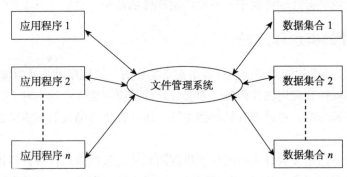

图 11-4　文件管理系统阶段的会计数据与会计软件的关系

（三）数据库系统阶段

随着管理信息系统的发展和企业应用的不断深入，会计信息化日益与企业管理活动相互渗透和结合，逐渐形成了企业管理信息系统的一个重要子系统，此时管理信息系统的一个重要发展是 ERP 系统的推广和应用，即数据库系统阶段。

ERP 是 Enterprise Resources Planning 的简称，译为企业资源计划。ERP 是建立在信息技术基础上，以系统化的管理思想为基础，为企业决策层和员工提供决策运行手段的管理平台，其目的是整合、优化企业资源。ERP 系统集信息技术与先进的管理思想于一身，成为现代企业的运行模式，反映时代对企业合理配置资源、最大化地创造社会财富的要求，成为企业在信息时代生存、发展的管理平台。

ERP 系统的一个重要思想就是"集成"，其中的信息来源集成要求数据"来源唯一，实时共享"。所谓来源唯一，是指任何数据由一个部门、一个员工从一个应用程序录入，这样可以减少重复劳动，避免差错，提高效率，明确责任；实时共享是指将数据存入统一的数据库，按一定规则处理，然后对相关人员授权，保证他们能及时获取所需要的动态信息，高效而且准确的执行业务或作出决策。

ERP 系统中也包含会计信息系统，此时的会计信息系统与业务系统已经融为一体，业务发生时，触发会计业务执行逻辑，能够在业务发生时实时采集详细的业务、财务信息，执行处理和控制规则。ERP 系统中的会计信息系统包括财务会计和管理会计两个子系统，财务会计子系统处理日常的财务作业，并以企业实体为单位对外提供会计报表；管理会计子系统以企业内部管理为目的，可以灵活设置核算对象，从财务角度为管理提供信息。ERP 系统中也有用于处理会计核算数据部分的模块为财务会计模块，我们把它也纳入会计软件的范畴。数据库系统阶段的会计数据与数据库的关系如图 11-5 所示。

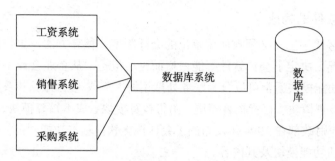

图 11-5　数据库系统阶段的会计数据与数据库的关系

　　数据库是依照某种数据模型组织起来并存放二级存储器中的数据集合。这种数据集合具有如下特点：尽可能不重复，以最优方式为某个特定组织的多种应用服务，其数据结构独立于使用它的应用程序，对数据的增、删、改和检索由统一软件进行管理和控制。从发展的历史看，数据库是数据管理的高级阶段，它是由文件管理系统发展起来的。

二、会计软件的分类

（一）专用会计软件

　　一般来说，专用会计软件是指由使用单位根据自身会计核算与管理的需要自行开发或委托其他单位开发，专供本单位使用的会计软件。其特点是把使用单位的会计核算规则，如会计科目、报表格式、工资项目、固定资产项目等编入会计软件，非常适合本单位的会计核算，使用起来简便易行。但其缺点是，受使用范围和时间限制，系统只适用于个别单位。

（二）通用会计软件

　　一般是指由专业软件公司研制，公开在市场上销售，能适应不同行业、不同单位会计核算与管理基本需要的会计软件。目前，我国的通用会计软件以商品化软件为主。如按适用范围划分，通用会计软件又可分为全国通用的会计软件和行业通用的会计软件。

　　为了体现"通用"的特点，通用会计软件一般都设置"初始化"模块，用户在首次使用通用会计软件时，必须首先使用该模块，对本单位的所有会计核算规则进行初始化设置，从而把通用会计软件转化为一个适合本单位核算情况的专用会计软件。

　　通用会计软件的特点：①通用性强；②成本相对较低；③维护量小、且维护有保障；

④软件开发水平较高；⑤开发者决定系统的扩充与修改。

三、会计软件的功能模块

会计软件是多种功能模块的集合体，这些功能模块按照软件所实现的会计工作内容和工作流程来划分，并且互相协调运转。

（一）会计软件的构成

会计软件要替代手工，必须与使用单位的会计制度、核算方法、工作流程相适应。使用单位的具体情况，决定了会计软件不能一概而论。但是，从企业会计工作的一般规律来看，会计软件的功能模块通常可以分为账务处理模块、应收/应付账款核算模块、工资核算模块、固定资产核算模块、存货核算模块、销售核算模块、成本核算模块、报表处理模块、财务分析模块等。财政部在1994年发布的《会计核算软件基本功能规范》中，详细规定了会计软件应具备的功能模块及其内容。

在这些模块中，账务处理模块是核心，该模块以记账凭证为接口，与其他功能模块有机结合，构成完整的会计软件系统。一个完整的会计软件系统如图11-6所示。

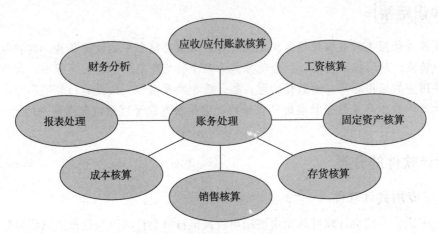

图11-6 完整的会计软件系统

下面介绍会计软件系统中几个主要的功能模块。

1. 账务处理模块

账务处理模块主要是以会计凭证为原始数据，按会计科目，统计指标体系对记账凭证所载的经济内容，进行记录、分类、计算、加工、汇总，输出总分类账、明细分类账、日记账及其他辅助账簿、凭证和报表。

账务处理模块主要包括：①账务初始（建账）；②凭证处理（输入、审核、汇总、记账）；③查询；④对账；⑤结账；⑥打印输出；⑦其他辅助功能。账务初始是根据程序要求和内部管理需要自定义会计科目体系、记账凭证格式、账簿体系的过程。相当于手工状态下设立一套新的账务核算体系，是用计算机建账的过程。凭证处理包括凭证的输入、修改、审核、汇总、记账、打印等内容。查询是设定查询条件标志，灵活迅速查询某会计期间的会计凭证及有关明细分类账、总账的有关内容。例如，寻找特定内容的会计凭证，查找会计科目的发生额或余额等。对账功能一部分是由会计软件在设计时由程序自动检查核对，如总账、明细账、日记账之间的账账核对；另一部分则提供给用户进行核对，如与银行对账单核对，与往来账核对，与其他辅助账核对等，并能做出调节表等相关资料。结账功能由程序完成，按国家会计制度规定，按会计科目分级进行计算、汇总，结出借贷发生额和余额，结束当期核算，开始下一个会计核算循环。结账还包括会计信息跨年度结转，开始一个新的会计年度的特殊内容。打印输出功能是打印记账凭证、账簿等会计信息资料，以便用户使用和归档保管。

2. 报表处理模块

报表处理模块是按国家统一的会计制度规定，根据会计资料而编制会计报表，向公司管理者和政府部门提供财务报告。会计报表按其汇编范围可分为个别报表、汇总报表以及合并报表。报表处理模块包括：①报表定义；②报表计算；③报表汇总；④报表查询；⑤报表输出。报表定义是依据会计软件，建立一个新的报表体系所做的工作。主要包括：定义报表名称，描述空白表格的格式，定义报表项目填写内容的数据来源和报表项目及运算关系，确定表格项目审核校验及报表间项目的钩稽关系，检查公式以及汇总报表的汇总范围等步骤。经过报表定义之后，就可以按规定计算或汇总产生所需要的会计报表，通过审核校验确认后，可以打印、复制、查询、输出会计报表。

3. 应收/应付账款核算模块

应收/应付账款核算模块的主要功能是完成企业应收/应付账款的日常登记，并编制记账凭证；处理企业在进行资金往来结算过程中发生的各种结算票据，尤其是各种应收/应付的登记、利息计算等；进行应收账款的账龄分析；自动核销往来账款等。

4. 工资核算模块

工资核算模块以计提发放职工个人工资的原始数据为基础，计算职工工资，处理工资核算。工资核算模块包括：①设计工资项目及项目计算公式；②录入职工工资基础资料；③增减变动及修改；④计算汇总；⑤查询；⑥打印输出。工资核算模块，首先设计工资的项目及项目计算公式，按项目录入职工应发、扣减、实发金额，按使用者的要求计算配发不同面值的零、整钱数。该模块应具备自行定义工资的项目，选择分类方式，灵活修订工资项目，调整职工个人基础资料，定义工资计算公式（如代扣个人所得税计算公式）进行汇总计算。自动制作转账凭证，填制分录，进行工资分配，计算工资福利费。

5. 固定资产核算模块

固定资产核算模块主要是用于固定资产明细核算及管理，固定资产核算模块包括：①建立固定资产卡片；②建立固定资产账簿；③录入固定资产变动情况；④计提固定资产折旧；⑤汇总计算；⑥查询及打印输出；⑦编制转账凭证。此模块主要是根据财务制度的规定，建立固定资产卡片，确定固定资产计提折旧的系数、方法，录入固定资产增减变动情况，汇总计算固定资产原值、累计折旧及净值。按预先设计自动编制转账分录，完成转账的记录，打印输出固定资产明细账和资料卡片，详细反映固定资产价值状况。

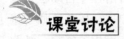

为什么会计软件的核心模块是账务处理模块？

（二）账务处理模块与主要核算模块间的联系

账务处理模块在会计软件中处于核心地位，它与其他各个单项核算子系统都有着十分密切的关系。由于账务处理模块主要以会计凭证为数据处理对象，而会计凭证包含的信息相对比较全面、标准，因此账务处理模块与其他模块间的联系也主要表现为凭证数据的传递。

对于整个单位，通过账务处理模块可以获得全面完整的会计的信息，对于每一个核算岗位，可以从账务处理模块获得主要的核算数据。

1. 账务处理模块与工资核算模块之间的数据联系

账务处理模块的初始设置数据，如会计科目、部门、职员等，工资核算模块可以共享，这些初始数据在账务处理模块中设置之后，在工资核算模块中就不必重复。同样，在工资核算模块中所增加或修改的这部分数据，在账务处理模块中也可以共享。

在工资核算模块中进行工资业务处理完毕后，各项工资费用的分配，可以通过生成相应的转账凭证传送到账务处理模块中，不必手工填制相关业务的记账凭证。

2. 账务处理模块与固定资产核算模块之间的数据联系

固定资产核算模块和账务处理模块可以共享会计科目、部门、固定资产期初余额等初始设置数据。固定资产核算模块的日常业务处理中所产生的业务数据，如固定资产增加、固定资产减少或固定资产的其他变动方式所产生的固定资产变动数据，可以通过生成相应的转账凭证传递到账务模块中；每月固定资产折旧费用的计提与分配数据，也可以生成相应的转账凭证直接传递到账务处理模块中。

3. 账务处理模块与采购和应付、存货模块之间的数据联系

采购与应付、存货模块的职能主要是负责企业材料的采购、生产领用和库存的核算和管理，除了部分基础数据可以共享账务处理模块的初始化设置数据之外，这两个功能模块中的大部分初始数据是需要单独设置和输入的，因此，它们的独立性相对强一些。

采购与应付、存货模块中所使用的会计科目，如往来单位、部门、材料或产品项目等基础数据取自账务处理模块的初始设置；材料的采购数据在该模块中处理完成之后，以转账凭证传输到账务处理模块中；企业生产所领用的材料，其业务数据经过该模块处理后，通过成本核算模块进行成本核算，最终汇集到账务处理模块中。

4. 账务处理模块与成本模块的数据联系

比较而言，这二者之间的数据联系要比其他模块与账务处理模块之间的数据联系更为密切和复杂。成本模块的数据主要来源于账务处理模块、存货模块、工资模块和固定资产模块，其处理的结果主要为账务模块和存货模块所用。

成本模块中所使用的会计科目、部门、产品项目等直接来源于账务处理模块的初始设置数据，各产品的主要成本核算数据如工资、材料、动力耗用、管理费用、制造费用等来源于账务处理模块和工资模块、存货模块、固定资产管理模块等功能模块的业务数据；成本核算的处理结果以转账凭证的方式传输到账务处理模块中。

5. 账务处理模块与销售应收模块之间的数据联系

一般来说，销售与应收模块的核算对象主要是账务处理模块中所指的产成品和客户的往来账项、销售与应收模块的业务数据与账务处理模块密切相关。销售应收模块的基础数据如会计科目、部门、往来单位、产品项目等与账务处理模块共享。销售应收模块中的一些业务数据，如销售产品的数据来源于库存模块中的产成品数据，其处理产生销售数据、应收账款数据以转账凭证的方式输出到账务处理模块中。

6. 报表编制模块与各核算模块之间的数据联系

会计报表的本质，是将一定时期会计主体的账务状况和经营成果以书面文件的方式进行反映。报表编制模块的职能，就是将会计各功能模块中的会计数据进行收集和整理，并以报表文件的形式向报表的使用者反映会计主体的财务状况和经营状况。为实现报表编制模块的职能，模块要求使用人员事先定义报表的取数据函数与取数据公式，这些函数据、公式与模块的数据相关联。

四、会计信息化与手工会计核算的异同

会计信息化主要替代了手工会计的记账、算账、报表生成等工作，其会计数据处理主要由计算机系统来完成。会计信息化的会计核算方法与手工会计在原理上是一致的，但由于会计信息化的会计数据处理工具和方式与手工会计核算存在一定的区别，因此也造成会计信息化与手工会计核算在数据处理具体方法上，既有相同点也有不同点。

（一）会计信息化与手工会计核算的相同点

1. 目标一致

会计核算无论是采取手工完成还是利用会计软件完成，其最终目标是一致的，都是为了加强经营管理，提供会计信息，参与经营决策，提高经济效益。

2. 遵守共同的会计法规和财经制度

无论手工会计还是计算机会计，都要严格按照国家的各项会计法规和财经制度执行，都必须符合会计法、审计法、税法、会计准则、会计制度的要求，从技术上、制度上消除可能的弊端。

3. 遵守共同的基本会计理论和会计方法

会计理论是会计学科的结晶，会计方法是会计工作的总结。信息化引起了会计理论上与方法上的变革，但这种变革是渐进型的，目前建立的会计信息系统仍然遵守基本的会计理论与会计方法。因此，手工核算与会计信息化遵循的会计理论和会计方法是相同的。

4. 会计处理流程大体一致

手工核算与会计信息化完成核算都需要完成信息采集与记录、信息的存储、信息的加工处理、信息的传输、信息的输出等步骤，在处理流程上大体是一致的。

（二）会计信息化与手工会计核算的区别

1. 会计核算工具不同

手工核算使用的核算工具是算盘、机械的或电子的计算器，计算过程中不能自动存储计算结果，人们只得边运算边记录，工作量大，速度慢；会计信息化使用的工具是电子计算机，数据处理过程由计算机自动控制和存储运算结果。

2. 会计信息的载体不同

手工核算以纸张作为信息的载体，不易保管，查找困难；会计信息化完成核算后会计数据保存磁性材料或电性材料上，数据可被多次备份保存，保存性好，调用查阅方便，数据可用率高。

3. 记账规则不完全相同

手工会计核算规定日记账、总账要用订本账册，明细账要用活页账册；账簿记录的错误要用划线更正，账页中的空行、空页要用红线划销。采用会计软件时，为了保证审计的追踪线索不中断，规定凡是已经登记过账的数据，不得更改，即使有错，只能采用会计软件件提供的"冲销凭证"或"补充凭证"法加以更正，以便留下改动的痕迹。

4. 账务处理流程类型存在差别

手工会计核算一般使用账务处理流程类型主要有四种，即：记账凭证账务处理程序、汇总记账凭证账务处理程序、科目汇总表账务处理程序、多栏式日记账账务处理程序。但这些都无法避免重复转抄与计算的弱点，伴之而来的是人员环节的增多和差错的增多。

会计信息化进行核算时的账务处理流程类型一般有两种方案。第一种方案是模仿手工会计账务处理流程，目前会计软件普遍采用这种方案；第二种方案为理想化的全自动处理流程：①会计凭证磁性化（或用条形码），在规范化的会计凭证上，用磁性墨水书写（或打上条形码），由阅读机识别后将数据输送到计算机。②计算机内以"资产负债表""利润表""现金流量表""所有者权益变动表"四大财务报表为中心，分别对数据进行处理，同时辅以成本核算模块程序。③由用户定义输出形式与结果，输出设备提供查询和打印。

5. 内部控制方式不同

手工会计核算内部控制主要通过组织制度和岗位牵制制度两种方式来实现。具体表现为主要靠会计人员在工作中遵守各项规章制度，按照工作流程，加强不同岗位间的稽核工作来达到内部控制的目的。例如，手工会计采用账账核对、账证核对、账表核对、账实核对的方法来保证会计数据的正确性与企业资产的安全性。采用会计软件核算后，内部控制形式更为丰富，某些须由人亲自完成的内部控制方式仍可保留手工会计核算中的内部控制方式，如账实核对用核算软件是无法代替的。而某些可以以程序形式预存在计算机中的内部控制方式，就可以被嵌入会计软件中。即软件控制、人工控制、共同控制相结合，使内部控制向综合控制发展。

有人说,由于会计信息化的特殊性,可以不执行和遵守会计法的相关规定。这种说法对吗?为什么?

第三节 影响中国会计从业人员的十大技术

近年来,信息技术已经渗透到会计从业人员工作的方方面面,信息技术的爆裂式发展为会计行业带来了日新月异的变化和前所未有的挑战,会计人员的业务转型已经成为共识。2018年影响中国会计从业人员的十大信息技术,它们是:

一、财务云

财务云是将集团企业财务共享管理模式与云计算、移动互联网、大数据等计算机技术有效融合,实现财务共享服务、财务管理、资金管理三中心合一,建立集中、统一的企业财务云中心,支持多终端接入模式,实现"核算、报账、资金、决策"在全集团内的协同应用。

二、电子发票

电子发票是信息时代的产物,同普通发票一样,采用税务局统一发放的形式给商家使用,发票号码采用全国统一编码,采用统一防伪技术,分配给商家,在电子发票上附有电子税局的签名机制。

三、移动支付

移动支付也称为手机支付,就是允许用户使用其移动终端对所消费的商品或服务进行账务支付的一种服务方式。移动支付将终端设备、互联网、应用提供商以及金融机构相融合,为用户提供货币支付、缴费等金融业务。移动支付主要分为近场支付和远程支付两种。

四、电子档案

电子档案,是指通过计算机磁盘等设备进行存储,与纸质档案相对应,相互关联的通用电子图像文件集合,通常以案卷为单位。

五、在线审计

在线审计是指审计人员基于互联网,借助现代信息技术,运用专门的方法,通过人机结合，对被审计单位的网络会计信息系统的开发过程及其本身的合规性、可靠性和有效性以及基于网络的会计信息的真实性、合法性进行远程审计。

六、数据挖掘

数据挖掘（data mining），又译为资料探勘、数据采矿。它是数据库知识发现（Knowledge-Discovery in Databases，KDD）中的一个步骤。数据挖掘一般是指从大量的数据中通过算法搜索隐藏于其中的信息的过程。数据挖掘通常与计算机科学有关，并通过统计、在线分析处理、情报检索、机器学习、专家系统（依靠过去的经验法则）和模式识别等诸多方法来实现上述目标。

七、数字签名

数字签名（又称公钥数字签名、电子签章）是一种类似写在纸上的普通的物理签名，但是通过公钥加密领域的技术实现，用于鉴别数字信息的方法。一套数字签名通常定义两种互补的运算，一个用于签名；另一个用于验证。数字签名，就是只有信息的发送者才能产生的别人无法伪造的一段数字串，这段数字串同时又是对信息的发送者发送信息真实性的一个有效证明。数字签名是对非对称密钥加密技术与数字摘要技术的应用。

八、财务专家系统

财务专家系统是一个智能计算机程序系统，其内部含有大量的财务专家水平的知识与经验，能够利用人类专家的知识和解决问题的方法来处理财务领域问题。

九、移动互联网

移动互联网，就是将移动通信和互联网二者结合起来，成为一体。其是指互联网的技术、平台、商业模式和应用与移动通信技术结合并实践的活动的总称。

十、身份认证

身份认证也称为"身份验证"或"身份鉴别"，是指在计算机及计算机网络系统中确认操作者身份的过程，从而确定该用户是否具有对某种资源的访问和使用权限，进而使计算机和网络系统的访问策略能够可靠、有效地执行，防止攻击者假冒合法用户获得资源的访问权限，保证系统和数据的安全，以及授权访问者的合法利益。

资料来源：http://upload.news.esnai.com/2018/0704/1530664490202.pdf

【本章小结】

会计信息化就是利用现代信息技术（计算机、网络和通信等），对传统会计模式进行重构，并在重构的现代会计模式上通过深化开发和广泛利用会计信息资源，建立技术与会计高度融合的、开放的现代会计信息系统，以提高会计信息在优化资源配置中的有用性，促进经济发展和社会进步的过程。会计信息化是国民经济信息化和企业信息化的基础和组成部分。

会计信息化的本质是一个过程，利用的手段是现代信息技术，其目标是建立现代会计信息系统，作用是提高会计信息的有用性。

我国会计信息化未来发展趋势：网络化发展、决策支持系统和人工智能在会计领域的应用。会计软件的主要功能模块为：账务处理模块、报表处理模块、应收/应付账款模块、工资核算模块、固定资产核算模块。

会计信息化与手工会计核算的相同点：目标一致、遵守共同的会计法规和财经制度、遵守共同的基本会计理论和会计方法、会计处理流程大体一致。

会计信息化与手工会计核算的区别：会计核算工具不同、会计信息的载体不同、记账规则不完全相同、账务处理流程类型存在差别。

【自 测 题】

一、客观题

自学自测　扫描此码

二、主观题

（一）思考题

1. 什么是会计信息化？
2. 会计信息化与企业业务活动和管理活动存在什么样的关系？
3. 会计信息系统的核心功能模块有哪些？其主要功能是什么？
4. 会计信息系统账务处理模块与其他模块之间有什么样的数据联系？
5. 会计信息化与手工会计核算的相同点和不同点是什么？
6. 未来影响中国会计从业人员的十大技术是什么？

（二）案例题

案例资料：

QY 电子有限公司创建于 2018 年，系台资企业，总占地面积为 39 600 平方米，已建厂房面积达 20 000 平方米。公司为过通 ISO 9001 质量体系认证的高新技术公司，主要生产精密微型振动马达、微型扬声器、微型受话器等高科技含量的自有品牌产品，在手机产业中享有商誉，厂内生产设备先进，检测能力一流，环境整洁清爽，人员纪律要求极为严格，同时在马来西亚、中国台湾、广东等国家和地区均设有公司。

作为一家年轻的生产型企业，公司面临着比传统企业创业初期更为激烈的竞争和挑战：原材料成本上涨、企业利润率下降等，除了这些外因，企业内在的管理无序也困扰着 QY 人。

客户要求随时了解订单进度

随着企业的发展，企业越来越关注如何提高客户的满意度。QY 电子产品在客户中知名度很高，非常抢手，每天都会接到几十甚至上百个客户电话，询问订单的生产进度。可在这样的管理状态下，企业根本无法满足客户对了解订单进展情况的需求。

库存管理混乱，库存积压严重

QY 的仓库中没有明确库位，货物堆放也没有规则，而且也不方便准确了解那些存放在外租仓库中的原料库存量。QY 生产主要是根据销售订单，一边生产过程中原料不足的情况时有发生，严重影响了产品的交付期，影响企业声誉，造成重大损失；另一边，过多的采购又会导致存货积压，大量占用企业流动资金。

料号编码混乱

QY 产品编码有一套不规范的老规则，由于部门间衔接不紧密，规则没有人执行。经常造成各个部门没有一个统一的归口，企业员工对产品认知非常模糊。对于采购件，不同供应商提供的同一型号原料就会有不同的料号。这也直接影响到企业的物料成本和生产订单的交付。

这些管理上的瓶颈使 QY 人疲惫不堪……

问题：

请你按本章所学会计信息化原理，对 QY 电子有限公司提出一些管理建议。

教师服务

感谢您选用清华大学出版社的教材！为了更好地服务教学，我们为授课教师提供本书的教学辅助资源，以及本学科重点教材信息。请您扫码获取。

≫ 教辅获取

本书教辅资源，授课教师扫码获取

≫ 样书赠送

统计学类重点教材，教师扫码获取样书

 清华大学出版社

E-mail: tupfuwu@163.com
电话: 010-83470332 / 83470142
地址: 北京市海淀区双清路学研大厦 B 座 509

网址: http://www.tup.com.cn/
传真: 8610-83470107
邮编: 100084